あきた風土民俗考

齊藤　壽胤

—目 次—

第三章　生活の起源を探る

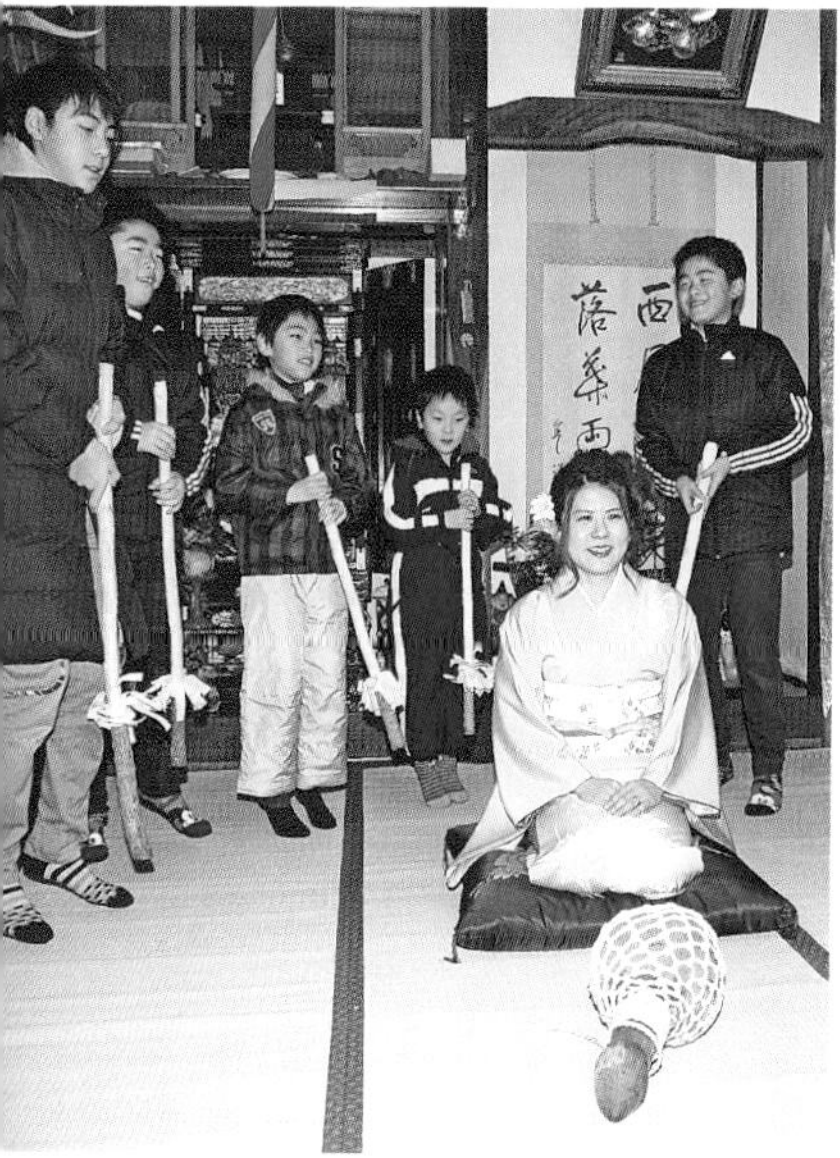

上郷の小正月行事
(1月15日、国指定重要無形民俗文化財)

▲横岡(にかほ市象潟町)のサエの神祭り。塞ノ神は集落の外れに祀《まつ》られていて、そのそばに藁《わら》小屋が造られ、子供たちは2、3日籠《こ》もり塞ノ神を祭る。1月15日の朝にはこの小屋は焼かれ、煙が集落全体にかかると年中安泰といわれる。

◀大森(にかほ市象潟町)の嫁つつき。過去1年間に新婚夫婦のいる場合に開催。サエの神の小屋焼きが終わると、子供たちは各新婚宅に向かい、「初嫁出れじゃ」と棒で突くようにして囃《はや》し立てる。子孫繁栄と五穀豊穣を祈る予祝行事のひとつ。

能代山本地方の葬送儀礼

▲富岡（三種町）のアトミラズ。野辺送りの行列より、一足早く墓へ送られる。この時けっして後を振り返ったり、言葉を交わしてはならないという。叺《かます》（現在は薦《こも》）と三角の頭陀袋《ずだぶくろ》に米や小豆《あずき》などが納められている。

▶萱刈沢（三種町）の後みらず。墓地の一角にあった桜の大木に後みらずを送った。横槌も送られているのは、葬家でその年に２人目の死者が出た時に、３人目の身代わりとしたのである。

序章

「民俗」に対する関心や研究はずいぶんと古くからあった。

近世では各地に都市もあったが、大半は農村、山村、漁村などの、「村」でくくられた。それ以前でもまた、都と鄙（田舎・村）に分けられて、都は人びとの宿望をもたらし、雅やかでありながら、常に新しい文化の中心地と考えられていたらしい。だから、都や都市というのは鄙や村とは大きな隔たりをもった生活の異なりがあると思われていたのは当然であった。近世の都市といわれるのは、そうした都の影響も受けた、小さな都の形成がなされたのだろう。だから、都会では消えたと思われた習俗や伝承は、意外にも鄙に遺されている、とみた人びとがいたのだった。

それに逸早く、気がついた荻生徂徠もその一人だったが、殊に国学者本居宣長は、『玉勝間』でこう喝破《かっぱ》して、いう。「ゐなかに古のわざのこれる事」「詞《ことば》のみにもあらず、よろづのしわざにも、かたゐなかには、いにしへざまの、みやびたること の、のこれるたぐひ多し」と。そして宣長は続けてこうも言っている。「なまさかしさ心ある者、立まじりては、かへりてをこがましくおぼえて、あらたむるから、いづこにも、やうやうにふるき事のうせゆくは、いとくちをしきわざ也」と。

宣長は、民俗が消えてゆくのは、なまじの知識が先に立って民俗が旧弊に過ぎないものとして改めてしまうからなのだと指摘した。「葬礼婚礼など、ことに田舎には、ふるくおもしろきことおほし、すべてかかるたぐひの事共をも、国々のやうを、海つら山がくれの里々まで、あまねく尋ね、聞あつめて、物にもしるしおかまほしきわざ也」と言い、田舎に残されている民俗こそ、古くて面白き「みやびたること」が多いとも指摘するのであった。そして、今にも通じる民俗学研究の基本とでもいうべき、各地の実地調査をして、見聞したものを書き残しておくべきだ、と述べるのであった。

当時は「民俗」という言葉はまだ生まれてはいないが、都会では消えた古来の姿が、なお田舎にその影をとどめていることを発見し、民俗の研究の必要性を説いていたのだ。そのためであろうか、近世中期から後期の随筆類には今の「民俗誌」に匹敵するものも多く書かれている。『塩尻』『譚海』『甲子夜話』『松屋筆記』などは、田舎に遺されていた伝承文化に注目し、かつ、これを考究している。秋田に関しても、津村淙庵『雪の降る道』、船遊亭扇橋『奥のしをり』、橘南谿『東遊記』、古川古松軒『東遊雑記』などがあった。さらに、忘れてはいけないひとつに、半生を行旅に過ごした菅江真澄の紀行文『真澄遊覧記』では、偶然の記録か意図した記録かはともかくとし、広範にわたって残存する古い文化ともいえる地方の風俗や習慣を記録していたのである。宣長の言わんとしていることでもあったが、彼らの為した記録書の意味は大変重い、といえよう。

民俗、といえばごく庶民的であるとか、俗的なものであって古臭い因習がまつわりついているとみられがちかもしれない。だが、近世の人びとも気がついていた民俗伝承の中に垣間みた、先祖の来し方、生き方、考え方、知識、知恵などまでも込められたものは、決して、俗的な因習で片付けられるものではなかったろう。民俗は、人びとの営んできた跡形であって、だから生活の文化と置き換えてもいいと思われる。

しかし、近代は柳田國男の出現まで、この「民俗」というのは実にたわいのない、当たり前の因習とでもいうべき事柄として見過ごしがちではなかったろうか。それは、地域の生活そのものであったからだ。例えば俗信とされる伝承も迷信と同じように捉えられているらしい。はたして、本当にそれらは意味のないものであったろうか。そうした地域生活にこそ、真実の、人びとの心や文化が隠されていたのではないだろうか。

その意味で民俗をフィールドワークするときに、筆者がいつも強く感じるのは、その民俗事象の根源である。何で、どうして、一体なぜこんな民俗ができたのか、誰が始めたのか、どんな意味があるのか、などなどだ。

簡単には解明できない、底の深い命題なのである。そして、その追究は民俗学に重くのしかかっているのも事実である。

民俗学研究のひとつには、人びとが長い間伝承してきた事物に対して、その本質を解明しようとする向きがある。その時、民俗の心意はどこにあるのかを見きわめるのは至難の業であることは言うまでもない。事象として現れるものがあり、また、隠れているものも多くある。

例えば「風」のことはどうだろう。風にまつわる民俗は多い。悪風（台風・暴風など）をどのように避けるか、風を祭り、鎮める民俗もみられる。風の吹く方角、強弱などで天候を予知し、漁撈では出漁や取り止めが決まる。だが、風は目にみえない。それでも風というものが存在することは誰でも知っている。ヤマセやダシなど、風にも名前がつけられているのも不思議なことである。名称は物を識別するのに最小限度の行為であるといってよいだろうから、あらゆるものに名前があることは承知の上だが、果たしてその心意はなんだったのであろうか。これらは、恐らく民俗学でしか心意を明らかにできないのではないだろうか。

柳田國男の民俗の捉え方に、一つは有形文化である目にすることのできる民俗を観察によって分析すること、二つめは聞き取りを通して耳から入る言語によった伝承を主とした資料を得て、それを明らかにするもの。三つ目が心によるものを資料とした、いわば心意伝承を考えていた。恐らく、この心意伝承こそは民俗の本質ではなかろうか、と思う。

すると、大風が吹くとき、どのように対処してきたのか。その心意には、如何なることがあるのか。そうつきつめたくなる。

秋田の民俗には、風にまつわる伝承が豊富にあった。

例えば、「大風の時、風の吹き来る方向に鎌を立てておくと風が止む（仙北・雄勝・平鹿・鹿角）」とか、「風の強いときは戸を吊してハイハイというと止む（仙北）」、あるいは「屋根の棟の両端に木鎌古鎌などを付けておけば風除けになる（仙北）」（以上『秋田の迷信俗信』／昭和14年9月／東北更新会秋田県支部編発行）というものだ。一部では今日までこの伝承を続けている人もあるようだが、その心意には、鎌が農具でもあると同時に、鋭利な刃物として魔除けにもなったという、死者の霊を魔物から避ける力を見出したと同じく、鎌が稲作に害を及ぼす草を薙ぎ倒すように、禍禍《まがまが》しい悪風（颱風《たいふう》）までも除却してしまうのだと、捉えたに違いない。

つまり、この根底には、いかに生活を安定的に過ごすことができるのか、生き方さえ反映されている民俗だといえまいか。

本稿はそんな心意伝承を、秋田の民俗から拾い上げてみた、いわば秋田の人々が伝えてきた民俗文化の特色を探り出したようなものである。

第一章　暮らしの中の歳事

古風な雛祭り――人形に罪穢託し流す

行事の多くは、旧暦か月遅れでおこなわれる。三月節供《せっく》とはいえ雛《ひな》祭りも、月遅れでおこなう地域が今でもある。亀田（由利本荘市）では4月3日がお雛様の日とされている。それもそのはず、春の訪れと温《ぬく》もりまでも込められているかのような椿《つばき》が一斉に咲き、その椿の葉で作った椿餅がお供えであるからだ。春の木と書く椿。あのツヤツヤした葉に載せられた餅と、この節供とは切り離せない。

ところで、「雛祭り」というように、また節供の意味からしても民俗における神ごとの一つに違いなかった。ではなぜ祭るのか。人形にはどんな意味が託されているのか。雛祭りの古風な行事から見えてくることがある。

貝沢（羽後町）には集落のほぼ中心を流れる小川がある。かつては生活用水としても利用された。ここでは7日も10日も前に、男女一対の紙雛をつくり、桟俵《さんだわら》（米俵のふた）の上にあげて床の間や神棚の前に安置し、毎日拝む。やが

由利本荘市の亀田での雛祭り。椿の葉で作った椿餅が供えられる（左）

て4月3日には、その日のうちにお雛様を載せた桟俵に、餅やお菓子などを供えて、堰《せき》に流すものだったという。

今日、こうした流し雛の風習は京都府や島根県などの一部地方にしか遺《のこ》されていない。貝沢の流し雛の風習は、三月節供の元々の意味を解くのに重要だ。つまり、雛人形の原形は人形代《ひとかたしろ》であり、それに人びとの罪穢《つみけがれ》をつけて祓《はら》い流す、ということである。

罪穢の託された人形は本来川に流されたが、立派に祭られる人形はそうはいかない。「3日（節供）が過ぎたらお雛様は早々に片付けないと娘は婚期を逸してしまう」というのは、罪穢をいつまでも留めておかないで、さっさと始末（しまい込む）しなければならないということだろう。

流し雛の風習のように、この節供は水に関係することが多いことも見逃すことができない。本荘（由利本荘市）では、雪解けの沢合いから沢蟹《さわがに》を捕らえてきて、必ず供えたという。

「高い山」行事——登り遊び、神々に祈り

「高い山」といえば、秋田では鳥海山、太平山、白神山などの山々を思い起こすであろ

うか。でも、ここでいう高い山はそうした名山や高山を指すのではない。民俗の中で「高い山」というのは、れっきとした民俗行事の物言いで、山岳高山を指すのではなく、むしろ里山というような身近な生活の周りにある山を指していたのである。

卯月《うづき》（4月）8日がこの「高い山」「遊山《ゆさん》（山遊び）」という行事をした日である。今日では灌仏会《かんぶつえ》の行事もあるが、かつては全くこれを意に介することはなかったようで、菅江真澄が「今日は高山の末、短山の頂に鎮座する神詣でをする慣わし」（『すすきのいでゆ』／１８０３年）だ、というように記していた。

もっとも、もともと8日だった行事は近年、日にちにこだわらずにおこなう地域が見られた。天候の具合を見ながら、春初めに山遊びをするのである。

旧雄物川町（横手市）では4月1日が「高い山」の日となっていた。この日に高い所や、小高い丘などでお酒を飲むと中風にかからないとされ、近所の人びとが料理とお酒を持ち寄って酒盛りをした。

役内（湯沢市）では遊山と呼んで8日に、高い山に登り

秋田市雄和の田んぼを見渡せるような小高い山。ここでもかつては山遊びがおこなわれた

お弁当を食べると、一年中病気をしないという言い伝えがあり、仕事を休んで山遊びをしてきたという。

　こうした行事は各地にみられたもので、わざわざ高い山に登り、山頂の神々を拝して、その帰りに山づと（土産）として花や木草の枝を持ち帰り、家の神棚に供えるのであった。実際の高山でもある森吉山の「岳参り」の風習もこれと同様で、モロビ（青森椴松《とどまつ》）という枝を採ってきてそれぞれの家の神棚に上げたのだ。モロビは何か特別なことをする時に、焼いて身を清めたり災難除けとしている。

「高い山」には、神々が鎮まるという山岳崇拝の原初的信仰が根付いている。春耕前に、わが田んぼを見渡せるような山に登り、その年の豊穰《ほうじょう》を祈るとともに木の枝や花を持ち帰ることによって、山ノ神を田ノ神として迎えようとしたともいえよう。

桜の下の宴――田ノ神信仰、精気養う

　桜前線が日本列島を北上すると、県内にも花便りが届き始める。桜の開花はいつの時代も、人々の関心事である。だがそれは、あの美しい桜の花見をいつ迎えることができるの

か、というだけではない。かつては、その根底に民俗の農耕信仰がみられた。桜が咲くと人びとは花見をする。しかも、ドンチャン騒ぎで。これにも、ちゃんと理由《わけ》があるのだ。

そもそも、桜は葉が出る前に花を咲かせる。冬の間は枯れ木のようだが、春には突然のごとく花をつける。この不思議に、人びとは神秘性を感じていた。霊妙で生命力旺盛な樹木への思いは深淵《しんえん》であったようだ。

桜という和名は、一斉に咲くことなどからついたともいわれる。だが、毎年時期が来ると必ず咲くという期待や、桜の開花は農事の自然暦ともなっていたことなども影響し、いつしか民間信仰が生まれたとみられる。

信仰は、桜という名前にも意味を持たせようとしたようだ。桜の呼び名をサとクラとに分け、サはサ神ともいう田ノ神、穀霊神、そしてクラは神座に当たると解釈したのではないか。つまり桜の花には田ノ神が宿ると考えたのである。秋田では辛夷《こぶし》の花を種蒔《ま》き桜とか田打ち桜という。辛夷をサクラといい、農耕にかけている。県内各地で現在もおこなわれている田植え後の祝いであるサ

春耕の始めを告げる辛夷の花。上を向いて咲くとその年は晴れが多く、横は風が強く、下を向くと雨が続くといわれる

ナブリは「サ」ノボリ（昇り）のことであり、田ノ神が山にお戻りになる祭りであった。

桜はほかの花の観賞とは違い、花見が五穀豊穣《ほうじょう》を祈って田ノ神を祝うような祭りともされ、その祭りの後の直会《なおらい》から花見という酒宴が発達してきたと考えられる。さらにその根底には恐らく、桜の花に接近すれば、神の宿る桜の精気を受けるという発想があり、一層花見が盛大になったのだろう。

生活と共にある衣服や家紋、調度への花飾り、装身具などに花形が見られるが、これも桜をはじめとした花の精気を移して生命力を活性化させようとしたものと考えていいだろう。

味噌――発酵の神秘性、崇める

国外の食文化の日本移入とともに日本の食生活は多様化し、多彩な味覚を気軽に楽しめる時代である。その一方で近年は伝統的な和食が見直され、地域独特の郷土食も注目されている。どれも先人の知恵が詰まった昔ながらの味。中でも、確固たる存在感を示してきたのが味噌《みそ》であろう。

味噌は、伝統的に自家製を基本としてきた。そのため、家庭ごとに味や製法に微妙な違いがあり、地域によって特色がある。

秋田では仕込んでから3年目の味噌の出来を誇りとしたとされ、どの家も味噌を腐らせないよう厳重に保存してきた。万一腐れば「死人が出る」とか「家運が傾く」など不吉な前兆だと戒めたという話も聞く。できた味噌をそれぞれ自慢した「手前味噌」は、味噌の文化の一端を見事に表現しているともいえる。

味噌は、たいていは春彼岸を目安として5月ごろまでに造る。しかし、どんな日でも良いわけではなく、平鹿地方では「丑《うし》の日に味噌煮をしてはいけない」、雄勝では「甲《きのえ》の日に造ると味噌の色がいい」といわれる。能代では大安吉日が原則で、造り始めの段階で煮た味噌豆は、今も神棚にまず供え、近所に少しずつ配る祝い事がおこなわれる。

味噌は食用に限らず生活全般に利用された。火傷《やけど》した箇所に味噌を塗る民間療法のほか、穢《けが》れを祓《はら》う存在として習俗や信仰の中でもみられる。

味噌の神事もある。国の重要無形民俗文化財に指定

東湖八坂神社の統人行事で見られる吊（つ）り桶（おけ）に盛られた生味噌の神饌。6月25日の御味噌上げ式の神事を経て、7月1日から8日まで神前などに供えられる

されている潟上市の東湖八坂神社統人行事でみられるものもその一つだ。味噌祭りといっていいほど、厳格な祭式で味噌を造り上げ、それを古式の作法通りに特殊神饌《しんせん》として神前に献《ささ》げる祭りである。秋田市太平の勝手神社の祭礼では、水で生味噌を溶き、手で千切った生のアザミを具にして食するという特別な直会《なおらい》式がある。

味噌にからむ民俗文化の形成は、その発酵の神秘性にあったに違いない。だからこそ味噌の持つ不思議な力を崇《あが》め畏れ、生活のさまざまな場面に取り入れたのではないか。

端午の節供——菖蒲、笹などで厄払い

5月5日は「こどもの日」だが、古来から「端午の節供《せっく》」として慣れ親しまれている。端午というように、初めは5月の最初の丑《うし》の日をいったが、月と日の数字が重なる重日を尊ぶ考え方から5月5日を節日としたものである。

秋田ではこの日はやはり、菖蒲《しょうぶ》、蓬《よもぎ》を取ってきて家の軒端や窓の上に挿し、菖蒲を入れた湯に入ったりした。下北手（秋田市）では、菖蒲と蓬の根元を耳元で回すようにして「いいこと聞け、悪いこと聞くな」と唱えたものである。風習からは、節供が災禍を祓《はら》うため

のものであったことが読み取れる。

端午の節供に菖蒲、蓬を軒端に葺《ふ》くという風習は既に、『枕草子』にもみえるから相当古い。貝沢（羽後町）では昔、悪鬼に追われた人が菖蒲、蓬の繁みに隠れたところ、難を逃れたという故事がある。転じて軒端や窓に菖蒲、蓬を挿せば、家人に厄難が取りつくことを避けてくれると信じられた。

もうひとつ、この節供で見逃せないのが、粽《ちまき》を供物とすることだ。「北家日記」には、元禄十六（１７０３）年五月五日「菖蒲節供例年の通り茅粽《ちまき》出し候」と記されており、五月節供には粽が付き物であったことが分かる。

秋田では粽といっても、神宮寺（大仙市）ではガツギ（真菰《まこも》）の葉に載せた水取り餅だったり、立石（同市）では笹の葉1枚に白取り餅をちぎって縦に包み両端を糸で結んだものだったりした。また、笹の葉を三角錐《すい》にして糯米《もちごめ》を入れ、ミゴ（わら）やトシメ（イグサ）で結わえて煮た笹巻きもみられる。

これら粽は、茅の葉や、真菰の葉、笹の葉などに包む

「角巻」とも言われる笹巻き餅。県内での巻き方に数種の方法があるが、いずれも突起のある形状に作られる

ことが特徴。植物の精気や殺菌作用に、邪気を祓う願いを込め、特に端午の節供にふさわしいとしたのであろう。

だが、秋田では圧倒的に笹巻きをこの節供に作っていた。新井山（横手市）でこれを「角巻《つのまき》」というように、必ず角状に突起させる巻き方であった。そこにも邪気や悪霊を寄せ付けない、呪力《じゅりょく》があるとみたからに違いなかった。

稲作儀礼——田植えの風習多彩に

県内では小正月（1月15日）を皮切りに、田植えにまつわる風習が実に多彩だ。

「小正月は百姓の正月だ」といわれる。各地域ではそれぞれ、小正月に稲作の予祝行事である雪中田植えや、その年の豊凶を占う年占《としうら》など、稲作農家にとって大事な行事が目白押しであった。年初めに予祝された稲作儀礼は、実際の田植えでもおこなわれる。飯詰（横手市）でみられる正月に作った稲の穂にかたどったマイダマ餅を、田植えの祝いに必ず配る風習もその一つだろう。

かつて田植えを人手に頼っていた時代、田植えの期間を短くすることが肝要とされ、地域住民が共同で作業にあたった。その際に組織化されたのがユイ（結）コだ。田植えには欠かせないものであった。ユイコこそ、稲作を基本とした共同体社会を築き上げた重要な一要素だといっていいだろう。

それはともかく、田植えの際は、さまざまな民俗行事がおこなわれた。サビラキとか初田植えと呼ばれるものもその一つ。田植えを始める日を選んで、水路から水を引く水口《みなくち》付近の田んぼに数把の早苗を儀式的に植えるのが一般的。水口には赤飯、酒、鯡《にしん》の煮染《にし》めなどを供えて田ノ神を祭る。また、家では田ノ神の掛け図を飾り、苗を2把、朴《ほお》の木の葉に包んだ豆の粉飯、鯡、酒などを供えて田植えの無事、豊作を祈る。近世にはおこなわれていた風習であり、『秋田風俗問状答』（文化年中）にも詳しく記されている。

また、県内では田植えの女性をショトメ（早乙女）と呼んだが、田植えの指導的立場の人を特にテンジョトメと呼んだ地域もある。天女のような神聖な女性を意味したのかもしれない。田植え初日はハレの日とさ

水口祭りともいってきた田植えのしつらえ

れ、ショトメの服装は一番良い野良着を着た。これも田ノ神に敬意をはらった信仰の現れであった。

とにかく田植えは忙しくもあったが、儀礼には事欠かぬほど多くの風習が伴っていたことが分かろう。近年は大方の習俗は消えたが、田植えに懸けた祈りの心持ちは忘れてはならない。

小豆汁――強い生命力、豊穣促す

かつては田植えが済むと集落それぞれで一斉に農休日が設けられた。この休みに県内各地でおこなわれたのがサナブリという風習である。サナブリは、田植え作業を協力し合った地域住民たちが料理を持ち寄って集まり、田植えの無事に感謝しながら、豊穣《ほうじょう》を願って酒宴を開くものだ。

サナブリのもともとの呼称はサノボリと考えられる。田植えの時に迎えた田ノ神（サの別名）が天上に昇る（戻る）ことを意味したのだ。

サナブリに類した行事で注目されるのが、植え終えた晩、田植えに関わった人々を自分の家に招いておこなう酒宴。ヨテイ、ヨテイダイ、ヨテウエなどと呼ばれ、雄勝、平鹿、仙北地方でみられた。

この祝いには小豆汁がつきものだった。黒川（横手市）では「小豆汁を食べなければ作が悪くなる（不作）」といわれたほどだ。浅舞（同市）では五穀豊穣を祈って田ノ神を祭り、田植えに関わった人々らに必ず小豆汁をご馳走《ちそう》したという。

では、なぜ小豆汁なのか。その意味を大森（同市）では、小豆汁を田植え作業時に体に付く泥に準《なずら》え、小豆汁を食べることで泥を洗い流すものだ、と伝えている。泥を洗い流すことは、田植えの間中の物忌み（精進）を解くことを意味し、赤飯などのめでたい料理に使われる小豆の汁を振る舞うことで田植えの終了を祝うことになると考えたのだろう。また植田（同市）では、小豆汁を食することは予祝とされ、秋には稲の穂が青立ちせずに、小豆のように赤らんで実ることを祈るためだとした。

他にも、田植え祝いに小豆が深く関わっている民俗は多い。山内（五城目町）では植え上げにあたって赤飯を炊

予祝儀礼の食事に用いられる小豆

き、キャバ（朴《ほお》の木の葉）に盛り付けて神仏に供えた。赤飯は小豆を入れて炊き込むご飯だが、小豆によってめでたい赤色が付くのである。

要するに、半分焼けても死なないといわれるほど生命力が強く、赤い色も豊穣を促すとされる小豆に霊力を見いだし、農民たちが民俗信仰に取り入れたとみていいだろう。

耳ふたぎ——凶報恐れ、「死」を拒む

長い年月をかけて形成され、今でも残されている習俗には、幾つもの不思議が付随していることが多い。その一つに「耳ふたぎ」がある。ふたぎ、というのは塞《ふさ》ぐことで、何らかの物で耳に覆《おお》い被《かぶ》せる行為だ。

民俗でいう耳ふたぎとは何か。村の中で住民が亡くなると、その人と同い年の者が餅などを耳にあてることを指す。凶報を聞かないことにし、死に引き込まれないようにする、一種の呪法《じゅほう》といえる。

耳ふたぎの風習には、かつて同い年の人たちが独自の親睦組織を作るなど結束が固かったことなどが背景にある。亡くなった人が、同い年の仲間をあの世に連れていこうとする

という考えがあったとみられる。民俗学者・柳田国男は「同年齢者には肉体的にも精神的にも多分に共通性があるとして、その一人の死は他を誘うと恐れられた」と指摘している。秋田では、「年違え（としちがえ、としたがえ）」などと言いながら餅をつき、できた餅をやはり耳にあてた。それは同年齢の人が、あの世に引き込まれないよう、年齢が違うと言い張るものだ。

田代（羽後町）では、餅か握り飯で耳塞ぎ（耳ふたぎ）をした後、川に流したという。耳ふたぎをした餅は食べるところもあるが、屋根に投げ上げたり、川に流したりとさまざまだ。結局、餅や米の持つ霊力に依拠して死者に呼び寄せられる（あの世に引き込まれる）ことを拒むものだったと思われる。

耳ふたぎの歴史は古い。室町時代に記された『御湯殿上日記』にも登場しており、当時の公家社会でも既におこなわれていたことが分かる。

一方で、生臭いとされた魚を食べることで死者の魂に引き込まれなくすると考えたところもある。太平（秋田市）では、同い年の人が亡くなると、生前、その人が川を渡ったところから魚を求めて食べたという。魚は何でもよく、たとえ泥鰌《どじょう》でも構わないとされた。

北浦（男鹿市）では不慮の海難事故などで行方不明者が出ると、同年齢の3人が不幸に引き込まれると伝えられてきた。それを免れようと同年の者たちが集まって開いたのが、魚の貝焼《かや》きを食べながらの酒宴。つまり、死の忌みから遠ざかるために、精進とは反対に酒や生臭物の魚を飲食したと考えられる。

また、この共同で飲食する行為は、万一、身に付いたかもしれない死の忌みを取り払い、大勢で騒いで訃報を聞かないようにする、あるいは分散させるという行為であったと解釈される。

耳ふたぎの民俗は、人の死がいかに恐ろしく、不幸なことであるかを知らしめるものであった一方、邪悪なものは耳から侵入すると考えていたことが根底にある。人々は、死に接すること以上に、霊が宿るとされる音を恐れたのだ。特に「死」にまつわる不吉な言葉には悪霊が宿ると考えた。こうした中で、民間信仰に根差した呪法がつくり上げられたと思われる。

朴の葉——食べ物包み、祭事にも

新緑の季節。青々とした緑が日に日に鮮やかさを増す樹木の中でも、生育の速い種類の一つに朴《ほお》の木がある。大きな葉が特徴で、もともとはこの葉に食べ物を盛り包んだことから「包（ほう・つつむ）」を指していたといわれる。そうした名の由来からも、朴の葉が随分と生活に深く関わっていたことを知ることができる。

『秋田風俗問状答』（文化年間）には、田植えの時に「朴の葉を重ねて敷いて赤飯を盛り、それに朴の葉で蓋《ふた》をして包み、近隣や親しい人に贈りあう」というように記されていた。朴の木の葉に包まれた食べ物は「特に香ばしい」とある。

長岡（にかほ市）では田植え始め（田ノ神祭り）の日に、朴の葉にご飯を盛りきな粉をまぶして包んだ物と、朴の葉に正月の神棚に供えたマエダマ餅と大豆を一緒に炒《い》って包んだ「タワラ」の2種類を家の神棚に供えた。

これらはまた、田植えを祝うため皆で食べるのであった。さらに、同じものを本家分家の間でタワラ送りと称して贈答した。このタワラとは豊かに稔《みの》った米の入れ物を意味する。

田植えにあたって祭る田ノ神の供物に朴の葉が用いられたことには、民俗的にも意味があったようだ。

朴の木は山ノ神の木だという地域もあり、県内の祭事

花が咲いている朴の木。この葉で包んだ朴葉ずし、朴葉餅などが作られる

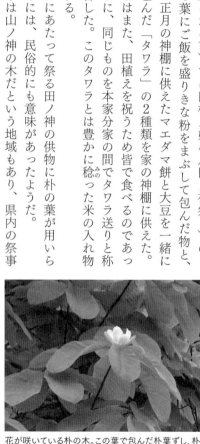

などで利用されているのは、どうもこの木を神聖視してきたことに由来するとみられる。樹皮は漢方に用いられたから、葉にも効力があると考えたのだろう。さらに、葉の香気の移った食べ物は日持ちするといわれてきた。

羽後町では、ご飯を包んだ朴の葉を捨てたりはせず、これを腰に挟んで田植え作業をした。そうすることで腰が痛まないと信じられていた。それも神聖な葉の霊力とともに実に薬による効力に期待したからだと考えられる。

堀田（美郷町）では、かつて長雨の止むことを祈る「日入れ」祈願があった。この時には必ず朴の葉に餅を包んで供えたという。朴の葉が水を弾《はじ》く性質を知っていて、その力にあやかって雨を弾き飛ばして晴らそうとしたとみられる。朴の葉に、信仰的な畏れるべき力を崇《あが》めてきたのであろう。

野良着――愛着や温もりこもる

6月1日は毎年、衣更《ころもがえ》とされている。更衣《かえごろも》の習俗は、平安時代ごろからずうっとあって、裏をつけた袷《あわせ》着物から一枚仕立ての単衣《ひとえ》に着替えるのが一般的だった。

今日では制服や仕事着などが夏服と冬服に分けられている会社も多いが、かつての農山漁村では仕事着や普段着に更衣の入る余地はなかった。特に農山村の仕事着は野良着と呼ばれ、実際の寒さや暑さから身を守ることが第一であった。刺子《さしこ》や、古い布《きれ》を細く裂いて生地に織り込む「裂織《さきおり》」の着物で、袷着物、単衣とは仕立ても異なっていた。

野良着は農作業で使う被服だが、この言葉もだんだんと聞かれなくなってしまったように思える。機械化など農作業の変遷と歩を合わせて、作業着も多様に変化してきたからかもしれない。

しかし、この言葉からは、長い間、生業に懸けてきた人々のたゆまぬ努力と深い思い入れが感じ取れる。

そもそも野良着の「野良《のら》」とは、平地の一部を指す言葉で、具体的には野原を指していた。つまり、初めは開発されていない野や原野のことで、持ち主がいない土地を意味していたのだ。野良猫や野良犬の「野良」も、飼い主がいないことを指しているのと同じ。

野良はその後、田や畑など「耕地」を指すようになった。平地の開発によって田や畑に替わり、結局、野良

藍染めされた布を丁寧に刺し子した野良着（男物の上着ほか）

仕事といえば田や畑の生業を代表したものと意識されるようになった。

しかも、その野良にはれっきとした持ち主が介在して、まさに息が吹き込まれたように生まれ変わっていったのであった。つまり土地を拓《ひら》いた人々の努力や知恵によって野良（荒れ地）の価値観が高まったことがみえてくる。

野良着といえば、泥まみれや継ぎはぎの作業着というイメージもあり、あまりいい印象を持たないかもしれないが、それは表面上のことである。野良着と名付けられたこの被服に、更衣という習俗にあてはまるものはなかったが、野良の価値観の変化とともに刺子や当て布などに装飾や工夫の跡形がにじみ出ていた。野良着は一着の寿命も長く、そこに愛着や心の温《ぬく》もりが込められているのである。

かぶり物――地域の儀礼に根付く

「かぶり物」とは頭を覆う服物だが、相当古くから使用されていた。奈良・平安時代の律令制度では、冠や頭巾など、地位役職によってかぶることのできる物が規定されているが、初めの目的は頭部や顔を寒さ暑さや、何らかの外敵物などから保護するためであったと考えられる。
それが次第に実用ばかりではなく、烏帽子《えぼし》や、婚礼の花嫁が綿帽子や角隠しといった儀礼のために使われるようになった。葬式では、石脇（由利本荘市）や長岡（にかほ市）などで被衣《かつぎ》といって単衣《ひとえ》の短い着物を頭からかぶったり、左袖をかぶるように頭に載せたりした。

身近なかぶり物といえば、手拭いもその一つであった。大元は手を拭うために使われただろうが、用途が広くなり頬かぶりをしたり、細長く折り畳んで鉢巻きにしたり、四角に畳んで頭に置く置き手拭いにしたりと、かぶり物としても利用された。手拭いの長さは、江戸時代以降にほぼ定まり、鯨尺《くじらじゃく》二尺五寸（約95センチ）とされた。

一方で長さがほぼ倍ある帯状のかぶり物があった。秋田市を中心とした周辺地域で見られたもので、長手拭い（ナガテヌゲともいう）とか、タナ、ヒロタナ、タナカブリなどと呼んでいる。仕立てには微妙な異なりがあるが、専ら作業用のかぶり物で、しかも女性だけのものであった。

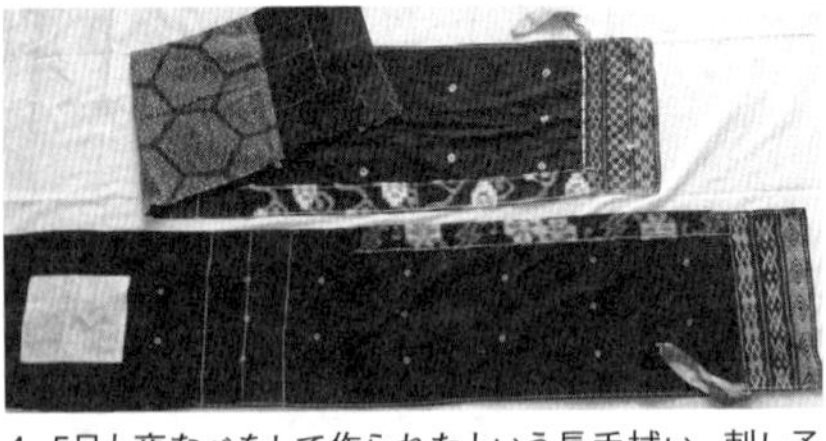

4、5日も夜なべをして作られたという長手拭い。刺し子が見事である

長手拭いは絞り染めされた木綿布で、裏は別の布を使った袷《あわせ》仕立て。中ほどに赤い柄物で短い結びひもが付けられ、藍の色合いに花を添えている。布の端はハネッコといって、刺し子や刺しゅうが丁寧に施され、装飾的にも配慮されている。ハネッコは、かぶった時に必ず肩上に出て、見た目にとても美しく、おしゃれでもあった。

この長手拭いを太平（秋田市）では「オイダラの五尺手拭い」と呼んだ。必ず嫁入り道具の一つとして、婚家に持参したとされる。上新城（同市）では、鎮守社の祭礼（7月）までかぶってよいとされ、それ以後の夏はかぶれなかった。四ツ小屋（同市）では結びひもに赤物を使うのは田ノ神が喜ぶためだとされた。婚礼や祭礼に深く関わった地域独自のかぶり物といえるかもしれない。

雨を乞う習俗（上）――地域豊かにする願い

あらゆる生命の根源が水と関わっており、われわれにとって水の欠乏はまさに死活問題であろう。ただ、その水を得るのに天候に頼るほかは、ほとんど解決方法が見当たらなかったのも現実だ。

いかに水を手に入れるか、手っ取り早く言えば「雨」をいかに得《え》るか、である。だが、天地自然に委ねられる天候は、思い通りにはならない。とりわけ農業のさまざまな場面では水が欠かせないため、炎天が続くと村々では雨乞いの儀礼をおこない、雨を天から乞うのである。

祈雨《きう》（雨乞い）の祭祀《さいし》儀礼は古代からあって、丹生川上《にうかわかみ》社（奈良県）に祈願したことが『続日本紀』に記録されている。やがて祈雨は律令時代、国家的な祭祀として法的に位置付けられた。それほど重大であったことが知られるだろう。

県内では、近世中期に大干ばつがあった時、藩主佐竹氏が寺内（秋田市）の空素《からす》沼で請雨祭をおこなわせている。

これらは生活に大きな影響を及ぼす干ばつをどうにかしたいという人びとの痛切な願いの表れであり、藩などによる公的な雨乞いも必要不可欠であったと考えられる。

雨乞いは、農村ではより民俗的な願いの込められた集団儀礼の形をなしていた。干ばつという異常事態に、臨

雨乞いに霊験があると伝えられる秋田市の空素沼

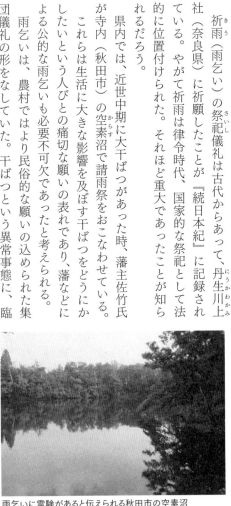

時におこなうものだが、雨乞い儀礼の方法、風習はさまざまである。

小高い山に登り大きな火をたいて雲を呼び、やがて雨を降らせるという雨乞いは各地でみられた。また、御神体などの尊くあがめられているものをあえて汚すと、神様が怒り雨を降らせて清めるといわれる雨乞いもあった。

羽立（三種町）では干上がった水門の中で獅子踊をして祈ったという。妙法（秋田市）では、人々が鎮守の加茂神社を雨乞い権現として信心した。村ではこの神社に詣でて、神社の獅子頭を取り出し、雄物川に沈めて、川岸では高く火の手を上げて雨を招くものだった。

要するに「恵み」の雨というように雨を乞う習俗には、地域という共同体を恵み、豊かにするという考えが反映されていたのだ。

雨を乞う習俗（下）——女性が全裸で角力も

雨乞いと関係する言葉に「風雨順時」がある。農業を営む人々にとっては、適切な時期に適宜な風が吹き、適宜に雨が降ることが求められる。だから、不順な天候のうえに日照りが続くと雨乞いの儀礼がおこなわれたのである。

雨乞い儀礼は多種多様であるが、ほとんどに民俗的な呪法が取り入れられている。その中でも、とりわけ珍しいのが女角力《ずもう》だろう。女角力による雨乞い儀礼は随分と広くおこなわれていたらしく、『秋田県の迷信俗信』（昭和14年9月）には、北秋田地方では「社前で女が裸角力を取れば雨が降る」と記されている。

実際に、昭和18年の大旱《おおひでり》の時、毛馬内（鹿角市）では月山神社の「お山ゴテン」で女角力をしたところ、ついに大雨がもたらされたという。扇田（大館市）でも雨乞いは女たちの手でおこなわれ、男はこれを見ることさえできなかった。それというのも村の庚申《こうしん》様に祈願し、その前で酒宴を開き、酔ったところで素っ裸で角力を取るからであった。後には前掛けをして隠したというが、ともかく女性が全く下着を着けずに素肌をさらしての角力である。

本県出身力士のしこ名にも使われた寒風山（男鹿市）。この山でも雨乞いの女角力がおこなわれた

他にも、中間口（男鹿市）では、干ばつの時には村の女だけで村の神社を参拝し、やがて寒風山に祀《まつ》られている石神仏碑の前で儀式をおこなう。まず、雨の降る日をおみくじで判断し、女の一人がそのありがたい石神堂に腰巻き一つでまたがる。そして、汲んできた沢水を掛け合う。最後には裸で女角力を取ることになっていたという。

角力によって雨を請う儀礼は中世社寺で既に挙行されていたことが知られる（1457年『大乗院寺社雑記』）。こうした角力は、元来は作柄の豊凶を占う神事であったが、同時に豊穣《ほうじょう》を祈るための芸能としても奉納された。

結局、雨乞いの女角力は何を意味していたのか。女性が裸で角力を取る風景は非常に卑猥《ひわい》さを感じる。それは特に神仏を汚すこととなり、神仏の怒りを買うことで雨を降らせようとしたのだ。一方では本来女性が持つ特有の子どもを産むという力に促されて、稲が豊穣となることを切に祈ったとも考えられる。

虫祭り――豊穣を祈る農耕儀礼

田植えが無事に済み、稲もすくすくと伸長し始めると各地で、虫祭り、虫除《よ》け祭り、虫送り、虫追《ぼ》いなどと呼ばれる祭り行事が見られる。呼び名が異なるように祭りの形態もさまざまだが、要するに、稲に害する悪虫を追い出したり害虫の予防をする祭りである。

かつての雄勝郡内の町村では住民たちが柳の木を引きずって村中を練り歩き、最後は川に流した。そうすることで虫除けになると信じられていたからである。北秋田や南秋田地方では浦大町（八郎潟町）の高岳山副川神社を田ノ神として崇《あが》めた。7月1日の祭礼に参拝して害虫駆除の守護札をいただき、柳の枝に付けて田んぼに立てた。

また、雄勝・平鹿・仙北地方では東鳥海山（湯沢市）に祀《まつ》られる東鳥海神社を信仰し、7月1日に参詣する。この日は朝早くから山に登り、本殿の土台あたりの土をもらって帰り、田に撒《ま》いた。この土は神の土として肥料となったり病虫害除けになるのだ、と考えられていた。また虫除け札を授かり、アシの棒に挟んで田の水口に立てて祀った。

矢島（由利本荘市）では7月8日、鳥海山2合目の木境大物忌神社の虫除け祭り（県指定無形民俗文化財）に参詣し、稲に害する虫の駆除を祈る。この虫除け祭りは、特別

木境大物忌神社の虫除け祭り

なお札に虫を封じ込め、小舟に乗せて子吉川に流す神事である。

虫祭りは鹿嶋祭や鹿嶋流しの民俗祭礼と結び付けられ、害虫を鹿嶋人形に託して船で流し、田んぼに害を及ぼさぬように追い出す意味もあったのだ。人形に虫を付けて追い出す方法は芦名沢（鹿角市）でもみられた。コジョムシというわら人形を、太鼓ではやしながら村の上から下へと担ぎ、やがて川に流すものだった。

虫祭りは、豊穣《ほうじょう》となるように稲の生育を祈る大切な農耕儀礼の一つである。だから「腹の虫」というように人の精神を害する虫も、わら人形に託して一緒に流したのだろう。人に取りつく虫は勤勉さを害し、ひいては不作をもたらすことになると考えたからである。

鹿嶋祭り――「地震抑える」信仰も

初夏には県内で広く鹿嶋祭りがおこなわれる。稲作と関連が深いため、大方は田植え後から稲刈り前にみられる民俗祭礼だ。

祭りの開催地域は、雄物川水系と米代川水系、日本海沿岸を中心に分布する。祭りの形態は大きく二つに分けられる。一つは藁《わら》や草で鹿嶋船をつくり、それに各家ごとの鹿嶋人形を乗せて集落を巡行させ、最後に水に流して悪霊を追い出そうとするもの。もう一つは鹿嶋様と呼ぶ藁人形をつくり、それを集落の入り口付近に立てる「鹿嶋立て」と称される民俗の祭りである。

小入川（八峰町）では、鹿嶋船に乗せた鹿嶋人形に土産の供物を背負わせ、漁師の船で海に引いていき、沖で時計回りに3周してから流す。

北浦（男鹿市）では、数軒単位で一体の鹿嶋様（人形）をあつらえる。1軒目で朝に神様としてあがめてもてなしたら、昼は隣の家、晩はまた別の家へと、各家々ごとに鹿嶋様を送り出す。祭り当日は、鹿嶋船に人形を納めると地域巡行後、海に流してやる。

人形を各家に回して祭る風習は、神々の巡行形式を持つ古い信仰を物語っている。結局、鹿嶋神に家や人にまつわる災厄を託して、再び戻らぬよう川や海に流すのだ。

一方、鹿嶋立ては、草人形《くさひとがた》を村境に立てることで悪病や災いが村に入り込むことを防いでくれるという民間信仰に根差してい

鹿嶋立てによって村境の神として祭られる＝湯沢市横堀

る。藤巻（横手市）では約4メートルもの巨大な鹿嶋人形をつくり、若者たちが担いで集落を巡り村境まで送り、そこに立てる。村に入る悪霊を防ぐ守り神としたのだ。

鹿嶋神は鹿島神宮（茨城県）の祭神とされ、その信仰は中世以降、東国（関東以北）に普及した。初めは最も威力の強い武神とされたが、その力は農耕信仰にも反映され広まっていった。だがもう一つ、地震を抑える神としての鹿嶋信仰も見逃せない。菅江真澄は、鹿嶋祭りを「地震のこないため」に盛んにおこなっている、というように記している。だから、花館（大仙市）で「地震を流してやる」祭りだ、といっていたこともうなずける。

蕎麦——古くから生活の糧に

梅雨明けごろになると蕎麦《そば》の花が一斉に開花する。蕎麦畑では、可憐《かれん》な白い花が一面に広がる。この蕎麦にも民俗文化が深く溶け込んでいた。

蕎麦の種実は、多数の縄文時代遺跡から発見され、相当古くから食されていたことが分かる。蕎麦は寒冷地や荒れ地でも栽培され、種を播《ま》いて75日たてば食べられる、というから生育も早い。栽培地によっては春、夏、秋と年3回も収穫が可能とされた。そうしたこともあり、古代から救荒食物として奨励されてきた。

栽培方法も古く、初めは焼き畑によったと思われる。焼き畑は、秋田でいうカノ（火野）、カノヤキ（火野焼き）、アラキ（荒起）などといわれるもので、主に山の斜面の雑木や草をなぎ倒して、乾燥させた後に火を付けて焼き、種を播く。焼いた場所の土を粗くおこすこともあるが、種播き後は杉の枝葉などで軽くたたいて回るだけである。その後、収穫まではほとんど何の手入れもしない。

古代以来の栽培法での蕎麦は、生活になじむことによって、多くの民俗伝承とも結び付いた。その一つに、蕎麦の茎が赤い由来がある。大久保（潟上市）で語られた昔話では、空の高いところから落ちて死んだ鬼婆《おにばばあ》の血が飛び散り、蕎麦に付いたからだという。この話の奥には、蕎麦は身近な食でありながら、その特徴の一つを面白く語ることによって、蕎麦の大切さを知らしめようとしたと考えられる。

蕎麦は、近世以前は粒食であった。秋田では、蕎麦

南外（大仙市）の蕎麦畑。蕎麦の茎は赤い

の食べ方は、粉にしてから加工することが多い。平鹿地方では粉を練り、平丸にして、串に刺してゆでた、蕎麦団子を作って食べた。鹿角地方では、普段でも蕎麦を食べるが、冠婚葬祭には必ず蕎麦が振る舞われた。

小正月には蕎麦打ちがあり、布海苔《ふのり》を混ぜてつなぎとした蕎麦切りを作る。この日は「運の蕎麦」といって食べるなど、蕎麦を行事食として取り入れた。現在行われている年越し蕎麦の風習は、生命力の強い蕎麦に家族の健康と長寿を願う象徴的な事例といえるだろう。

てるてるぼうず――長雨の霊、人形に託す

長雨や何かの行事がある時などは、天気が晴れることを乞うことがしばしば。うっとうしい梅雨時は特にそうだ。農事にとっても天気や気象状況は、作業の手順や収穫などに多大な影響を及ぼす恐れがある。人々は、自然現象や動植物の状況に意識を払い、天気を予知・予測するさまざまな民間伝承を残している。

例えば、北秋田地方では、雀《すずめ》の水浴びは晴れになる兆しといい、雄勝地方では鴉《からす》が水浴びすれば雨が降るといわれてきた。当たるか当たらないかは別にして、こうした伝承は人々

がいかに天気に強い関心を持っていたかをうかがうことができる。

横手（横手市）では、「ジョウリこ（草履・履物）、ジョリこ、ジョンバンコ、あさづけ梅こで、ショッタコ、ショ」と唱えながら、自分の履いている下駄《げた》などを放って天気を占ったという。天候の予測が極めて困難であるからこそ、そうした俗的な信仰も導き出されたのだろう。

天候を予知することも困難だが、雨を降らせたり、雨をやませたりすることもままならない。そうした中、天気を祈るためにおこなわれてきたのが「てるてるぼうず」。すでに、平安時代の『蜻蛉日記』に記されている昔からの祈晴の風習である。

晴れ男、晴れ女といった言葉があるように、晴雨をつかさどる霊のようなものが、人につきまとっていると考えられてきた。てるてるぼうずが何となく人形《ひとがた》に見えるのは、この晴雨をつかさどる霊と深く関係しているとみられる。

菅江真澄は、晴天を祈って紙の形代《かたしろ》（人

今でも天気を祈るためにてるてるぼうずが軒につるされる＝秋田市

形）を半分に割いて逆さにつるす「てろてろほうし」があったことや、角館（仙北市）では「雨人《あめひと》」という藁《わら》人形を屋根に立てて晴れを祈る風習を記している。紙形代も雨人も、人形であることから、長雨を降らせるとした悪霊を人形に託して送り出す、というものであったろう。

『嬉遊笑覧』（1830年）にある、晴れたら照々《てりてり》法師に目を入れて川に流す、というのも、紙形代や雨人と同じ意味が込められているに違いない。

七夕節句――「眠気」祓い豊作祈る

秋田市の竿燈まつり（国重要無形民俗文化財）の会所には「七夕」と書かれた掛け軸が掲げられているところがある。七夕は、七夕節供を意味し、7月7日（旧暦）の夕方を指していた。竿燈まつりも七夕節句の風習であり、掛け軸はその名残とみていいだろう。

もともと七夕というのは、中国に起こった織女《しょくじょ》と牽牛《けんぎゅう》の星伝説によるもので、それと裁縫（針仕事）の上達を願う乞巧奠《きこうてん》の行事が合わさり、日本に伝わったという。伝説では、牽牛と織女は天の川を隔てて別れ別れになったが、1年に1度だけ逢うことが許された。

その日が次第に節供の7月7日と習合したとみられている。簡単に言えば、裁縫、技芸の上達を祈った節供の日の星祭りだった。

歌川国貞は「豊歳五節供ノ遊」を描いているが、それを見れば五節句の一つとして七夕は、笹竹に五色の紙や糸をつるして軒端に立てたことが分かる。神事《かみごと》にあたる節供で用いる笹竹は、神の依代《よりしろ》とみなされた。

十三岱（秋田市）では、笹竹に短冊飾りばかりではなく自作の灯籠をつるし、それを担いで「ネブ、ネブ、流エレー、ケガジ（不作）も流エレー」と叫びながら、子どもたちが集落内を練り歩いた。そして最後に河原で、笹竹を自分の年の数だけ折って、全て川に流してやった。ケガジを流して豊作を促すためだ。

このような節供の行事だが、星祭りという要素はそれほど強調されていない。というのも、竿燈ももともとが、ねぶり流しといっていたことに思いあたるからだ。『秋田風俗問状答』には、竿燈について「七日星祭の事」と記し、「眠なかし（ねぶりながし）」の風俗を

「ネブネブ流えれー、ケガジも流えれー」とはやしながら回る駒形（能代市）のネブ流し

詳しく紹介している。

駒形（能代市）のネブ流しは棹《さお》に全て柳の枝を巻き付けて、数個のちょうちんを下げたものをネブと呼んで、これをかざし、集落の一軒、一軒の庭先を巡る。ネブに悪霊を付けるためだ。そして最後に川に流す。素朴であるが、竿燈の原形をしのばせるだろう。

ネブとかネブリは「眠気」のことをいう方言だ。眠気は睡魔だから初めから魔物なのである。それを祓《はら》いやることが目的であった。

盆行事――祝祭から先祖供養へ

盆踊りの古い唄に「盆の十三日、正月から待ぢだ、待ぢだ十三日、今来たが」という文句がある。盆はさまざまなしきたりがあって慌ただしいのだが、年中で一番華やかでにぎやかで、楽しみな日でもあるということだろう。

盆は死者供養の行事日というのだが、意外にも民俗では悲しさや寂しい感じはあまりない。むしろ祝祭《しゅくさい》のように華やかでにぎやかさがある。

盆に本家、分家、親類間であいさつをする盆礼の風習は各地で見られるが、長岡（にかつほ市）では、それを盆賀《ぼんが》といってきた。「お盆様、おめでとうございます」というあいさつ言葉も残っている。こうした風習の背景には、死者供養という以前に、日本固有の神祭りである先祖祭、いわば祝祭がもとになっているためだと思われる。

盆の墓祝いというのもその一つである。仙北市、大仙市などの一部でしか見られない風習だが、盆の墓参りに際し、一族が墓前で共同飲食するというものだ。

大神成（大仙市）では、13日の午後、早めに支度を調えて墓参りをする。夕方、戸主は紋付き羽織袴《はかま》を着けて、本家分家一族が墓参りをする。やがて墓の前にむしろを敷いて、本家がまず上座から「お盆、おめでとうございます」とあいさつをする。一族は答えて「おめでとうございます」と言う。その後、持参の重箱料理と酒を出して、盛大な宴会となるのである。

角館（仙北市）では、13日の夕か、14日の朝に、本家分家がそろって墓参りをした後、墓前で各自が持ち寄った重箱を広げて先祖と共に酒やごちそうを食べ

大仙市南外での盆の墓参り風景の写真。一族が集まって墓前で酒宴を開いている＝『南外村史』より

る。重箱の中にはボンザカナといって、仏事には避けられる生臭の魚が必ず入っている。まさに祝いの料理が用意される。

これとよく似た行事で、沖縄の清明節（シーミー）がある。春の清明節に一門が墓の前で酒宴をして一日を過ごす。農事に関し祖先に加護を求めるものだったが、次第に先祖供養の意味が強く意識されてきたという。盆の墓祝いも、もともとは農事の安泰と豊穣《ほうじょう》を先祖に祈る風習だったのかもしれない。

盆踊り――豊穣祈る要素融合か

盆は、旧暦7月13日から15日を中心とする先祖祭りのことをいった。今は新暦や月遅れにする所が多い。盂蘭《うら》盆ともいう。古代インドの農耕儀礼が中国に入って仏教とも融合し、さらに日本の上流層の人々が受容した。

それが、次第に民間に広まると在来の信仰や習俗と混じり合ったり、反発したりを繰り返し伝えられてきたと考えられている。盆の民俗が土地土地で異なるのは、在来の信仰が混じり合っているためとみられる。

盆踊りは、踊り方や囃子《はやし》など似たところはあっても風習には微妙な差異がある。そもそも、盆踊りが平安時代、空也上人《くうやしょうにん》によって始められた念仏踊りが、盂蘭盆と結び付き、精霊を迎え、死者を供養する行事として定着したのだという。だから本来は亡き人たちの供養のために歌い踊るという趣旨がもっぱらだ。

だが秋田では、村に盆までの間に複数以上の死者があった年は、盆踊りをやらない。

中間口（男鹿市）では、唄を歌ったり、鳴り物を奏でて騒ぐとホトケ（死者）は成仏しないものだ、ともいわれてきた。念仏供養であるという盆踊りのはずが、死者に対して不敬にあたるとされるのだ。昔は各村々の判断で決められたことだが、たいていは盆踊りは中止された。

盆踊りは盆の期間におこなわれると思われているが、案外そうではなく16日以降に開催されることもある。西馬音内盆踊りや毛馬内の盆踊（いずれも重要無形民俗文化財）なども、一般にいう盆期間からずれている。観光という経済活動に左右されて、開催期日を変更した盆踊りもあるが、

和田（秋田市）の作踊り。盆踊りだが、もっぱら豊作を祈願して盆すぎに行われてきた

そうとばかりはいえないのだ。

男鹿南秋地域内では、だいたい盆踊りは13日から15日までだが、16日から20日ごろまでは作踊りという盆踊りに同様なもので、ただ名を替えただけで、今度は豊作を祈る盆踊りということだった。

とすれば、盆踊りの始まりが念仏供養だとしても、その根底には作踊りというように、初めから稲作の豊穣《ほうじょう》を祈る祝祭の要素が融合していたのではないか。盆踊りの地口（音頭の文句）には子孫繁栄を促すような艶《つや》のある、または性的な描写の文句が多いのも、まさに豊穣を促す素朴な信仰があったからだろう。

ささら舞——古来の音で悪霊祓う

ささら舞とは獅子舞の一種である。この獅子舞は三匹獅子《さんびきじし》といわれ、小さな獅子頭を頭につけた3人が動きの激しい舞を演じる。盆の前後や祭礼などに行われるが、五穀豊穣《ほうじょう》や悪病除却、先祖供養などを祈願するものだ。

ささら舞は秋田県内62カ所（2012年度調査）でおこなわれており、県北と県南に集中している。県北では米代川流域に広がっている。米代川のきみまち阪（能代市）を境に、下流域ではほぼ、ささら舞と称されているのに対し、上流部地域で「獅子踊り」と呼ばれる。県南では仙北市を中心に、横手市、湯沢市などでおこなわれており、名称は「ささら舞」だ。

　駒踊りと一緒に演じられるために、ささら舞の名が前面に出てこない場合もある。盆踊りにも組み入れられた獅子踊りもあり、それは単に盆踊りとだけ呼んでいる。

　道地（能代市）の常州《じょうしゅう》下《くだる》御供《おんとも》佐々楽《ささら》の名は、ささらの伝来をよく表したものだ。つまり、近世初めに佐竹氏が常陸国（現茨城県）から秋田に国替えを命じられた際に、お供《とも》をしてきた獅子舞だと伝える名称である。実は、由来伝承を書いた秘伝の巻物というのが各地に伝わっている。書かれている内容は道地にある伝承と同じものが多いのである。

　それからすれば、ささら舞というものが鹿角市や由利本荘市にほとんど見られないのは、近世佐竹氏の支配の及ぶ秋田六郡の範囲に伝承されたということになろう。

広久内ささら（仙北市）のザッザカ。ささらを摺りながら三匹獅子と同じく舞うものだ

この獅子舞をささら舞というのはなぜか。それは多分、三匹獅子舞であるが、獅子のほかにザッザカなどと呼ばれる、道化面をつけ、簓《ささら》という楽器を摺《す》りながら、獅子とほぼ同じ動作を繰り返して舞い回る者が登場するためだったろう。獅子舞よりも、その簓の「ザラッ、ザラッ」という神秘的な音を出す日本古来の楽器が、人々の間で尊ばれ、それが中心となる舞だと受け止められたからだった。簓には、悪霊を祓《はら》い五穀豊穣をもたらす特別な力があるとみられたに違いない。

二百十日——風祭りで霊魂鎮める

立春（2月4日）から数えて210日目には、最も多く大風が吹く日だと伝えられてきた。そのため「二百十日《にひゃくとおか》」は厄日とされ、何とかその日を無事に過ごしたいと願ってきたのは必然的であった。なぜなら、大風はあらゆる被害をもたらしかねないし、特に稲作では稲がなぎ倒されて、よい収穫が得られないからだ。

二百十日は、閏《うるう》年は8月31日になるが、平年は9月1日である。この厄日を無事に過ごそうと各地で風祭りがおこなわれている。八尾（富山県）のおわら風の盆は有名だが、まさにこの二百十日の風鎮《かぜしず》めの踊りだといわれている。

県内でも、そうした風に関連した習俗が多く伝わる。

松館（鹿角市）では二百十日前に、風祭《かざまつり》といってまず鎮守の天神社にお神酒を供えて拝み、やがて若者たちによって神社の屋根に盛大に水を掛ける祭りがおこなわれた。それは、あらかじめ暴風雨のような水を掛けることにより、その厄日をあらかじめやり過ごすという考えであろう。

小滝（にかほ市）では獅子舞番楽を演じて神送りをする日でもあった。番楽の幕納めとする神送りの儀式だが、二百十日の日が選ばれたのは、大風も送り出してしまおうという風祭りの意味があった。

この日、大風を防ぐためだといってユウガオを半分に切って、それに竹や棒を挿し、田圃《たんぼ》に立てる風習は仙北地方でも見られた。興味深いのは、その

風祭りの護符。ユウガオを輪切りにしたものを鏡に見立てて、風を反射させる＝秋田市

ユウガオを取っておき、子どもが風邪をひいた時に煎じて飲ませるとよく効くのだ、と言い伝えられてきたことである。風邪は万病のもとというが、その病気である風邪も、風祭の風と関連して考えられたのであろうか。

「風」そのものが霊魂だとしたか、霊魂を運ぶものと考えられたのか。いずれにしても風祭りというように、悪《あ》しき風が暴れ回ることを鎮めるためであった。

イモノコ――畑作の豊凶占う伝承

イモノコ（芋の子）といえば、きりたんぽ、だまこ餅と並んで鍋っこ（鍋物）の食材として親しまれている。そのイモノコに意外な民俗文化が潜んでいる。

サトイモともいうが、これが古くからの名で、単に「芋」と言えばサトイモとヤマイモを指し、サトイモは畑作栽培であった。『和名類聚抄《わみょうるいじゅしょう》』（平安中期・漢和辞書）によれば、サトイモは「家芋《いえついも》」とあり、山に自生する自然薯《じねんじょ》であるヤマイモと対比されているのだ。

サトイモはインド周辺が原産地らしく、中国、東南アジアに広く分布する。日本では縄文中期の遺跡に半栽培のサトイモの原形が見つかったというから、このころ伝播《でんぱ》したとみられる。実際にも南方の渡来植物と考えられている。

　秋田では山内（横手市）などが特産地として知られるが、一般でも栽培され人気の高い野菜の一つだ。古くは南方植物らしく寒冷地には適さないといわれたが、長い間に人々の努力により山間部でも栽培できている。

　山内イモノコはそうした寒冷地にも適した優れた品種として「土垂《どだれ》」が知られる。もともとイモノコは雑穀と一緒に焼き畑で栽培していたらしい。

　ところで、ヤマイモ（自然薯）は正月儀礼に出てくるのに対し、サトイモ（イモノコ）は十五夜名月の行事に欠かせなかった。別名・芋名月。芋は今のようにサツマイモではなかった。正月が稲作の祭り要素が強いのに対し、秋の祭りともいえる十五夜名月は、畑作の祭りの要素が見え隠れしていたのである。

　イモノコにはまだまだ多くの民俗が残されている。例えば、花が咲くと凶年となるという伝承であ

イモノコ畑。七夕の朝、葉の滴を集めて字を書くと上達するといわれた

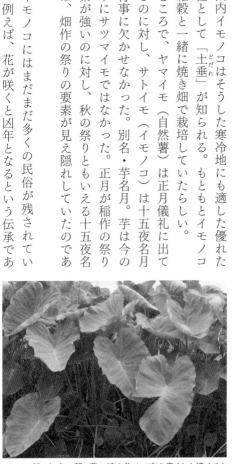

る。平鹿・河辺・仙北・雄勝などでいわれるのだが、イモノコの場合めったに花が咲かないことから、突然咲くのを見て異常性を予知したと思われる。また薬効もあるらしく、南秋田郡では日焼けや雪焼けにすって塗るとよく効くといわれてきた。

渡来作物とはいえ、イモノコ一つからも独特な民俗文化がみえそうだ。

作物禁忌——願掛けなどの名残か

食生活に欠かせない蔬菜《そさい》の民俗にも不思議な風習が伝わる。いわゆる「作物禁忌」もその一つだ。作物禁忌とは、ある特定の野菜や植物に対して、植え育てることを忌避する、あるいは戒める習俗である。しかも、そうした禁忌は、特定の家や一族、または村に限られていることが多い。

小松（羽後町）では近年までイモノコを植えてはいけないといわれた。そのいわれは、昔この地域の祭礼に獅子廻《まわ》しがおこなわれていたが、ある時、元西（羽後町）の獅子とイモノコ畑でけんかをし、小松の獅子がイモノコの柄で滑って転んで、負けてしまった、という。神様である獅子が負けた原因であるイモノコは、以来ずうっと栽培してはいけない、とされた。
西中野沢や小滝（にかほ市）ではユウガオを植えてはならないという。それもある特定の家筋だけに伝わる。そのわけは、遠い先祖がある時、願を掛け、その食物を断ったからだとされる。その後、子孫が風習を忘れて植えたところ、一族に不幸が舞い込んだというものだ。ただし今では植えてはならないが、食べるのは構わないことになっている。また、この近村ではゴマ、キュウリを植えてはならないという家もある。生活に欠かせない食べ物をあえて絶つことで願いをかなえようとしたのだろう。

道川（由利本荘市）では、鎮守の神がサトイモの柄に足を滑らせ転んだ時、ゴマで目を突いたことから、氏子は御嶽神社の忌物としてサトイモとゴマを栽培しないとされる。同じような伝承は寺内（秋田市）の古四王神社にもあって、大彦命《おおひこのみこと》が狩りのため、この野に入った時、サナズラ（山葡萄《ぶどう》）のつるにつまずきウドの根株で目を突き負傷。そのためこの里の畑にはウドを植える

間もなく収穫される屋敷畑のゴマ。こうして身近に栽培されてきた＝横手市

ことはない、というものだ。

　こうした禁忌の作物は他にも多いが、外来種の物が目立つ。しかも、忌まれるのは作物そのものではなく、栽培することであった。思うに、こうした伝承の背景には、ある時期に新たな文化として入り込み、相克を経て、やがて受容され、一方では家筋の権威をもたらすために一つの禁忌としたのかもしれない。

彼岸の風習——日願で耕作、収穫祈る

「暑さ寒さも彼岸まで」と言い習わしてきたように、暦の上ではこの日を境に季節が変わるという。その彼岸の日とは、いわゆる春分の日、秋分の日のことでもある。この日はいずれも昼と夜の時間が同じで、天上の太陽は真東から昇り、真西に沈むということから、1年のうちでも特別な日として、各地に風習が伝わる。

　彼岸といえば、墓参りを中心とした先祖供養の行事がもっぱらと思われてきた。だが、各地の民俗からは、仏教的な観念とは異なる風習が残されてきたことに気付かされる。

　下総地方（千葉県）では、春彼岸を中心として「天道念仏」がおこなわれている。出羽

三山（山形県）に登った行人が主として、四方に梵天《ぼんでん》（御幣）を立てた中で、念仏を唱えながら踊るというものだ。この場合、念仏という仏教的な要素はあるものの、天道は太陽のことを意味するから、むしろ原初的な太陽信仰が本来であったとされている。

これまでの民俗学の知見によれば、阿蘇山麓（熊本県）や薩摩地方（鹿児島県）では彼岸に山登りをするところがあり、東北地方でも各地にみられたという。それはすなわち、春の農事に当たり、豊作に必要な太陽を祀《まつ》る農耕儀礼の一つであったと考えられる。それが、次第に百万遍念仏や先祖供養と結び付き、やがて仏教行事に組み込まれていったのだろう。

京都府宮津市や兵庫県美嚢《みのう》郡および加東郡などでは、彼岸の間に「日の伴《とも》」とか「日迎え日送り」といって、朝は東方の、日中は南方、夕方は西方の社寺に詣《まい》る行事がおこなわれてきた（『年中行事辞典』）、という。

これと似た習俗では、津軽地方（青森県）にもあって、彼岸の日前後におこなわれている「七カ村」とか「七宮」というものだ。その日のうちに七つの村々の鎮守社を参拝して回るという風習である。こうした民俗には、農耕儀礼と結び付いた太陽信仰の名残があるとみられる。

吉田三郎は「百万遍の話」（『男鹿寒風山麓農民手記』）で、春分の日のことを「百万遍」

と呼ぶのだとして、「外では子供達はハギリ（大たらい）に水をいっぱい入れて水に太陽を写して見ます。太陽がこの日やはり百万遍廻ると言うのです」と記していた。この風習からみても、春分の日は紛れもない太陽信仰があったといえるのではないか。

上岩川（三種町）では、彼岸中日の午後、村人らがそろって小高い丘まで出掛け、夕日が八郎潟に落ちるのを待って、その夕日を拝んだとされる。この行事を「日落ち見」と呼んでいた。

要するところ、もとはといえば彼岸は日願《ひがん》であって、春は農耕の安泰をお日様（太陽）に願い、秋には収穫の無事終了を祈る、日願であったことを意味していたといえよう。

箕――鎮魂儀礼、祭器具にも

穫《と》り入れの秋。春早くから何度となく豊穣《ほうじょう》を祈る儀礼を通し、この収穫の時期まで、丹精込めながら進められた農事が、出来秋となれば本当にうれしい。

収穫された稲（籾《もみ》）は脱穀の後、籾すり作業をして玄米とするが、ここで活躍する農具の一つに箕《み》がある。箕は米作りの場ではさまざまに使われ、非常に利便性の高い農具であった。米をすくって枡《ます》で量る時や、大豆、小豆、麦など、穀類は全て箕ですくったり、箕の上で乾燥させたりもする。最も特色的な用途は、両手で箕を上下させながら、塵《ちり》や殻を先端から取り除き、実だけを残すことだ。

秋田では太平（秋田市）のオエダラ箕と雲然（仙北市）のクモシカリ箕（共に国重要無形民俗文化財）が残されてきたが、かつては摩当《まとう》箕（北秋田市）、馬場目《ばばめ》箕（五城目町）、心像《こころやり》箕（大仙市）、三又《みつまた》箕（横手市）、笹子《じねご》（由利本荘市）の皮箕など、各地で作られていた。農作業にとって欠かせないものだった。

だが、箕の使用例はこれだけではない。太平黒沢（秋田市）の勝手神社は箕の神様とも崇《あが》められてきたが、村の人々は男の子が生まれると、無事成長を祈り神社に箕を奉納する習わしがあった。これは、生まれた赤子のお七夜に箕を被《かぶ》せるという民俗もあるというから、鎮魂儀礼とも考えられる。箕は何かモノを納める、整える、などの意識があるからだろう。

鷹巣地方（北秋田市）では他所で病気やけがをして家に

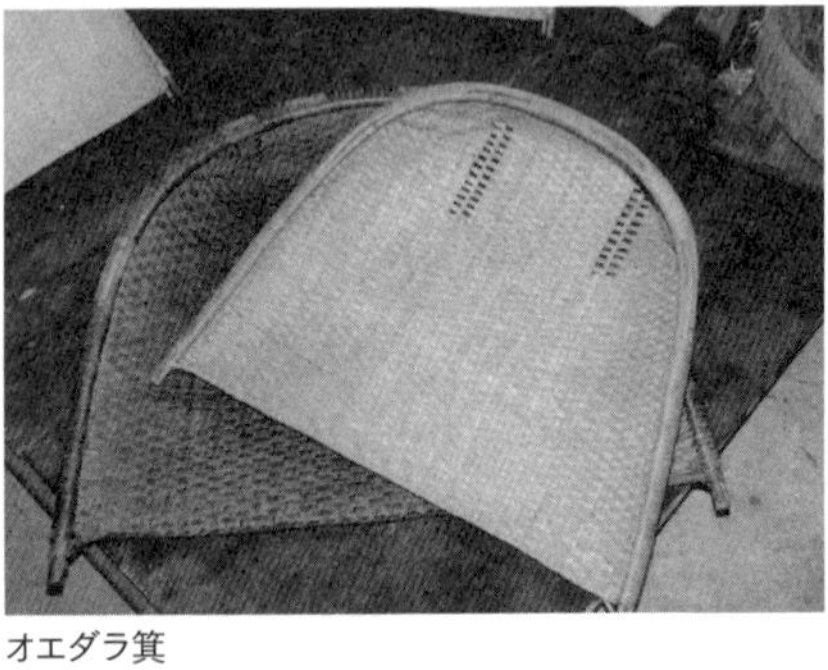

オエダラ箕

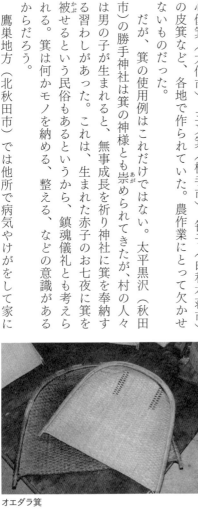

戻れば、その人を箕で煽《あお》って（風を吹かせて）から家に入れたという。恐らく、人に憑《つ》いた悪霊を祓《はら》う呪具とされたと考えられる。

それればかりではない。祭りの器（祭器具）としても使われてきた。正月の御魂飯《みたまめし》は箕に供えたし、秋の刈り初めの節供《せっく》では鏡餅に鎌と刈り穂を添えて箕に盛り、神棚に供えた。

箕が穀物と屑《くず》などを選別して、中に残された大切なものを納めていく器だと考えれば、霊魂を祭るためにもふさわしかったろう。簸《ひ》る行為（使い方）からみても、穀霊を振り起こして増幅させる力もあるとみたのではないか。

三度の儀礼――地域社会の一員全う

人は生涯の中で3度は必ず多くの目にさらされるといわれてきた。三度《みたび》というのは生まれた時、結婚式、そして死を迎えた時だ。ただ見られるのではなく、そこには多くの民俗儀礼が潜んでいた。

赤子が生まれるとお産の見舞いをする。お産は病気ではないので、見舞いといっても難儀をした慰労と無事生まれた赤子の祝いをするためでもある。これを太平（秋田市）ではサントミメ（産人見舞）といって、かつては鯉《こい》、鮒《ふな》や産着《うぶぎ》にする生地などを贈った。鯉、鮒は味噌貝焼《みそかやき》にして食べさせると、滋養となり母乳がよく出るとされた。

誕生にはさらに儀礼がついている。名付け（命名）という風習は、赤子に人格を与える第一歩として、慎重に、意味のある名を付けることが多い。オボダテという生後50日の祝いもある。そうした誕生の儀礼には、人となるために霊魂を安定させていく意味が強く働いているとみられる。

結婚式はどうであったろうか。結婚に至るまで多くの儀礼があった。結婚の申し込みをする時の話し合いを口割り酒という。次いで、取り決めをすることを酒立て（結納）とした。下北手（秋田市）では、嫁になる人が式前の夜に女友達を集めてぼた餅をごちそうして祝うゲンブクという風習があった。ぼた餅を食べれば口の中が黒くなるが、古くから既婚者がつけたお歯黒と結び付け、男子が成人となる元服になぞらえたのかもしれない。

かつては、婚家で祝儀をすることが多く、そこにたくさんの村人たちが見に集まった。滝（由利本荘市）では

鹿角地域で昭和40年代ごろまで見られた嫁入り道中。集まった集落の人々に、嫁見させる意味合いもあった（鹿角市の冨樫正一さん撮影・提供）

この時、マドワカゼといって、若者がわざと祝儀の邪魔をするように騒ぎ立てたという。マドワカゼは嫁見の風習だが、よそから来た人をその村の成員と認めるための儀礼の一つであったろう。

やがて、老衰を迎え死期が近づくと、にわかに大病振る舞いということもした。内越（由利本荘市）などでは、病気の見舞いのお礼などとして、親類縁者を集めて酒宴を開くものだった。その死後にも、人には数々の儀礼があるのは今でも同じだ。

結局、人生は人それぞれであるにもかかわらず、一生の儀礼を通して、地域社会の成員を担い、全うすることにあったといえまいか。目にさらされる、ということは目見《まみ》える（人と交わる）ということに違いない。

稲刈り――乾燥方法、地域で特色

稲刈り、と一口にいっても古い歴史があり、民俗も多数残されてきた。農耕では、稲刈りが春の田植えと同様に忙しく、かつ重大な作業だ。

刈り穫《と》りは、弥生時代の石包丁などで穂だけを摘み取るようにした穂刈りから、中世には鎌で根刈りする方法に変わった。これにより、わらの用途も多様となり、農具などわらの加工品も発展したとみられる。

刈り穫りの時期は稲穂の色や籾《もみ》の状態を観察して、天候をにらみながら取り掛かる。以前は完熟する少し前で、穂にまだ青みが少し残っている状態で収穫したという。

乾燥の方法もまた特色がある。刈り取った稲は束立《そくた》て、またはシマ立てといって、穂を下に「人」字のようにして畦《あぜ》などに連ねて数日置くのだ。晴天に稲刈りをするが、束立てをした後に雨が降ると芽をふくこともあったから、天候の予知も大切な農事であった。

本格的な乾燥には、秋田では稲架《はさ》掛けとホニョ掛けがあった。旧松尾村（岩手県）では丸太を三叉にした小屋掛けがみられるなど、稲干しは地方差が大きいことから、各地の風物詩となったほどだ。稲架は梯子《はしご》のようにして稲を掛けるが、ホニョ掛けは一本の杭《くい》を立てただけでその周りに稲を積み上げていく。秋田の稲

1本の杭に干すホニョ掛け。乾燥が終わるまでに一度、イナキャシ（稲返し）をしなければならない＝にかほ市

干しをみると、北では稲架掛けが、南ではホニョ掛けが多いという特色があった。

今日では収穫量は全てキログラムで量られるが、かつては一つの田圃《たんぼ》からどれだけの刈り株があるかを言う「刈」という単位も使っていた。稲刈りをこのような観点からみれば、一束、一把という単位も地域によって微妙な差異があったことが分かる。

ところで、稲刈り儀礼ともいえる節供もあった。9月9日は初節供で、この日はたいていぼた餅を神棚に供えて祝う。19日は中の節供で同様だ。29日が刈り上げの節供といい、神宮寺（大仙市）などでは餅をついて供え、神様に感謝をささげる。そして、この餅は10月1日に雑煮を作り、戸立て祭り（最後の祭りの意）に再び供え神様を出雲に送るという。民俗信仰はこうして連続していくのが常だった。

生活と柿――食以外も深い関わり

真っ赤に熟れた柿の風景は秋の風物詩。

柿は奈良時代に中国から渡来したという説が有力だ。だがそれ以来、柿は日本人の日常生活と深い関わりを持ってきた。

秋田には各地で地名や人の名などが付けられた柿があって、まさに地柿といえるほど特色がある。例えば、旭川（秋田市）の松原柿、内越（由利本荘市）の岩蔵寺柿、横手（横手市）の横手柿、湯野目（秋田市）の久助柿など。また、豆柿という原種に近い極小の実や、細長くとがったような形、偏平のもの、カネツケ（お歯黒）のように黒くなるカネツケ柿など種類も多いが、総じて渋柿であった。

柿の効用は実を食べるばかりではなく、樹枝は家具材として、実、ヘタ、葉は薬としても用いられてきた。民俗では、柿渋《かきしぶ》は防水、防腐効果があることを経験的に知っていたことから、身の回りの水に触れる木製品にも多用された。特に、和紙に渋を塗って防水紙としたものは、ビニール製品がない時代には重宝された。だから、どこでも家の周りには柿の木が必ず植えられていたのである。

渋柿は醂《さわ》すこと（渋抜き）によって一段と甘さを増すのだが、これも各地でさまざまな方法がみられ

秋田市旭川の松原柿。醂した柿は、昭和40年代までは大町（秋田市）まで売りに歩いたという

る。佐藤信淵は「醂柿《りんし》・紅柿《こうし》・方柿《ほうし》等の渋味のある者は、桶《おけ》にて温熱湯を柿より上まで灌《そそぎ》て、気の漏泄《もれ》ざるように莚《むしろ》の類にて包み、一日夜休め置くときは渋《しぶ》脱けて甘味強くなる者なり、灰汁《あく》を以て浸《ひたし》ても渋よく去る」（『草木六部耕種』）と述べている。この醂し方を種沢（秋田市）などでは湯醂《ゆざわし》、横手ではサシ柿といった。松原柿のように専用の柿小屋で柿をいぶすようにして、煙と熱で醂すところもあった。民俗の知恵が伝承されてきたのだろう。

正月儀礼に欠かせない鏡餅に添えられるのは串柿（干し柿）である。昔話の「猿蟹《かに》合戦」にも柿が出てくる。小正月の民俗行事には成木（柿の木）責めというのがあった。秋田ではよく、柿の木や種を火にくべると大風になるといわれ、柿の木から落ちると死ぬ、などの言い伝えもある。民俗からも、柿が生活の中で果たしてきた役割がいかに大きかったかがうかがえる。

神無月――餅供え神々送り出す

旧暦では10月を神無月と呼んだ。この月の初めに各地の神々が出雲（島根県）に集まり、農耕の豊凶をはじめ一年中のことを相談するという。『秋田風俗問状答《といじょうこたえ》』（１８１５年ごろ）

では、九月「神送の事」の記事に「この月末より十月の初に、神々の御旅とて風すさみ、雨そぼちて、あられなんど降来ることの候也」とある。神々のお立ちの後が荒々しくて、それでこの月は天候も荒れてくるというのだ。
出雲へお発《た》ちになるという信仰は広く浸透していた。岩野目（大館市）では9月晦日《みそか》は神様が出雲に発たれる日だから、ハバキハキ（旅支度）をさせるといい、人々は重箱料理やお酒を持ち寄って祝う。北楢岡（大仙市）でも、この日は餅をつき神棚に供えて送ったという。10月1日に神送りをする所もあった。仙北地方では、刈り上げの節供《せっく》についた餅を、朔日《ついたち》に「戸立て祭り」といって雑煮餅にして供え、神々を出雲へと送り出したという。神送りした後に戸を閉めて不在を表したのだろう。

神無月は、一般に神様が不在となることから、神無しの月だと解釈されてきた。そのため、神事や祝事もおこなわないとされた。かつては、農事の繁忙期であったためともいわれる。

旧暦11月1日に行われていた荒巻（秋田市）の「神の帰り」行事（昭和58年撮影）

だが、その一方で稲荷神や恵比須神、金毘羅神などは留守をされる神という地域もある。留守神はたいてい10月が祭日にあたることからだとされる。館ノ郷（大仙市）では10日が稲荷祭りの日だとして、餅をついて近隣の稲荷社に詣でて供えた。

やがて、11月1日は神々が出雲から再びお帰りになる日として、「神帰りの一日」と言っていた。それで、石動《いするぎ》神社（秋田市）では神帰り祭をおこなう。荒巻（秋田市）では「神の帰り」という行事がある。権現社の御神体と獅子頭が社から出て、直接、氏子の各家々を巡って神棚と竈《かまど》を祓《はら》うことだった。

だとすれば、神無月といっても神様の不在とは別に、11月に迎える収穫祭のために、物忌《ものいみ》の月としたのが始まりだったのだろう。

霜月――神楽奉納し収穫感謝

霜が、しきりに降るようになることから、11月の異称として霜月の名がある。この月の初め、7日の夕刻から8日の朝まで、夜を徹して神楽が奉納される祭りがある。八沢木（横手市）に祀《まつ》られる保呂羽山波宇志別《ほろわさんはうしわけ》神社の霜月神楽式である。

保呂羽山は平鹿・由利・仙北の３地域にまたがる標高４３８メートルの山で、山頂に波宇志別神社を祀る。西は男鹿半島から日本海を、東は横手・湯沢、駒ケ岳、黒森山、御嶽山、栗駒山などの山並みが望める絶景の地である。逆に言えばその方角の地からも保呂羽山が拝めるというものだ。

神社縁起によれば、天平宝字元（７５７）年秋に八沢木村大友右衛門が夢のお告げにより、吉野（奈良県）金峰山の蔵王権現を勧請《かんじょう》したとされる。ある時、北方の谷から鷲《わし》の羽がほろほろと飛んできたので保呂羽山と呼ぶようになった。法内（由利本荘市）ほか、各地に分社があり、遠くは米沢（山形県）の千眼寺保呂羽堂もその一つである。

霊峰とあがめられてきた保呂羽山は久しく女人禁制であって、山での鳴り物も禁じていた。そのため、里に神楽殿を建立して神楽を奉納し、祭礼を続けてきた。神楽殿は室町時代後期の建築とされ、東北でも貴重な古い建物といわれている。

霜月神楽の神子舞。御幣を手に舞い、神からの託宣をする

今の霜月神楽は、神楽殿ではなく里宮（斎主・大友家）でおこなわれている。神楽式は、御幣をはじめ切り紙などで荘厳として、神座の前に湯釜を据えて、37式もの神楽舞や儀式が繰り広げられるのだ。

神楽舞の特色は、湯釜の熱湯を湯箒《ゆぼうき》（笹葉を束ねたもの）で掻《か》き混ぜた後、湯箒で舞う湯加持《ゆかじ》を何度も繰り返すことである。元来は、沢合の清らかな水を汲《く》んで湯釜で沸かし、湯の滴《しずく》（湯花）を振りかけて祓《はら》う作法の舞である。また、神子舞は託宣と神歌が入る古い形式の舞も伝えられるなど、古神道式な神事芸能といわれるゆえんでもある。

霜月に神楽を一晩中奏して祭るのは、収穫感謝をささげることだった。つまり、一晩というのは夕《ゆうべ》から朝《あした》に至るこの祭礼は、新たな太陽を迎えることで魂の生まれ清まりとした、復活再生の儀礼としてきたのであろう。

大根の年取り——子孫繁栄や豊穣祈る

旧暦10月10日は「大根の年取り日」とされた。今では新暦としたり、1カ月遅れの11月10日にあてる場合もあるが、ともかく大根が年を取る、という日なのだ。

『万葉集』では女性のやわ肌の白さを形容する言葉にも使われ、大根は細長く白いものであって、初めは決して女性の足の太さの代名詞にされたのではない。榊《さかき》大根（能代市）や川尻大根（秋田市）などのような、地大根（原種に近いと推定）といわれるものは皆、細長いとされるからだ。

こうした大根が、年を取るというのは何なのだろう。

鵜養（秋田市）では、大根・蕪《かぶ》の年取り日だといって、この日、畑に入ってはならない。大根畑では、大根がうなっているといった。金足（秋田市）では、大根がうなっている声を聞くと病気になるとされ、漬物の大根にも手を触れてはならないとした。

大根がうなるというのは、実は大根がこの日から土より急に首を持ち上げて出るためだと田草川（秋田市）では説明している。うなるぐらい、急激な成長を意味したのかもしれない。

松木沢（男鹿市）ではこの日、大黒様にまっか大根（二股大根）を供えて祝う。農家では、だまこ餅や、ま

大根畑。大根が年を取って成長するような勢いで首を持ち上げている

餅(真餅)を作り大根汁をかけて食べた。だまこ餅は八郎潟の魚で味付けした味噌のすましが定番であった。これを大根の年取り餅と言った。さらに、この日は畑に出ると必ず怪我《けが》をする、と言い伝えられていた。だから、この日が過ぎるまでは大根ふき（抜き）をしない所が多いのだ。

畑谷（由利本荘市）では大根の年取り日に、根が二股になった大根と大豆料理を7種作り神前に供えて祝った。女性の肢体と見立てた二股大根を、大黒様の嫁として供えたものだ。嫁をもらった大黒様が子孫繁栄はもちろん、作物を豊穣《ほうじょう》にしてくれると考えたのだろう。

つまり、この日は大黒神の神祭りの日でもあったのだ。畑作物の代表的な位置づけを持つ大根に、食物神とも考えられた大黒神への信仰が合わさって、畑作の収穫を祝うことだったのだ。だから、祭りのための物忌みが、大根をいじらないことに結び付いたのだろう。

鮭（上）――「神の魚」と崇め信仰

かつてアイヌ人は鮭《さけ》をカムイチェプ（神の魚）と呼んだ。稲作がおこなわれていなかった蝦夷地《えぞち》（北海道）では、秋に必ず地元の川を遡《さかのぼ》ってくるおびただしい鮭が、厳しい冬を越すためにも重要な食料だった。そんなありがたい鮭を崇《あが》めて、神の魚といったのかもしれない。

しかし、それはアイヌ人ばかりではない。古代律令国家では鮭は貢ぎ物の一つであり、『延喜式』に生鮭・鮭子（筋子）・氷頭《ひず》・鮭鮨《ずし》などが並んだ。

鮭の語源は、遡河《そか》魚で秋に川を遡って上流の砂底に卵を産みつけることに由来し、「さかのぼる魚」が縮まってサケ魚、サケとなったという。男鹿では鮭を秋味《あきあじ》と呼んでいる。この名は秋に産卵のために川にのぼる鮭は味が良いからだろう。

鮭が神祭りで神饌《しんせん》に供される例は多い。保呂羽山波宇志別《ほろわさんはうしわけ》神社（横手市）の霜月神楽式では「娠鮭《はらみ》」を献じてきたことが『六郡祭事記』に記されている。娠鮭は卵を持つ雌鮭。三輪神社（羽後町）の祭礼

川袋川（にかほ市）のそばに建てられた鮭の供養塔

では、首に白い筋のある鮭だけを「注連掛《しめかけ》魚」として供えた。鮭が神聖な神の魚とする信仰も備わっていたに違いない。

鮭の神参りという不思議な話も伝わる。杉沢（横手市）、吉沢神社（美入野観音）の祭礼には、必ず鮭がのぼり、神楽に合わせて水面で躍り、尾を振るのだ、と『秋田三十三観音巡礼記』（１７４３年）が記している。恐らく、特別な日に遡上時期が重なる鮭を神聖化し、鮭を神の使いとして信仰したからだろう。

鮭をどういうわけか、スケとも呼ぶところも多い。峰吉川（大仙市）では決まった日に、鮭が「大スケ小スケ、今遡《のぼ》る」と叫びながら川をのぼるとされ、人々がうっかりこの声を聞くと死んでしまうといわれた。鮭がいかに特別な魚だとみていたかが知れよう。

象潟（にかほ市）では、鮭の千本（匹）は人、一人の命と同じだとされ、今も千本供養祭がおこなわれている。『譚海《たんかい》』（１７９５年序）には「卒塔婆《そとば》を立てて法事を営む」とあり、羽州秋田でたくさん捕れた鮭が人々の生活と深く関わり、それが多彩な信仰につながったとみていいだろう。

鮭（下）――県内各地に信仰の跡

俗に鮭石《さけいし》といわれる魚形文刻石が県内各地で発見されている。だが、魚形文が必ずしも鮭とは断定されていない。だから単に魚石といっていいものを、あえて鮭石と呼んできた。

かつては鮭が今よりはるかに多かった。鮭が海で大きく育ち、やがて産卵のために川の上流部である山間奥地まで達するのだから、そこに住んでいた古代人もまた、鮭に重大な関心を持っていたに違いない。鮭石と呼ぶ縁《よすが》はそこにあったのだろう。

角館（仙北市）の昔話によれば、ある若者が女房が欲しいと祈願するとお告げを受ける。お告げの場所にゆくと美しい女がいて赤ん坊を、若者にあずけていなくなった。赤子は段々重くなる。しかし若者が子供を下ろさずにいると、女が戻り、あなたは力強い男になったから嫁入りしてもよいと言って女房になる。女は料理が上手で、とりわけ吸い物の味は絶品であった。ある日料理をしているところを男

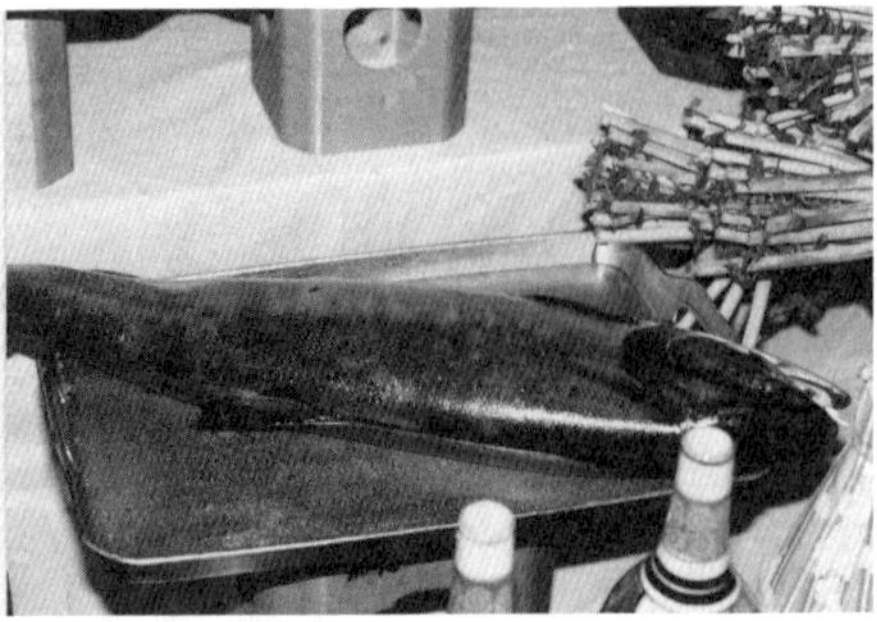

秋田市の金神神社の祭礼にも欠かせないという鮭

が覗《のぞ》くと、鍋を跨《また》いで小便をしていた。見られたと知った女房は、大鮭となり、水屋の流れに飛び込んで山の淵の方に泳いでいった、という。鮭と食生活の関わりが面白く語られていたのだ。

この話で見逃せないのが、赤子が重くなっても棄《す》てずに抱えていたことで、もしかして鮭の子（卵）を大事に見守ることを意識したのだろうか。というのは、鮭の産卵以前に根こそぎ捕っては、絶滅することが目に見える。鮭を保護するための戒めも込められていたのかもしれない。

秋田藩では領民の奢侈《しゃし》を戒めるために魚類の輸入を禁じたことがあったという。だが塩鮭だけは大目にみた。それでもおおっぴらにできず榾《ほた》（木端）で覆った荷としたことから、塩鮭を今でもボダというらしい。ボダのいわれも、生活に欠かせなかった鮭にまつわる地域事情が反映したといえそうだ。

初めて捕れた鮭はハツナといって必ず神様にささげる。雄物川流域では網にかかった鮭を「とう恵比須」と唱え、浮きで頭をたたく。恵比須神は漁の神様であるから、鮭を叩いて殺すのは、神の魚として霊魂を送り出す信仰に基づいたものではなかったろうか。県内の至るところで鮭を重要な魚としてきた跡形がみられるのである。

ハタハタ（上）――愛着の背景に「信仰」

秋田藩士で文人でもあった益戸滄州《ますとそうしゅう》は随筆『鴎の短羽《かもめおしは》』（1775年）に、ハタハタは雷魚と書き、初冬のころに雷鳴があると寄り来る。とても弱々しい下魚だが、秋田の名産とされて、魚が揚がる時期には国中がざわめきたって盛り上がる、と記していた。

今と同じく、冬の到来とともにハタハタの話題がどこからともなく湧き上がり、雷が鳴り霰《あられ》が降り始めると「ハタハタが来る」と、うわさが絶えないのだ。これほど、関心が寄せられる魚も珍しいのではないか。ハタハタという魚に対する秋田の人びとの愛着は並大抵のものではない。

とはいえ、ハタハタは秋田だけのものではない。その証拠に、新潟ではシマアジといい、京都ではオキアジと呼んでいる。カタハ・ソロハタというのは鳥取地方である。このように名前こそ違うが、それぞれの地方でハタ

秋田民謡にも歌われる「八森ハタハタ」は秋田名産

ハタは、いささかなりとも食生活を支えていたのである。

さらに、庄内（山形県）では、大黒様のお歳夜《としや》（12月9日）に必ずハタハタの田楽を供えて祝うとする。神祭りに欠かせない魚であったことを意味している。

それでも、秋田人のハタハタ嗜好《しこう》は他にゆずらない。

菅江真澄が残した享和元（1801）年十一月の『雪の道奥雪の出羽路』には、岩館（八峰町）で大漁に捕れたハタハタを見て漁法やハタハタの種類、流通、課税のことまで詳しく記録していた。桶で量り、アチカ（笊《ざる》）に入れ馬に背負わせて陸奥（鹿角や盛岡、八戸地方）に運び、また能代湊（能代市）や阿仁（北秋田市）、比内（大館市）などに運び込む。男鹿で捕れたものは土崎湊、久保田（秋田市）、仙北、由利、平鹿、また酒田（山形県）、最上越えをして売りさばきにいく、とある。つまり、このころ、この時期には、既に広い範囲で内陸山間部までハタハタがゆき渡っていたということだ。

ハタハタが好まれたのは、なにも魚の味や大量に安く手に入るだけではなかった。恐らく、一定の時期にしか到来しない、しかも真澄のいう「文字の姿も魚と神とを並びたり」と、全く神の魚と意識されたことであったろう。ありがたく、めでたい魚という信仰が背景にあると思われる。

ハタハタ（下）――人びとを潤す神の魚

季語にもある「寒雷」は冬場に鳴る雷のことで、日本海側の降雪地帯特有の気象現象だとされる。年を越した正月寒中の雷は「春雷」といい、この雷が鳴ると稲作がよいといった。春の雷が豊作になるというのに対し、暮れの雷、つまり初冬の雷もまた歓《よろこ》ばれる。というのも寒雷がハタハタを呼び、ハタハタが食べられる、と考えられたからだ。

吉田三郎は『男鹿風土誌』（1977年）でこう記す。

「寒風山（男鹿市）が白くなる頃、海の彼方でゴトゴトが鳴る。頭の上で鳴る雷はゴロゴロだが、海の沖で鳴るのはゴトゴトと聞こえる。それで、男鹿の人びとは雷様とゴトゴトは違うんだと信じていた。雷様は目も眩《くら》む強い光を出すが、ゴトゴトは高い空の上でピカッと光るだけ。あのゴトゴトはハタハタが海を渡る音だというので、漁師は海へ舟を出す。村里の人びとはハタハタ買いの準備をする」。

江戸時代、男鹿でのハタハタ漁の鑑札（許可証）には「神魚（はたはた）」と刻印されている（『絹篩』より）

八森（八峰町）では雷がハタハタを追ってくるといい、それで海で雷が鳴るとハタハタは岸に寄り豊漁となり、山里で鳴ると沖に出ていくため不漁となる、という。

　ハタハタ漁と雷の関係は、菅江真澄が『雪の陸奥雪の出羽路』（1801年）に「この魚集《いわづめ》（雷）の沖に鳴るをよしといひ、山にひびけば魚のうすしといふ」、また、『秋田風俗問状答《といじょうこたえ》』にも同じようなことが記されているから、そうした経験的予知伝承は既に近世中期にあったことが分かる。

　そもそもハタハタの語源は雷を意識して名付けられたとみられる。『竹取物語』に初見される「はたたく」という言葉は雷が激しく鳴ることをいった。「はたたく」は晴天の「霹靂《へきれき》」と同じく、青空に突然起こる雷のことをいう。それで「霹靂」のように初冬に突然起こる雷が寄せる魚の意味で、「霹靂神《はたはたがみ》」とも書かれた。つまり、はたたく時の魚を縮めて言ったのがハタハタに違いなかった。

　こうしてみると、ハタハタが神魚とあがめられる背景には、雷を神の使いと信じ、その訪れにより漁師らがいう群来《くき》という魚群が多くの人びとを潤すということがあったためだった。

神々の年取り——明年の生業繁盛祈る

師走は本当に慌ただしい日が続く。それもそのはず、正月迎えの準備ばかりではなく、12月初旬から、神々の祭り日がめじろ押しだからだ。

神々の祭りといっても、これは家ごとに祭るもので、この日を「神々の年取り」とか「お年越し」などと呼んできた。年取りの日は、神々の縁日にちなんだ。祭りには神々に由来した特別の供物があり、この支度も大変だった。

中仙地方（大仙市）では、12月1日がオカノ神（宇賀之御魂《うがのみたま》神）の年取り、2日梟《ふくろう》の年取り、3日木菟《みみずく》の年取り、4日ヨタカの年取り、5日恵比須の年取り、6日狢《むじな》の年取り、7日狼《おおかみ》の年取り、8日薬神の年取り、9日大黒神の年取り、10日稲荷神の年取り、そして11日機《はた》神の年取り、12日が山ノ神の年取り、16日はオシラ様（蚕神）の年取りだ。

大黒様の年取りには「まっか大根」と称した二股の大根も供物の一つだ＝秋田市雄和

この中で鳥の名がある年取り日は、鳥が霊魂を運ぶ神の使いとも考えられていたからであろう。梟、木菟やヨタカ（夜鷹）の日は、米の粉で作るシトギ餅を神棚に供えて祭った翌日、串に刺して垣根や軒下に差し立てて、鴉《からす》に食べさせる習わしがあり、全て食べてくれると明年は豊作だ、と喜んだ。

中間口（男鹿市）では5日の恵比須様の年取りにハタハタの魚をつけたお膳料理を2膳据えて祭る。この日は恵比須様のお客として大黒様が来るというので必ず2膳用意する。だから9日の大黒様の年取りには、お返しだといって今度は恵比須様を迎えて祭る。比内（大館市）ではわらで作った夷皿《えびすざら》に鰰鮓《はたはたずし》を上げて祭った。この日、小豆粥《あずきがゆ》を供えるところもある。

内越（由利本荘市）の大黒様の年取りはとりわけ念入りだ。頭つきの鰰のほか、豆ご飯、豆腐、納豆、豆菓子など豆料理48品を供えていた。「ある家で、どうしても48品にならず、2品足りなかった。そこで大黒様に尋ねると、その2品は手豆足豆のことだと言った」。こんな伝承が地域に残る。忠実《まめ》に働くことにもかけ、勤勉さを促したのだろう。

神々が年を取るとはどういうことか。恐らく、年を経《ふ》る（重ねる）ことによりさらに尊さを増し、やがて明ける年の生業が豊かになることを祈るために違いなかろう。

大晦日と年取り魚――海の塩で身を浄める

毎月の末日は晦日《みそか》（三十日《みそか》）と言われた。12月の晦日を「大晦日」と呼んだのは、年の最後を尊んだものだ。この日はまた大年《おおとし》の日とも言った。「大」は時が長い、重大な、などの意味が込められていて、「大」のつく日はとても大切な日とされた。だから年取りの晩の儀礼は、新しい年を迎えるために厳重なのだ。その晩にお年玉を配ることも一つの儀礼であった。

さて、年取り日はまず、朝早くから正月迎えの準備をする。神々に餅や神酒を供えたり、鍬《くわ》や鎌、臼《うす》などの道具にも餅を上げて、門松を飾り、歳徳神《としとくじん》を迎えられるように支度が調えられる。神様にも供えられる年取り祝い膳の調理も忙しい。秋田では元朝の祝いよりもこの年取りの晩のお膳料理が重んじられてきた。

大晦日の晩に訪れるなまはげに出されるお膳。年取り魚として海魚が載せられている＝男鹿市

年取り日の祝いは、日が暮れぬうちにするもので、他家と競うようにして早く祝いの膳につくことが常であった。早く支度ができないと、明くる年には田に草が生えて不作になるからだ、といわれた。

だが、そのように暮れぬうちに祝いをするのは、年取りの晩そのものが既に元日を意味していたからである。あの有名な男鹿のなまはげも、日が暮れて訪れるが、そこではもう「明けましておめでとう」の言葉が交わされてきた。まだ夜中の12時に達しなくとも、である。それは、『万葉集』にも見られるように、「朝」は明日《あした》（次の日）といい、「夕」は昨夜《ゆうべ》（前日）といったから、一日の始まりは日没、つまり暮れからとしていたらしい。今にいう年取りの晩は既に元日だったということであった。

ところで、大晦日の祝い膳につけた魚を、年取り魚という。年取りの日の食事には何らかの魚を必ず用意をするもので、新しい年を祝う料理にふさわしいものが選ばれた。秋田では鰰《はたはた》が最も多いが、それは歳神を祭る神の魚との意識があったからと思われる。県内では、鮭《さけ》、鱈《たら》、鮫《さめ》、鯨《くじら》なども年取り魚とした。

いずれにしても、年取り魚に川魚を選んだ形跡はない。海魚でなくてはならなかった。海魚の塩で身が浄《きよ》まると考え、清々《すがすが》しく正月の神々を迎え祭ろうとしたのに違いなかった。

正月の餅——”鏡“で福徳円満表す

ハレの日の食べ物として、餅がつきものとされて久しい。年の初めである正月は何にも増して餅が多く作られる。中でも欠かせないのが鏡餅であろう。供え餅ともいうように、正月の神々に上げる餅としたものだ。たいていは2段の重ね餅だが、これをなぜ鏡餅といったのか。

古くは、鏡は円《まる》い形をしていたらしい。鏡は自らの姿を映して鑑《かんが》みるところから鏡といったという説がある。だが、あらゆるものを映すという神秘性に対し畏敬の念が現れると、鏡は神霊の依代《よりしろ》とされたのであった。鏡が円でなければならなかったのは、円は丸にもあたる玉であり、霊《たま》にも通じていたからであろう。

だから、鏡に似た円い形から鏡餅といったとみられる。餅は正月に限って特に縁起を担いで、福徳円満を表す形とも解釈されている。柳田国男は「餅には神霊、魂が宿るとする信仰があり、円い形も元来は心像を形象する」（「食物と心像」）と考えていた。それは、鵜養（秋田市）でいうと

正月の鏡餅のしつらい

ころの、鏡餅がネズミにかじられて欠けたり、割れたりすることを忌む風習があったことでも分かろうか。

正月の餅として、もう一つ特徴的なものがある。オカノ餅である。この餅は地域によってさまざまだが、下黒瀬（秋田市）では楕円形《だえんけい》で小さな耳のようなものを付けて鼠形《ねずみ》にしたもの、「く」の字形のものなど、とにかく普通の円餅《まるもち》ではない。『秋田風俗問状答《といじょうこたえ》』（近世後期）には、「宇賀《うが》ノ神に供える餅をウガノ餅といい、ひょうたん形に平たく押し、それに小さな耳の形をつけた」などの記述がみられる。

オカノ餅は特別で、ヨノケ（米櫃《こめびつ》）や戸棚（食器棚）などに供えられることから、食物神とされる宇賀ノ神（稲荷神）に供える餅をいったのだ。吉田三郎は『男鹿寒風山麓農民日録』で、オカノ餅は卵形でくぼみがあり、家人以外に食べさせてはならない、と伝えている。

餅が白く円いもので神霊が宿るとしたことは、『豊後国風土記《ぶんごのくにふどき》』の説話でも分かるから、正月の鏡餅が歳神《としがみ》の依代《よりしろ》でもあった。だから、鏡開きに餅を食べることは、その御魂《みたま》を戴《いただ》くことに他ならない。

ヤセマ（痩せ馬）――歳神からの"お年玉"

正月の初めに皆が一様に一つ年を取るという風習は、今でいう数え年の慣習だ。大晦日《おおみそか》をあえて「年取り」というのはそのためであった。決して、ただ新しい年を迎えるというのではない。

正月のお年玉はかつて、歳ノ神から戴《いただ》く霊魂（年魂《としだま》）そのものを意味し、子供だけでなく家の全ての人が賜《たまわ》るものだった。

県内では、谷地新田（横手市）辺りでお年玉のことをヤセマ（痩せ馬）といったのをはじめ、「ヤセンマコ」「ヤヒェマッコ」などといわれた。

昔のお年玉は、円《まる》い餅に添えて穴の開いた銭（硬貨）に松葉をさしたものを、家長が配るものだった。お金に松葉がさされた姿が痩せた馬のようにもみえたのでこうした名称が定着したと考えられる。

菅江真澄も『小野のふるさと』（1785年）で、新

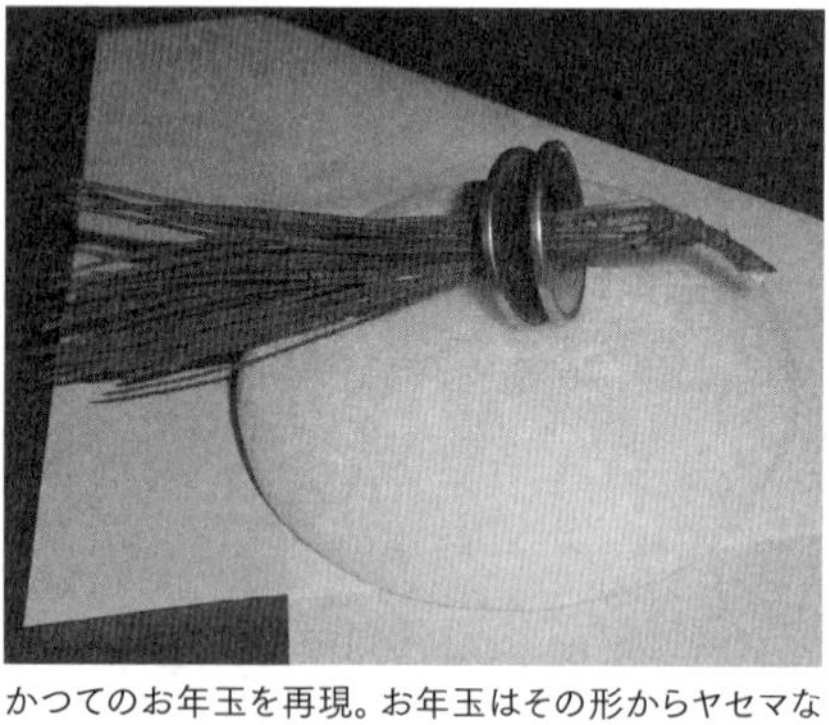

かつてのお年玉を再現。お年玉はその形からヤセマなどと呼ばれていた

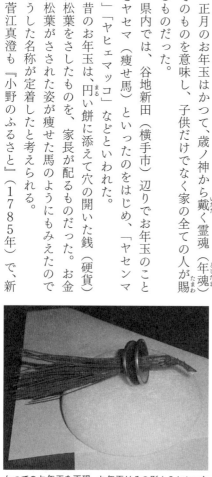

年のあいさつに来た人々に、穴開き銭に松の葉をさしたものを、「この馬は痩せているけれども」といって差し上げるのだ、と記している。この風習は出羽、陸奥《むつ》の国にもあるらしいとも記しているから、東北一帯でおこなわれていたことが分かる。

穴の開いた銭に松葉。奇妙な組み合わせだが、これには理由がある。円いお金はまさにみ玉（御魂）を意味したのであり、松葉は門松と同様に歳神《としがみ》の依代《よりしろ》とみなされたことは間違いない。

馬もまた、古来は神の乗り物と意識されていた。松葉と硬貨による「馬」は、歳神様の乗り物に見立てたとみていいだろう。

各地の祭礼では、化粧をした馬の背に大きな御幣を乗せて神幸《しんこう》することが多く見られる。湯沢市の愛宕神社では、神幸に武者行列が供奉し、中乗馬《なかのりうま》に子供が乗る。これをヨリマシと呼んだ。ヨリマシは神様の乗り遷《うつ》られる「依り座《ま》し」を意味し、穢《けが》れのない子供に神様が下りられて、馬に乗られるとされるからだ。

正月には万物が改まると考えられてきた。それは歳神が賦与《ふよ》してくれる新たな魂により、人は生命力の更新をはかり、常に発展していくことを意味した。そう考えると、年を取ることは決して悪いことではなかったのだ。

二つの正月——儀礼に共同体の祈り

これまで正月といえば、大正月（1月1日）と小正月（1月15日）を祝っていた。だが、正月を2回迎える風習は日本の他にはないという。では、二つの正月がなぜ存在してきたのだろう。

正月に「大」と「小」をつけるのは言葉のあやとしても、その違いは月の満ち欠けに由来した暦に関係すると考えられる。古来日本では満月を月の初めとした。旧暦の小正月にあたる。後に中国から取り入れた新月を始まりとする太陰暦を採用（大正月）し、二つの正月が混在するに至った。

小砂川（にかほ市）では大正月の元朝はコブレイ（昆布礼）といって、昆布、するめ、お茶に「御年頭」と書いた熨斗《のし》を付けて贈る正月礼が交わされている。大内地域（由利本荘市）などではこの日の午前、神社に集まり村中の人びとで挨拶《あいさつ》を交わし新年

小正月予祝儀礼である雪中田植え。今年の作柄を占った＝にかほ市象潟町横岡

の祝いをする「一礼《いちれい》」という風習がある。

　これに対し、小正月は儀礼が複雑で行事も多いのが特色である。この日は繭玉《まゆだま》餅を飾ったり、稲かずという束ねた稲穂を神棚の前に下げる。また、雪中田植えをして、新年の豊作を祈る。やがて夕刻、年取りの祝い膳を済ませると、家長は臼ふせをして作柄を占う。子供たちは鳥追い行事をした。若者は村ぐるみの共同体でおこなわれる火祭り行事に出掛ける。いずれも、豊作を祈る予祝行事と考えられるものだ。

　また、小正月の晩に月影の長さをみて、吉凶を占う習俗が旭地域（横手市）などにあった。旧暦ではこの日が満月に当たるからだった。

　これら儀礼や行事を子細にみると、大正月と小正月では内容に微妙な差異があることが分かってくる。この違いを八石（大仙市）では、「大正月は士族の正月、小正月は百姓の正月」だといっていた。とすれば、大正月は「一礼」や「昆布礼」などのような、いわば社会的性質のある儀礼が多いが、小正月は稲作を中心とする共同体の祈りが込められた儀礼を重視してきた。

　稲作を主とした日本の農村部では、自分たちの正月はあくまで「年、最初の満月の日」と考える人が多く、それで各風習が伝承されてきたといえる。

歳の民俗儀礼――霊魂の安定、更新図る

人の一生には、さまざまな節目がある。ある特定の年齢に達した時々に応じた民俗儀礼がおこなわれてきた。

幼児期でいえば、迎え年といって、初誕生日に一升餅を背負わせて祝うとか、七五三祝いがある。間木（東成瀬村）では女子が14歳になると必ず神社に参詣するという、十四詣りの風習があった。そうした年齢儀礼では、ひたすらに霊魂の安定をはかるのが目的だったと考えられる。

成人以降の年齢儀礼で特徴的なものに厄年、歳《とし》祝いがあろう。そもそも、厄年の考えは既に平安時代の『色葉字類抄』に見られる風習であった。一般に数え年で女19、33歳、男25、42歳は大厄《たいやく》といわれ、「厄（災難、病気等）に遭う恐れが多いため慎まないといけない歳」とされてきた。そのため、笹子（由利本荘市）などでは男42歳、女33

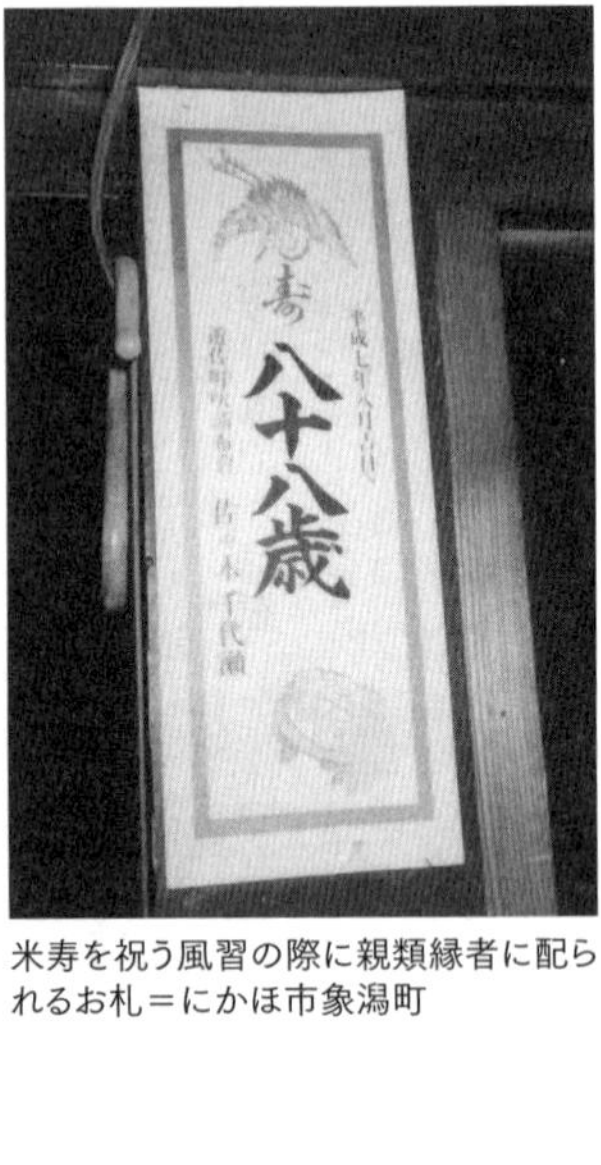

米寿を祝う風習の際に親類縁者に配られるお札＝にかほ市象潟町

歳になると、祝儀をした後、桟俵《さんだわら》に御幣と松を立て、歳の数だけの銭と餅や酒をそえて家の前の道端に置く。中仙（大仙市）では、これを厄年送りといった。

能代湊町（能代市）では、厄年に当たる人は晴れ着を着て朝早く神社に詣で、その道すがら辻ごとに金を包んで投げ捨てた。こうした厄の捨て方は古くから各地でおこなわれていたようで、土川（大仙市）では、女は一文銭33枚、男は一文銭42枚を、道のどこかに落とした（投げ捨てた）といわれる。

これらの年齢儀礼は秋田ではほぼ2月1日におこなわれた。それは、この日を重ね正月ともいって、一月《ひとつき》で厄年を終えようとしたためだったのだ。

このように還暦（数え61歳）までには、生きていく間に積もる厄や穢《けが》れを祓《はら》い、生きていくために必要な霊魂を更新する儀礼だったと思われる。

そして還暦を境に、古希（70歳）、喜寿（77歳）、米寿（88歳）など寿命を祝う歳祝いの儀礼が見られる。象潟（にかほ市）などでは、米寿を迎えると「八十八歳某名」と書いたお札を配り、米や祝儀の奉賀《ほうが》を受けて回る。札は長寿にあやかろうとしたもので、かつては米櫃《こめびつ》に貼ったりした。

節分と豆撒き――邪気の弱点は「目」に

節分といえば、すぐに思い当たるのは豆撒《ま》きだろう。季節の分け目には邪気（鬼、悪霊）が忍び寄り、病気や災難など悪《あ》しき事をもたらすと考え、豆を撒いて追い出そうとする民俗行事なのだ。

四季の移り目には風邪をひきやすいといわれるのも、そうした邪気が襲いかかるせいだろうか、と想像させられる。

節分は平安時代初期に宮中でおこなわれた追儺《ついな》行事が始まりとされている。一方、その頃、鞍馬山《くらまやま》（京都府）の鬼が都人を度々襲ったことから、退散祈祷《きとう》をして鬼の出入り穴を封じ、三石三升の炒《い》り豆（大豆）で鬼の目を打ちつぶして災厄を逃れた、という話が流布される。それが民間の儺《おにやらい》の由来ともなったとされる。

たいていは、立春の前夜に豆殻を焚いた火で豆（大豆）を炒り、これを一升枡《ます》に入れ、ゆずり葉、昆布、煮

節分の豆。煮干しが供えられるのは、匂いの強いもので鬼を追い払おうとしたものとみられる

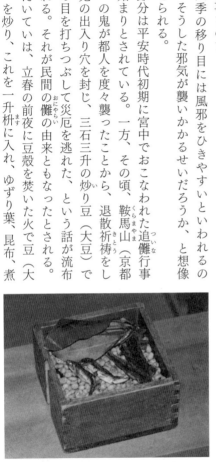

干しをそえて神棚に供えて拝んでから、それを撒くのだった。西馬音内（羽後町）では男が羽織袴《はかま》を着て、大声で「鬼は外、福は内、天に花咲け、地に実はなれ、鬼の目玉ぶっつぶせ」と唱えながら豆を撒いた。金足（秋田市）では、撒くための豆を炒るときは、笑ったり、ものを言ったりしてはいけない、といわれたほど作法も厳格であったという。

菅江真澄が『雪の秋田根』（享和2年）で「鬼のめ（目）をうつ声が聞こえ」た、と記している。「鬼の目玉ぶっつぶせ」の唱え言葉もまた、古くからの習わしなのだろう。だとすれば、邪気の弱点は目にあるらしかった。

季節の分け目も「目」だが、今でも「ひどい目に遭った」「目にものを言わせる」などのように、邪気（鬼）の撃退には目を攻撃することだ、と意識されていたのだ。

穀物には生命力と魔除《まよ》けの呪力《じゅりょく》が備わり、忍び寄る物怪《もののけ》さえ祓《はら》うことができるという信仰は『源氏物語』の時代からある。豆は「魔目（豆・まめ）」に通じるとした、邪気を滅する「魔滅」の意味も込められていたに違いない。だから、節分は邪気を祓い、春耕を迎え豊穣《ほうじょう》を祈る行事だ、ということが分かってくる。

初午祭——農家の稲荷信仰背景

初午《はつうま》は2月最初の午の日を指しており、稲荷《いなり》神社では祭礼日としている。八百万《やおよろず》の神々が祀《まつ》られている各神社の中でも、稲荷神社は圧倒的に多い。農村で、小祠《しょうし》として水ノ神である龍神や稲ノ神・田ノ神でもある稲荷神を祀っているのは、稲作を主とした農家ならではの信仰であった。

中仙地域（大仙市）ではこの日、神前に赤飯や油揚《あぶらあ》げなどを供え、仕事を休んで近くの稲荷詣でをした。作神様である稲荷神に豊作を願うためだ。油揚げや稲荷鮨《ずし》は、稲荷神の使いであるキツネが好物だから特に供えるもので、ご利益にあやかろうと家族も油揚げをたくさん食べたという。

その一方で、山内（五城目町）では初午の日が早くある年は火が早い（火事が起きやすい）などと火に関する信仰が見られる。毛馬内（鹿角市）では、市日（2月7日）に初午が当たると火が早い、火事がある

初午の日ににかほ市象潟町横岡でおこなわれる獅子舞巡行。子どもたちが家々を回り獅子舞でお祓いする

といって、稲荷神社に油揚げと水を持っていき、拝んだ後の水で自家の屋根にかけたという。恐らく、陰陽五行説で午が「陽」の「火」に当たるため、午の日が早くめぐってくると「火（日）が早い」と考えたのだろう。

初午の火伏《ひぶ》せ信仰は意外なところにもあった。この日、家々では「初田螺《たにし》」を三つ五つ手に入れ、屋根越しに高く投げ上げたのである。家屋敷を火難から守るという火伏せのまじないであった。田螺は水神の使いであるから、水を噴いて火を消してくれると考えられていた。

初午の日は、お茶を飲まないという風習もみられた。谷地新田（横手市）辺りでは、午前中お茶を飲むと火事災難に遭うとして慎んできた。菅江真澄が鶴形（能代市）で、夕方まで酒を飲まないのは初午の忌事《いみごと》に通じていると『かすむ月星』（文化3年）に記すように、神祭りのための精進の一つでもあった。

鴬野（大仙市）などではこの日、早朝に竹籠や笊《ざる》など、何でも「目の多いもの」を軒先に下げた。神宮寺（大仙市）の初午で「穴のある物を外に出す」のも同じ習俗であった。籠などの目穴《めあな》の多いもので、悪霊を驚かし、退散させようとしたのだ。

如月の語源説――山ノ神の伝承影響か

旧暦2月の名称である如月《きさらぎ》は、年中で一番寒さが厳しく、着物を重ねて着ることを指す衣更着《きさらぎ》が語源というのが一般的な説だ。だが、それだけではなく、草木が生え始める月を指す「生更木《きさらぎ》」とする説や、草木の芽が張り出す「草木張月《くさきはりづき》」が転じたとする説もある。実は民俗的にみると、この生更木や草木張月の語源説は棄《す》て難い。

そう考えるのは県内各地に「2月9日は決して山に入ってはならない」という伝承が残っているためだ。この日は山ノ神の木種下ろしの日といわれ、山ノ神が木の種を産んで山を豊穣《ほうじょう》にするという特別な日とされた。山ノ神のお産を意味したとみられる。それを見てはいけないといって、けっして山に入らないのが常だった。忌日としたのである。

松ケ崎（由利本荘市）ではこの日をマゴソウ日《び》と呼んでいた。昔、マゴソウがこの

2月には山ノ神が子種を下ろすというように、杉の種が雪上に落とされている＝秋田市

日に山仕事に出たところ、猛吹雪のため山で遭難して死んだことから、この日をあえてマゴソウ日といい、山仕事は休むのだった。

この日を「月の九日《ここのか》」といって、山ノ神が木種、草種を播《ま》く日だから鍬《くわ》や鎌《かま》は使われない、山に行かれない、として一日休んだというのは、比内前田（大館市）である。長面袋や松原（共に同市）でも、ナデック日（雪崩《なだれ》の起こる日）と恐れて山には入らなかった。昔、又十郎という人がこの日山に入り、雪崩に遭って死んだためと伝えてきた。ともかく、二月の九日は山ノ神をあがめて、忌日としたことが分かる。

それに続いて、16日は山ノ神が山から下りてきて田ノ神となり、作を守護してくださると考えられていた。この日を役内（湯沢市）では、山ノ神の正月ともいうめでたい日なのだ。だから、谷地新田（横手市）のように、餅をつき神供《しんく》とするところが多い。『新成村郷土誌』（羽後町）には、16日は必ず風が吹き、その風に乗って山ノ神が下りられる、とある。

要するに、こうした山ノ神に関する民俗的な伝承が、「生更木」や「草木張月」という2月（如月）の異称を生んだのではなかろうか。

もう一つのカマクラ――強烈な音で清め祓う

県内のカマクラと名のつく民俗祭礼は一様ではない。横手(横手市)のカマクラは水神を祭る雪室をいうが、六郷(美郷町)では四角い雪壁に屋根を掛けたカマクラで、それに大火を焚《た》き東西に分かれて竹の打ち合いをするのも、カマクラ竹打ちというのだ。角館(仙北市)では、俵に火を付けて振り回す、火振りカマクラがある。

葛黒(北秋田市)では少し変わったカマクラが見られる。このカマクラも月遅れ(2月)の小正月行事としておこなわれてきた。

当日はまず、地域住民たちが山に出掛けて15メートルもある大きな落葉樹の生木《なまき》(若木)を伐採し集落近くまで曳《ひ》き出してくる。若木は大きな枝を残し、先端に竹笹《たけざさ》をつなぎ、これに集めたわらを太く巻きつけていく。さらに豆殻《まめがら》や笹葉、ウツギの枝、檜葉《ひのき》を挿し込む。これをカマクラのご神木として立ち上げるのだ。

出来上がったカマクラのご神木が立ち上げられる。これを焼くのもカマクラ行事だ＝北秋田市七日市葛黒

やがて、日が暮れるころになると、めいめいがご神木を詣でる。お神酒や供物を持参し供えて拝む。その後、わらに火が放たれてご神木は勢いよく焼かれる。

この一連の行事をカマクラと呼んだ。村の安寧とひたすら五穀豊穣《ほうじょう》を祈るためだという。だから、わらは稲作を象徴し、豆殻は畑作を代表して、ご神木に絡めたのだろう。

カマクラは若木だけを焼くというのではない。木に付けられた豆殻やウツギ、竹などは、燃える時に爆竹のような音がする。つまり、強烈な音で、年初めの清め祓《はら》いをするためだったと考えられる。

その上また、少し変わった作法がみられる。というのは、ご神木が燃え盛るに従い、子供たちは一斉に「おーい、カマクラのゴンゴロー」と、それに向かって大声を浴びせるのだ。このいわれは、ならず者の権五郎《ごんごろう》を懲らしめるために始まったとされるが、本当は人びとに災いをなす悪霊を祓うためではないかと思われるのだ。

というのも、カマクラのゴンゴローは『奥州後三年記』にも見える鎌倉権五郎景政（平安末期）のことで、この時の戦では右目を射られながらも奮闘した、というほどの武勇の人であった。だから、そんな強い人の名を叫ぶことにより、どんな悪霊も退散せざるを得ない、と考えたのではなかろうか。

椿――春到来の喜び伝える

春の木と書く「椿《つばき》」は、春に先駆けて寒中でも花をつけるとされ、春の到来を告げる聖なる木とみられてきた。椿はもともと暖地性の植物であるにもかかわらず、奥羽の海沿いにも小森を成して、点々と繁茂している。しかも、所々の椿の森は村の名にもされ、社が祀《まつ》られていた。

自生椿の北限とされる椿（男鹿市）でも妙見社が鎮座している。由来を語る伝説とともに、この椿山に普段は登ることは許されず、その禁を犯すと決まって大風が吹くと伝えられてきた。椿の聖地とみたのだろう。

雛祭《ひなまつ》りは桃の節供と呼ばれるが、この節供に桃ではなく、椿が欠かせない所もある。ハレの行事を祝うのにふさわしいと選ばれたのだ。亀田（由利本荘市）では旧暦の節供には必ず椿餅が供えられる。春はまだ浅い山から取ってきた藪椿《やぶつばき》の葉に、円《まる》い餅を載せ、それに紅色をつ

重箱に詰められた椿餅。椿の葉が必ず敷かれている＝由利本荘市亀田

けたものだ。初節供を迎える女の子のいる家では、重箱に詰めた餅を名付け親とか、仲人とか、親類に配ることもある。

秋田では、節供を迎えるころになると、なんとなく春めいてくる感じがある。そうした時、つややかな葉に載せられた椿餅につけられた食紅は、椿の花を表すかのようにも見える。赤は古来から魔除《まよ》けの呪力《じゅりょく》があると認められてきた色であり、春の太陽を意味したとも考えられる。

椿が霊木として重用されたのにはわけがある。たくましい生命力を持つ椿が春の喜びを伝えるのに最もふさわしい木と考えたからだ。いくら雪をかぶっても青々としている葉の強靱《きょうじん》さに、畏敬《いけい》がもたれたのは当然だった。かつて宮中でおこなわれた正月の鬼鎮めで用いた卯杖《うづえ》も椿の木。不可思議な霊力が籠《こ》もっていると考えたのだろう。

象潟（にかほ市）の蚶満寺《かんまんじ》では、周辺に凶事があると夜泣きして告げる椿があり、湯野沢（秋田市）の大日神社の椿は昔、高僧が手植えしたことから、枝を折ると災難があるとし、また種を植えても決して生えない、と伝えられる。

こうした言い伝えや人々の営みからは、椿からめでたい春の兆しを感じ取り、大切に守ってきた人々の古来からの信仰が垣間見える。

鎮火祭——風土と関連、春先多く

「火迺《の》用心」と書かれた紙は今でも見掛けることがある。火気の扱いに注意を促す紙札のようなものだ。この、たった一枚の紙札に大きな効力があると信じられてきた。それで、かつては竈《かまど》の脇に貼られていた。方言で、財産のことを「かまど」というように、火の竈が家の生活の中心でもあったからだ。

誰しもが、火のありがたさを知る一方で、恐ろしさも知っている。だから、火に対しては多くの心を砕いてきた。

春先になると特に火伏せの祈願である鎮火祭が各地でおこなわれる。八ツ面(湯沢市)では、大昔大火があったとされる旧暦2月24日に「火祭り」といって神社で祈祷《きとう》をおこなった。柳の木にお札をつけ、わらを束ねた箒《ほうき》に、杉の葉と炭をつけたものを、村外れ8カ所に安置する。

箒、杉の葉、炭はいずれも、周りを「浄化」

秋田市土崎港の神明社鎮火祭で使う神具。真ん中の壺(つぼ)には浄水が入っている

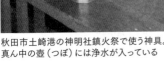

させ、「祓《はら》い清める」力があると考えられたのであろう。人為では避《さ》けようのない荒ぶる火を鎮めたり寄せ付けない呪力が認められたに違いない。特に箒《ほうき》は、箒神という信仰もあって、火難の因《もと》となる悪霊を掃き出すと考えたのである。

稲庭（湯沢市）では、旧暦正月すぎの初壬辰《みずのえたつ》の日が鎮火祭に選ばれた。「壬」は火を鎮めるのに最も効果がある水を表し、「辰」は龍を意味して水を司る神とみなす信仰によったのだろう。

秋田市土崎港の神明社では3月21日に鎮火祭がある。鎮火の祭式では、埴土《はにつち》（赤土）、ひさご（瓢箪《ひょうたん》）、川菜《かわな》（芹《せり》）という『古事記』に由来する火伏せの呪具が登場する、まさに古典的な神事だ。

他にも、比内（大館市）の扇田神明社では4月3日、俗にジャジャジャシコ祭りと呼ばれる鎮火祭がおこなわれている。火消頭《ひけしがしら》が錫杖《しゃくじょう》をジャンジャンと突き鳴らし、家々の屋根に神官が水を掛けて、あらかじめ火伏せをする行事である。

こうした火伏せの祭りが春先に多くみられるのは、風土と深い関係がある。乾燥した春風は雪を解かすが、一方で茅《かや》やわらの冬囲いがまだ解かれない中でいったん火事が起これば重大な被害をもたらしかねないからだ。だから、火事も左右する火ノ神を畏れ崇《あが》め、火の鎮めを祈ったのであった。

春彼岸の花――雪国ならではの造花

春彼岸の県内は例年、まだ雪が残る。山間部では雪に埋もれた墓があり、雪から掘り出さないと墓参りもできないことがしばしばだ。掘り出せない墓では、雪の上から詣でることになる。

こうした情景とともに、雪国ならではといえるのが墓参りにつきものの手向けの花が造花であることだ。自然から得られる花はこの時季には少なく、そのために昔からさまざまな造花の彼岸花が考案された。

例えば、八木沢（上小阿仁村）では春の彼岸花に、前年の秋に菊を干したものか、紙で作った花を椿の枝につけた造花を供えたという。

一般に彼岸花といえば秋の花をさすが、本県では秋彼岸はコメの収穫期と重なり忙しく、春の彼岸を重くみてきた歴史がある。このため、彼岸花といった場合は春彼岸の「造花」が強く意識されてきたのだ。

横手市で見られる彼岸花。木の側面を細く削り出して花びらをかたどる「削り掛け」が主流だ

富木隆蔵は『日本の民俗秋田』（昭和48年）で、春彼岸について「この時期は生き花はまだ何もないので経木《きょうぎ》に彩色したいろいろな造花が売り出される。べんけいに造花をさして村のアネコ（姉こ）が雪道を売りに来る。雪の墓場に造花が色あせて供えられているのもこの地方の風物詩である」と、角館地方の風俗を記した。木を薄く削って花弁にかたどり着色したものを組み付け、花が咲いたように作った造花だ。これはこれで、生花とは違う素朴な美しさがある。

横手の彼岸花は、コシアブラを材料に、「削り掛け」という技法で作った造花である。木の側面を細く削り出して尻で止め残し、花びらをかたどっている。これは、地元に伝わる「ボンデンこ」の作り方が基となっている。アイヌ（北海道）の人びとが神祭りに使う御幣《イナウ》の作り方とも同じで、信仰的な神具といえるだろう。

広面や太平などの秋田市近辺では、正月に神棚や仏壇、床の間に供えられる造花の一種といえる正月花が今でもみられる。これも全く生花の少ない真冬の造花といえるが、古くにおこなわれていた正月の御魂祭（先祖祭）に用いられた名残とされる。

彼岸花は造花だからこそ、単なる供花ではなく、先祖の御魂の依代《よりしろ》と捉えられた、とも考えられるのだ。

団子と野老――先祖供養に宿る「力」

先祖はどうも団子《だんご》がお好きなようだ。それで、彼岸に限らず、盆や、年忌の供養でも、葬儀の時でさえ、必ずといっていいほど団子を供える。

県内では彼岸に作る団子を一般に「ダンス（ダンシ）」といい、黄粉《きなこ》をまぶしたり、餡《あん》をかけたりする。素《す》（白）団子は少ない。逆に葬儀の団子は米の粉ばかりではなく麦の粉を使う地域もあるが、亡き人への供物は素団子としてきた。

彼岸の墓参りでは、団子が欠かせない供物とされている。深沢（由利本荘市）では、彼岸の入り日には小豆をまぶした団子、中日にはぼた餅、過ぎ日（終日）には豆の粉をかけた団子を先祖に手向けるという。

だが、この団子にも不思議がある。谷地新田（横手市）では「春の彼岸中に団子が凍《こお》れば稲が不作になる」といわれてきた。団子が単なる供物ではなく、豊凶を予兆してくれるとみられていたのだ。

上母体（能代市）では、この野老（ところ・下）のひげ根を綱として、団子（だんす・上）を背負ってあの世に戻るといわれる

そういえば、鳥形（能代市）では、葬儀でいち早く作られる亡き人の供物の団子（早団子）の場合、長寿で死んだ人のものは色が黒くなり、若い人は白いままだといった。団子に何らかの霊が宿り、それが色の変化として現れると考えられていたのだろう。早団子は墓に再び供えた後、長寿にあやかるとか、咳《せき》止めの薬にもなるとされ、奪い合って食べる風習もあった。

ところで、菅江真澄は『小野のふるさと』（天明5年）で「湯沢で、彼岸だから野老《ところ》を売っているので、それを亡き人に供えて、自分も食べた」と記している。野老は原野に自生するヤマノイモ科のつる性多年草。上母体（能代市）では墓に団子と、山から掘ってきた野老を供える。供えた野老の細長い根ひげを紐《ひも》として、先祖があの世にもどる時に土産《みやげ》に団子を背負っていくためだ、としたのだった。

野老は、『宇津保物語』（平安中期）に母を養うために食べさせるものだった、と記述があるように、昔から栄養素があるほか、「孝養」のためとした、とも読み取れる。野老と団子の持つ不思議な力は、生活の知恵として先祖が教えてくれたものに違いない。

春祈祷——稲作中心に豊穣祈る

雪が解け始めると、地面からはちょこちょこと水の流れる音が聞こえる。待ち遠しかった春到来である。このころになると、正月の初めからおこなわれてきた春祈祷《はるきとう》の風習が大体終わりを告げる。

春祈祷というのは、新年、春の初めに各家々に神主が出向き祈祷をして回る風習で、これを柳田国男は、民間（農家）の「祈年祭《きねんさい》」だと喝破《かっぱ》した。そもそも祈年祭は、「年」を祈る祭である。「年」は「稲《とし》」「稔《とし》」の意味であり、春の初めに稲作を中心に豊穣《ほうじょう》を祈る大切な祭りなのだ。『延喜式』（平安時代末期）では、祈年祭祝詞《のりと》まで記されているほど国を挙げて重視された。

かつて秋田でも、春祈祷という祈年祭に対して、秋の収穫後に新穀を祝う新嘗祭《にいなめさい》に当たる秋祈祷もおこない、1年を越した。そうした家々の祭りであれ、神社の祭りであれ、祭りをする季節は稲作を生業《なりわい》としてきた生産暦と密接な関係を

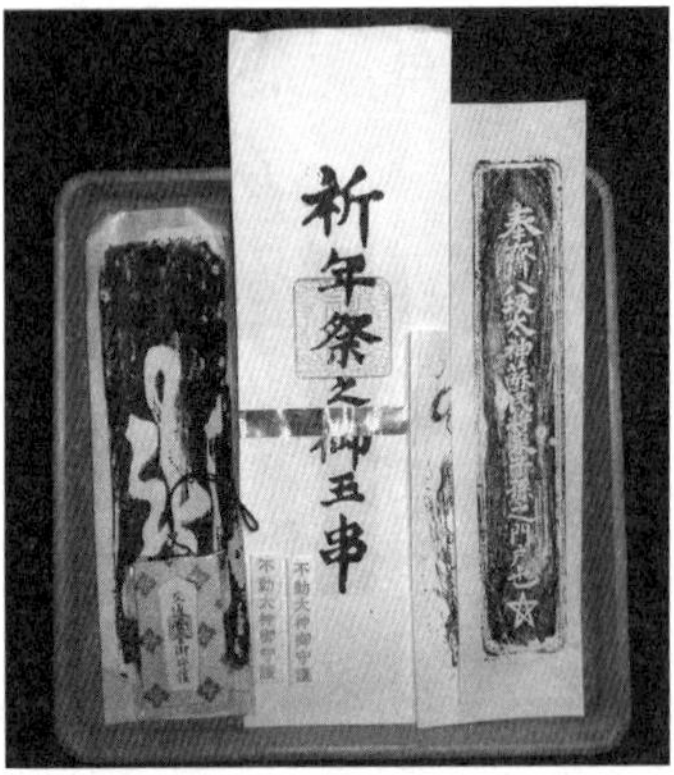

春祈祷・春祭には「祈年祭」のお札を中心に護符も奉られる（由利本荘市）

持っていた。

だから、春祭といえば祈年祭が最も代表的なもので、農事を開始するに当たり御年神《みとしのかみ》（穀霊神）に1年の稲作が無事に成就して、豊かで平和な年であることを祈る。

赤田（由利本荘市）などでは、家々で御幣立《ごへいたて》といって、御年神や氏神、井戸神、かまど神などの幣束を新しくして、ハレギトウ（春祈祷）のお祓《はら》いをする、という。

興味深いのは、春祈祷のことを大正寺地域（秋田市）でニノと言っていることだ。ニノは「仁王経」を指しているだろう。平安時代以降、仁王経をもとに春（2、3月）と秋には仁王会《におうえ》がおこなわれた。鎮護国家と万民豊楽を祈るものとされ、災禍を祓う呪術的な要素を持つ行事であった。おそらく、近世の修験者がこの仁王経を春祈祷に取り入れ、各家々を祈祷して回っていた、当時の春祈祷の名残と考えられる。

下浜（秋田市）では春祈祷のことをオフマチともいう。オフマチは「お日待ち」を意味し、特定の日を待って（決めて）神祭りをすることであった。春祈祷は地域それぞれ決まった日におこなわれるのが通例だった。

第二章　祭り事とともに生きる

白鳥――春確信させる北帰行

北国でも4月に入ると、さすがに春を感じさせる好天が多くなる。人がその暖かさを求めるのに対し、寒い地を目指して移る動物もいる。白鳥《はくちょう》もそうだ。秋田に飛来した白鳥が、春先に数十羽の群れを作り、北帰行する姿を見るのもこの頃だ。

白鳥は冬場にしか見られない鳥で、長い首を水中に入れ、水草の茎や根、葉のほか、貝や小魚などを食べる。しかし、たとえ餌が豊富にある地でも、決してそこで夏を過ごすことはない。必ずシベリアへ帰り、そして必ずまた冬にやって来る。そんな白鳥を、人々は特殊な回帰性のある不思議な鳥とし、その真白い美しさを古くから尊んできたのであった。

「白鳥処女伝説」は世界的民話のモチーフだが、秋田では「天人《てんにん》女房」の昔話として伝わる。

ある男が、7人の水浴びをしている白鳥乙女のうち、1人の羽衣《はごろも》を盗んで隠し、女房になれと誘惑する。そうして婚姻を成し遂げるが、女房はあるきっかけで羽衣を発見し、元の白鳥に

北帰行を間近に控えた白鳥＝秋田市川尻の秋田運河

もどって天に帰る、というストーリーだ。

ある場所からやって来て、ある一定の時がたつと、元のところに帰るという、まさに白鳥の回帰性に由来する話と捉えることができよう。白鳥が複数で飛来、北帰行する習性を例えていることは、「7人の白鳥乙女」でも分かってくる。

人間と動物との婚姻譚《たん》は「鮭《さけ》女房」や「田螺《たにし》長者」など数多くあるが、その動物が超自然的な能力を持つ存在として、擬人化され、畏敬されていたのであろう。

各地で白鳥《しらとり》神社があるが、そこでは白鳥ではなく倭建命《やまとたけるのみこと》を祭神として祀《まつ》っている。それは「記紀《きき》」神話で倭建命が死して白鳥となった伝承に由来する。人々は古代以来、白鳥を霊魂の依代《よりしろ》とみなすとともに、霊魂を運ぶ鳥として信仰したのである。

白鳥は群れになって1年に1度は必ず訪れ、そして春まだきに帰って行く。その回帰性のある白鳥に、必ず春が来ることを見てとり、春耕に豊穣《ほうじょう》の祈りを込めてあがめてきたと思われる。白鳥の回帰性をみて、稲作もまた一年のくり返しであることと合わせみた人びとの心意がそこにあったのだ。

べろべろの神——託宣求める唄に登場

民間には不思議な神様がいる。その多くが、特定の教義とか創唱者を持たない。生活上に自然と現れ、日常生活を助けてくれるのである。「べろべろの神」もそんな神だ。

県内でも、手形（秋田市）のべろぎ神社をはじめ数カ所で現在も祭られている。「べろ」は舌の俗語であるだけではなく、涎《よだれ》のことも指しているから、口の病気を治してくれる神として崇《あが》められたとみられる。

『羽陰温故誌』（明治期）では、この社を「俗ニベロベロノ神ト唱ヘ、歯痛ミノ者祈誓スル時ハ必ス平癒スル」と記している。地元の人々の信仰では、首より上の病気に治験があるといわれ、割り箸を供える風習がある。割り箸は、カギ状（L字形）に折って奉納することがあるという。

このべろべろの神が、少し前までは子供遊びによく登場していた。数人の子供が輪になり、その中の1人が細い枝とか、わらなどをカギ状に曲げて、一方を両手で擦《す》り合わせる。先を左右に振りながら、べろべろの神に託宣《たくせん》を求める唄を歌い、終わった時に手を止める。曲がった先に指された人が「鬼」になるのだ。

大田才次郎編『日本全国児童遊戯法』（1901年）にも「べろべろの神」遊びが収録さ

れているから、古いものらしい。県内各地でその遊びは広まった。

花輪（鹿角市）では占い遊びとされた。「ぺろぺろのカメコ、親でも子でも、〇〇〇している奴《やっ》（人）サ、向きやがれ」と唱える。現地でカメコは犬のこと。「べろべろの神」の部分を犬に変えて遊んでいた。細縄の先をねじって犬の頭の形にし、両手に挟んで回し、占い言葉を唱える。「〇〇〇」の部分には「お菓子を隠している」「嘘《うそ》をついている」など好きな言葉を入れる。カメコのハナパジコ（鼻の先）が向いた方に託宣（結果）が示されるのだ。

柳田国男は「子どもじみた素朴すぎるほどの占い方」（『子ども風土記』）としながらも、強い関心を示した。何かを判断したり、当てたりする時にべろべろの神遊びが出てくることから、「以前には右か左か疑いを（疑問のある事柄について）決める信仰的な意味があったのではないか」と指摘している。

民間信仰では、このように遊びの中で現れる神も、人びとの願いをかなえてくれる神として、生活に根差していたのだった。

秋田市手形の「べろぎ神社」では箸を奉納して舌や口などの病気平癒を祈る信仰がある

ままごと遊び――ハレの儀礼まね発達

雪が消え、春のぬくもりが増してくると、子供たちは庭で遊ぶようになる。日だまりのある庭先や野に敷物を広げ、ままごと遊びに興ずることが多かった。時期的な決まりなどないが、なぜか春先の遊びという印象がある。野遊びができる季節を待ちわびた雪国に生まれた子供たちの思いが反映しているのかもしれない。

ままごと遊びは、子供の年齢や性別の制限、遊び方のルールなど全くないのが特色である。なにより、遊びの伝承に誰かを頼ったという痕跡がないのだ。つまり、幼い子供たちの遊びを親が教えるとか、年長者が幼子に伝えたというものではなく、当事者たちが知らず知らずに遊び方を覚え、それが現代も子供遊びの一つとして存在しているのだ。

では、ままごと遊びはいつごろから始まったのか。

起源は不明だが、平安時代以降には「ひゐな（雛《ひな》）」遊びはおこなわれていた。今日でも節供の雛飾りには小さな生活用具や身の回りの物を飾り付けているが、これを遊びの道具としたとしてもおかしくはない。

ままごと遊びの起こりについて柳田国男は、小正月のカマクラ（秋田県）や桃の節供のお雛粥《ひながゆ》（群馬県）、盆竈《ぼんがま》（長野県）などの四季折々の行事から発したものではないかと考えていた（『子ども風土記』）。つまり、ハレの儀礼をまねた遊びが発達したのだろうというのだ。

ままごとの「まま」はご飯のことで、「こと」は政《まつりごと》（祭事）などをいう「態《わざ》」「行《おこない》」を意味した。ままごとは、児戯《じぎ》に見られがちな意味のあまりないものと思われてきたが、実は驚異的な古典性のある遊びであったといえる。

ままごとを指した秋田の方言は各地で異なるが、総じてままごとの本質を言っていることが多い。荷上場（能代市）では「よりもんこ」、小滝（にかほ市）では「よばれっこ」といって、いずれも寄り合い事を意味した。

中石（男鹿市）の「ふるめんこ」、相川（秋田市）の「ふるめっこ」などは、まさに振る舞い事、つまり儀式や行事などで人寄せをして饗応《きょうおう》することを意味した。玉米（由利本荘市）では、これに「おふるみゃっこ」と「御」をつけており、単なる振る舞い事ではなく、特別な儀式めいたものが原形であったことを想像させる。

秋田市新屋ではジャジャボッコといったままごと遊び。ジャジャとは母親をいう言葉で、主婦の炊事のまねを中心とした遊びだ

梅の力――民間療法、占いで活用

桜と並んで親しまれてきた春の花に梅がある。寒梅など冬季に咲く梅もあるが、秋田では梅も桜も春に一緒に咲くことが多い。

梅は日常生活に深く溶け込んできた。例えば、おにぎりの具材に欠かせない「梅干し」。「梅雨」も梅が関連した言葉だ。

もっといえば「塩梅《あんばい》」という語でも、梅が重要な意味を持つ。「塩と梅酢で調味すること」「一般に、料理の味加減を調えること」(『広辞苑』)という。要するに、塩と梅酢の加減が料理の味を左右するものであり、何事も適度な塩梅が大切ということだ。

梅は民間療法の薬としても、すぐれた効力を発揮する。柳田(秋田市)では、風邪のときは、梅干しの黒焼きを湯に入れて上澄みを飲むと治る、という。やけどや蜂などの虫刺されには梅干しの汁をつけるとよい、というのは県内の広い地域でいわれている。

また、梅漬けの色が変わると凶事があるといわれた。このため、漬け方にも気遣いが必要で、それぞれの家の味もあって、特色ある製法が伝承されてきた。

正月の縁起物に松竹梅がある。なぜ梅が入っているのだろう。それは、作柄を占う木としたことによるとみられる。

春に花が上を向いて咲けばその年は晴天が多く、下向きに咲くと多雨だとみたり、梅の実の多い年は、稲も豊作だと信じられていた。梅は年の初めに予兆を示す、めでたい木と考えられたに違いない。

こうした梅の実の特別な効力は、梅干しや梅漬けでも発揮されると思われた。銅屋（秋田市）では朝の出がけや、危険な仕事に取り掛かる前に、必ず梅漬けを食べる風習があった。梅漬けが災難をはらい、仕事も塩梅よくはかどると期待したのだろう。

小さな梅で「子産《こう》め」と縁起を担ぐなど、出産・子育てにも梅が登場する。乳の飲み方を知らない赤ん坊に乳を飲ませるまじないとして、「梅の小枝が枝離れよ、助けて給え塩尻の神」と3回唱え、赤ん坊に塩水を飲ませた。その後に乳首を差し添えてやると飲むようになるという。まじないに塩と梅が絡んでいるのは見逃せない。まさに塩梅なのである。

梅は中国からの渡来植物である。今では日本自生の桜の陰に押しやられてしまった感があるが、梅が定着

満開の梅の花。梅の力は民間療法や占い、まじないに用いられてきた＝にかほ市

していく過程で独自な文化を育んだと考えられる。梅に潜む不思議な力は、民俗に多様さをもたらしてきたといえよう。

五月節供の蓬――邪気祓う儀礼に活用

五月節供《せっく》には菖蒲《しょうぶ》や蓬《よもぎ》を屋根に葺《ふ》くという行事があった。一般に茅葺《かやぶ》き屋根の家に飾られていたが、現代家屋に変わった後も風習は残り、今日でも県内では玄関の柱などに結わえる地域がある。

この行事は五月節供特有のもので、専ら魔除《まよ》けのためだとされている。『秋田風俗問状答《といじょうこたえ》』（文化年間）には、「蓬、菖蒲ふ（葺）くなんと異なること候はず」と記され、武家や民間まで広くおこなわれていたことが分かる。同時に、この夕方は菖蒲・蓬を湯に入れた風呂を浴び、健康を祈ることも多い。

奈良時代には菖蒲と蓬を鬘《かづら》（髪に挿す）にしていたことが『万葉集』に詠われている。菖蒲、蓬をかんざしにすることは、身体に植物の霊気を盛んに取り込もうとした表れでもあった。

中世ではまた、男子誕生の折に、蓬の葉を羽根とした矢を弓で四方に放つ儀礼があったことが、『太平記』や『平家物語』に見えている。そこに蓬が登場するのは、男子の尚武《しょうぶ》を祈るとともに、子供に取りつかんとする魔物を射落とす、呪いの儀礼であったらしい。

蓬餅は草餅ともいわれ、蓬の芽を入れて搗《つ》いた餅である。主に五月節供の供物としたのだが、豊川（大仙市）では八十八夜の日にも作った。八十八夜は遅霜の終わりともいわれ、田畑の耕作にとって目安の時でもあったから、この日は特に作神に奉るという蓬餅であった。餅という神供《しんく》であるが、蓬の力で作物に害する病気や悪虫も退治してくれる、と考えたためであろう。だから蓬餅を食べることにより、人の体内の悪虫も封じ込めてくれるに違いなかった。

新屋（秋田市）では五月節供の前夜には、蓬の新芽を採ってすり鉢ですり、清酒に混ぜた蓬酒を作り神棚に供えた。これを戴くと厄病や邪気を祓《はら》い長寿となるといわれてきた。

真壁地（能代市）では節供に葺いた蓬を陰干しして

他の雑草をものともせずに生え出てくる蓬。至る所で見られることから生命力の強さを感じさせる

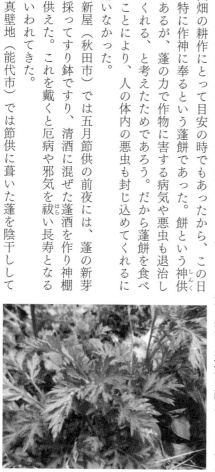

保存し、正月2日にはその蓬を臼で搗《つ》き、もぐさとし、ヤスタテをした。ヤスタテは小皿を頭にかぶせ、その上にもぐさを載せて燃やす、いわゆるお灸《きゅう》で、風邪などの病気にかからないようにと祈った。

実は、室町時代、日本は「蓬ケ島」とも呼ばれていたという（『日葡辞書』）。不老不死の薬を持つ仙人が住むという伝説の蓬莱《ほうらい》島は、蓬ケ島、すなわち日本と目されていたらしい。薬草でもある蓬が、蓬莱の字に当てられたのも無理はない。

蓬の優れた効力を儀礼として巧みに取り入れ、民俗の知恵として生活に生かしてきたことが分かる。

竹の子の世界――食や道具、身近な存在

春たけなわともなると山菜が真っ盛りとなる。中でも筍《たけのこ》は代表格の一つ。孟宗竹《もうそうちく》という太くて高木となる竹や真竹、根曲竹《ねまがりだけ》（千島笹）など、その若芽である筍も豊富である。

孟宗竹は中国からの移植とされ、寒冷地には余り適さないというからだろうか、秋田では根曲竹が主流で、筍といえば根曲竹の子を意味するほどだ。全国的にも在来の根曲竹の

方が日本人にはなじみが深く、好んで食されてきたようだ。

長短、太細など種類の多い竹だが、竹の子である筍は食材としたり、生長して「竹」や「笹」といわれるようになってもさまざまに利用され、生活に深く根差している。成竹は、建築材をはじめ楽器（笛・尺八など）、籠《かご》、笊《ざる》、簾《すだれ》、竹竿、また農具にも利用されてきた。竹の葉もまた魚に添えられたり、笹餅、笹寿司などのように葉で食物を包むこともある。竹がいかに生活に密着し、身近にあるかが分かろう。

筍はことわざにも生きていた。「雨後の筍」は、一雨降ると一斉に勢いよくグングン成長することから、似たような事柄が次々と現れたり、起こること、をたとえていったものだ。こうした言葉の裏に、竹が本来持つ旺盛な生命力が感じ取れる。

竹に旬と書く筍。竹の子を代表とした季節の精気の盛んなさまを表しているのだろう

そもそも「筍」は、実態を示す「竹の子」の意味だが、「竹の子」にはもう少し別の思いが込められていたのではないだろうか。

日本最初の小説として名高い『竹取物語』は、竹から生まれる子供の話である。実に情緒豊かな説話だが、竹から子供が生まれるという考え方は、竹の子のような急激な成長や、竹の茎が空洞であることが神聖視され、霊的な存在を感じたからに違いなかった。

しかも、竹取物語を取り上げて解釈する『詞林采葉抄』（南北朝時代）には、竹取の翁《おきな》は竹で「箕作《みつく》りを業《わざ》とす」とあるから、稲の収穫時に欠かせない「箕」を製作していた特殊な技術者だった。箕は農具であると同時に神祭りの器ともされており、竹、竹の子に対する人々の民俗的な信仰が根底にある物語といえるかもしれない。

成木の竹はまた、神事に用いられる。潟上市の東湖八坂神社祭のトウニン（統人）行事（国重要無形民俗文化財）で行われる「おハキさん」というのは、竹を神様の依代《よりしろ》として祀《まつ》るものだ。七夕に竹飾りをするのも、竹が神聖視されていたゆえんであろう。

鳥の声――聞き分け、生活に活用

鴉《からす》の鳴き声は年中かしましいが、春から初夏にかけては、野鳥の声が心を癒やしてくれることが多い。その時期でなければ聞くことができない鳥の声もある。たいていは渡り鳥、季節鳥である。

さえずる声が春の訪れを実感させてくれる鶯《うぐいす》をはじめ、鳥の声はさまざまな民俗と絡んでいた。

農作業と結び付けたのもその一つ。カラカラジ（葦切《よしきり》）は田植えの時に決まって鳴くとされ、中石（男鹿市）では、地元で歌われてきた五月唄（田植え唄）の文句にもあった。

草木（鹿角市）では、「トットの口さ、粟種《あわ》」といって、トット（筒鳥《つつどり》・郭公《かっこう》）が渡ってきて鳴く時期を、粟の種まきの目安としていたという。同地区では春先にサクラドリ（椋鳥《むくどり》）が多く飛来してにぎやかに鳴く年は、きっとヨナカ（豊作）になるといわれている。

サクラドリと呼ばれるのは、クチャクチャとしゃべるようによく鳴くからだという。そういえば、商売で客のふりをして他の客の購買意欲をそそろうと、にぎやかにはやし立てる人を「サクラ」というから、それと同様に見た鳥の名だったのかもしれない。

このような身近な野鳥が何かを予知するかのように決まった時期に鳴くことを、人々が生活の中に上手に取り入れたのである。

鳥の鳴き声にもいろいろな由来が伝えられている。角館（仙北市）の昔話にダオ（朱鷺《とき》）という鳥の伝承がある。左甚《ひだり》五郎という大工が百姓に焼き飯を所望したが、

椋鳥のひな。秋田市の民家の庭木に巣を作っていた

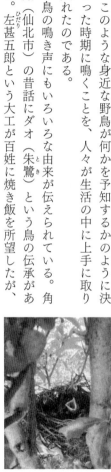

分けてくれない。怒った甚五郎は鉋屑《かんなくず》で鳥の形を作り「田んぼを荒らせ」といって飛ばす。すると、その鳥はダオン、ダオンと鼻声で鳴きながら飛んでいき、田を荒らした。ダオ鳥は、杉の鉋屑で作ったために赤味の色をしているとか、鼻の穴を開けるのを忘れたため、ダオン、ダオンと鳴くのだと語られている。稲作と深い関係をもつダオ鳥の姿もみえよう。

時鳥《ほととぎす》も由来が伝承されてきた。琴丘（三種町）の昔話では、意地悪な継母が毎度先妻の娘に飯仕度をさせていたが、包丁を隠して娘を困らせた。娘は耐え切れず沼に身を投げ、時鳥になって「ホウチョウドチャイタ（包丁どっちにいった）」と鳴いた、というのだ。鳥の鳴き声を、人々は死者の叫び声と聞いたものだといえる。

民俗では鳥の声をさまざまに聞き分けながら、鳥の声による不思議な力を生活に生かしてきたのであった。

田植えと田唄――無事を祝い豊穣祈る

今日では機械化された田植え作業は、あっという間に終わるが、以前は全て手作業だったため村内全部の田植えが仕上がるには、それなりの時間を要した。農村にとっては一大行事だった。

五月の異称はサツキだが、稲苗を田に植える田植えに関しても、北陸から東北ではサツキといわれていた。

秋田では、田植えをすることを「五月植《さつきう》える」とも言った。サビラキ（さ開き）やサナブリ（さ昇り）など、「さ」を田ノ神だとした折口信夫説（『古代研究』）を取れば、サツキは「田ノ神の月」になる。つまり、田植えをサツキというのは、田ノ神を恃《たの》んで植えた早苗の豊穣《ほうじょう》を祈るためだったとも考えられる。

田植えは、関東ではウエタ、近畿ではシツケと呼ばれていた。「シツケとは人を一人前にすることだが、田畑の作物の植え付けにも使われたのだ」と柳田国男は著作『民間伝承』に述べている。田植えまでもシツケというのは、秋の稔《みの》りが一通りの完成（一人前）とし、田植えを一人前になるための重要な過程とみなしたのかもしれない。

そうすると稲作に関わる民間信仰が、人々の精神生活に大きな影響を及ぼしていたといえまいか。

県神社庁がおこなった御田植祭。早乙女姿の女性5人が古式にのっとって苗を植えた＝由利本荘市赤田

上岩川（三種町）では、田植えの最中に五月口《さつきぐち》と称し、日常生活やめでたい話など、まことしやかにさまざまに語り合ったという。田植えをしっかりと仕上げるのには、五月口も不可欠としたのだろう。五月口は、はやすほど豊作になるという信仰が根底にあったためと考えられる。

かつて、田植えに盛んに歌われた田唄があった。秋田では『秋田風俗問状答《といじょうこたえ》』（文化年間）、菅江真澄の紀行日記『氷魚の村君』（文化7年）などに記され、その文句は古めかしさを漂わせている。

田唄は、植え付けが粗末にならないよう、唄によって整えていく意味もある。また終始、腰を曲げて植えることから、疲労を癒やすためだともいわれる。

だが、各地の社寺でおこなわれる御田植祭《おたうえさい》の神事でも唄が奉納されるように、田唄には豊かな稔りを促進させる、呪術的要素が込められていたことが分かる。

山谷（三種町）では、きれいに植え付けたばかりの田に向かい、田植え唄（田唄）を歌った。田ノ神様に、田植えの無事を祝い上げ、豊穣を祈る儀礼の一形態といえる。

「足」の民俗――健康保つ大事な信仰

あらゆる動物の中でも二足歩行するのは、人間だけの特徴といわれる。その足の部位に付けられた方言が県内各地で多く見られる。例えば、ヨロタと言えば太もものことだし、シネカラはすね、コブラはふくらはぎ、アグドはかかとのことである。各部位の細かな方言名称があるのは、地域における生活にとって必要不可欠だったからだと考えられる。

というのも、足の健康は人々の生活にとって大きな関心事であった。常に足を丈夫にして悪しきモノ（物の怪《け》など）を蹴散《けち》らす、踏み鎮める力まで持ちたいという人びとの思いが、自然とさまざまな習わしや信仰を生んだのだろう。「足」にまつわる民俗を拾い上げてみたい。

樽沢（男鹿市）では、竹馬のことを「がんど足」という方言があった。ガンドアシの由来は、泥棒が盗みをするとき足跡を残さないために竹馬を使ったことからだという。ガンドは強盗の転訛《てんか》といわれるが、貧乏人、乞食《こじき》のことも意味した。

足の健康を保つための「足守り」というお守りもあった。赤沼（秋田市）などでは、葬式の野辺送りに喪主や近親者が墓まで履いたわらじや草履を、そこに捨ててきたものだが、それをわざわざ拾って履くと農作業中でも足が痛まないとか、足が丈夫になると信じられ、

「足守り」としたのだ。この場合、葬具は穢《けが》れのかかった不吉なものと考えがちであるが、強烈な穢れはむしろ、病気や悪霊を祓《はら》い護《まも》るという信仰をもたらしたのではないか。

足の健康を守る信仰は各地にある。角館（仙北市）には足王社《あしおう》があって、足を描いた小絵馬を奉納し、足の病気平癒を祈願する信仰が伝わる。長根（男鹿市）には足手荒神《あしてこうじん》の社があり、日頃から祈願して、足の健康を保持しようとした素朴な信仰があった。

足の信仰と関係の深い習俗もあった。明治時代ころまで全国的に見られた「足入れ婚」がその一つだ。足入れとは正式な婚姻関係を結ぶ前に、どちらかの家に一定期間を入り婿とか、入り嫁となる風習で、男鹿中（男鹿市）ではサネムコ（三年婿）の例がある。足を入れるということは、婚姻関係を結ぶ前提の精神的結合も意味していたと思われる。

鉄のわらじ

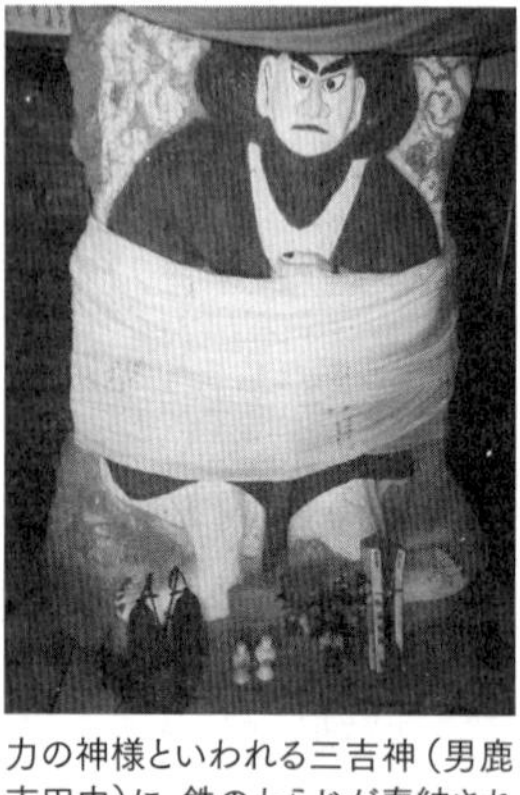

力の神様といわれる三吉神（男鹿市田中）に、鉄のわらじが奉納される。このわらじを履けるような丈夫な足を祈ったのだろう

フジの花と樹枝――衣・食・住全般に関わる

藤色という色の名は、薄紫で上品な色として親しまれているが、もちろん野山に咲くフジの花の色から付けられた名である。

フジは美しい花を咲かせて目を楽しませてくれるが、その半面、フジの太く荒々しい蔓《つる》によって、他の木に絡みつき、多くの樹木に被害を及ぼすとして嫌われもした。フジと一口にいっても、花と樹枝では捉え方が異なった。

フジの花は『万葉集』に多く詠まれているから、古くから人々に愛《め》でられていたのだろう。花の美しさは、やがて高貴な藤色から藤紫（色）にまで発展し、平安時代以降の文学にも無数に登場して、人の心まで癒やしてきたものだった。

少し前までは、フジはじつに生活と深く関わっていた。フジの樹皮をはぎ、表皮を除いた内皮のみを、わら灰で半日ほど煮て、川水などでさらしてドロドロをしごき、繊維とする。これを織ったものが藤布で、大変丈夫であり水切りもよいとされた。だから、野良着にも仕立てられた。

住居に欠かせない畳の縁《へり》にも藤布が用いられた。縁布は装飾と同時に、擦り減りが激しいことから、丈夫な布が使われたのである。また、豆腐作りに使う漉《こ》し袋、蒸籠《せいろう》の中敷き布として欠かせないのが藤布であった。とすれば、フジは衣・食・住の生活全般に関わっていたといえるだろう。

日本最古の書である『古事記』には、咲くはずがない藤衣《ふじごろも》から花が咲いたことから結婚が成立した、まことに不思議な物語が記されている。らせん状に絡みつくフジを、人を結びつける精神的な力に例えたのかもしれない。

十数年前まで、楢田（秋田市）の村外れに祀《まつ》られている石神様の森には、巨大なフジの木があった。このフジの木は何らかの霊が宿るとされ、傷つけると血が流れると伝えられ、畏怖されていたという。五城目町では、直径五寸（約15センチ）以上のフジには血が通っているといわれてきた。

県内には、フジを家に持ち込むと家畜がやせるとか、みそが腐るといって、忌まれていた地域もある。勢力の旺盛なフジの木は、動物の血や他の精力まで吸い取るとみたのかもしれない。

結局、フジを「不死《ふじ》」にも通じるたくましい生命力を備えた植物とみていたのだろう。

フジの花。新緑の野山に独特の彩りを添えている

メダカの方言――県内だけでも50以上

近ごろめっきり見掛けなくなったメダカ。かつては小川や田んぼの堰《せき》にいけば、スイスイ泳いでいる群れを眺めることができた。童謡「メダカの学校」の世界は、子どもたちが実体験してきた身近な風景だった。

今では「メダカ」といえば全国で通じるが、各地でさまざまな呼び名があった。県内ではウルミゴ（仙北市）、アサビ・ウキザッコ（横手市）、ウルヂメ（秋田市）、ウルメ（北秋田市、鹿角市）など、ざっと数えても50以上ある。

江戸中期の俳人・越谷吾山が全国の方言を集めて著した『物類称呼』には「京ではメメザコとかウキンジョという。出羽最上（山形県）ではジョンバラコという」などとあり、各地のメダカの呼称の違いに強い関心を示した。

メダカの方言は全国で5千種類もあるらしい（辛川十歩『メダカの方言』）。各地に多様な異称が存在したのはなぜなのか。

恐らく、メダカに対する土地土地の見方の違いが背景にあるように考えられる。例えば、象潟・金浦（にかほ市）ではオユノミと言った。それは、夏になると田んぼの堰水は湯のように温かくなることにからめて、口をパクパクさせて泳ぐメダカの姿を表現した、というように。

　百宅（由利本荘市）ではメダカのことをカナギャと言った。これが高じて、痩せこけて目の大きい人を「水口《みずくち》カナギャ、つばくろ（ツバメ）の三番子《さんばんこ》」と嘲笑したという。「つばくろの三番子」も痩せ細っていることをやゆした言葉だ。

　神宮寺（大仙市）では、沼にいるウリミゴ（メダカ）をすくい捕り、塩煎りすれば身崩れがなく食べられたという。食べるとおいしいといわれるのは、ウルミゴが「稲の花コ」を食うようになったからとされるのだ。

　百宅で「水口カナギャ」と呼ぶのをはじめ、各地でメダカは水田地帯に生息するものと認識されてきた。だからこそ、稲の花を食べて大きくなるらしい、という神宮寺の伝承も生まれたのだろう。

　田植えごろから自然と湧き出るように現れるメダカは、いつも稲に寄り添っているかのようにもみられる。それが、メダカを田ノ神の使いとする民俗信仰にもなった。その年のメダカの多少により、稲作の豊凶を知る基

水槽で飼われているメダカ。多産なメダカを、稲の多産（豊穣）を促す存在と見た地域もあった

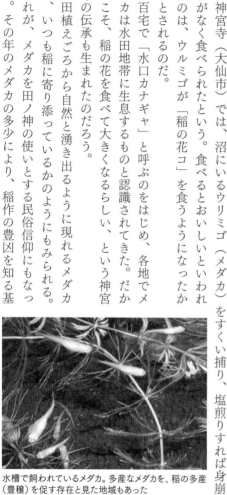

とした風習（秋田市）も肯《うなず》けまいか。

屋敷木――信仰、魔よけ、食料にも

神話を記した『古事記』には「木草も言問《こと》う」とある。古代においては木や草も物を言うと信じられたのである。生きている植物にも霊魂が存在すると考えていたから、言葉を交わすことができると考えられたに違いない。

民俗でも古くから伝わる樹木にまつわる不思議な伝承や信仰は多い。例えば、水沢（秋田市）の外れにある水沢住民共同の墓（総墓）に立っていた松の巨木である。

十数年前に枯れて伐採されたが、以前もある理由で枯れかけたことがあった。それは、松の霊が白髪の老人となり、「松右衛門」を名乗って参宮（伊勢参り）を果たしたためだったとされ、松右衛門が帰ったころに再び松は生気を取り戻した、というのである。村人は誰言うとなしに「伊勢参りの松」と呼ぶようになった。木の霊が参宮をした証拠に、その松にお伊勢さん（神宮）の御札が掛かっていたというのだった。

特定の樹木に霊を感じていたばかりではなく、屋敷の周りには実用的な杉やケヤキなどを植え、風よけや防火としてきた。

それらは屋敷木といい、観賞用の庭木として愛《め》でられるだけでなく、身近な生活に役立てようと積極的に取り入れられた。

よく見られる柿、梨、梅、栗《くり》などは、木の実を、いざという時の食料の足しにするためでもあった。

キササゲは屋敷木としてよく見掛ける。ササゲのような実をつけることからいう名だが、中野（五城目町）などでは「カミナリササゲ」といい、この木には雷が落ちないとしたことから、魔よけの木として植えられた。キササゲの実は腎臓病の妙薬として著効が知られていることもある。

土谷（由利本荘市）ではナナカマドの木を植えると火事にならないとされた。この木は7回《なな》燃やそうとしても燃えないため、といわれるからだ。また、カマド（財産）が上がるといって好まれていた。

秋田市では「キリの木を植えると家が繁盛しない」

秋田市の民家の屋敷に植えられているカミナリササゲ（キササゲ）。6月ごろの時季に花をつける

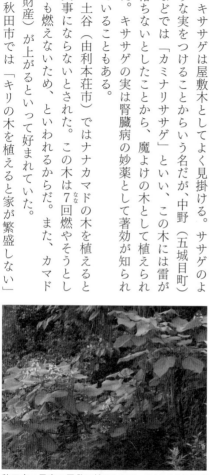

というし、大館市ではどんな庭木でも家より高い木になるとカマド返る（破産）とか病人が出るといわれた。恐らく日当たりの関係もあったと考えられる。

南天という木が「難を転ずる」といって縁起のよい木として親しまれたように、絶え間ない信仰や畏怖をもって屋敷木を生活に取り入れたのである。

五月飯——田植え後に女性集う

田植え後、慰労を兼ねて作業の無事終了を祝う宴「サナブリ」が県内各地でみられたが、それとは別に、男鹿南秋地方の一部地域では田植えを終えた女性たちがごちそうを持ち寄って飲食する「五月飯《ごがつめし》」という習俗が伝わっていた。

五月飯は、かつて旧暦の5月に盛んに田植えがおこなわれたことが名前の由来になったようだが、新暦に当てはめれば6月ぐらいに田植えが本格化していた。機械化される以前は、苗がある程度生育してから植えていたためだ。田植えが一段落した6月下旬ごろに五月飯がおこなわれていた。

柳田国男監修の『改訂綜合日本民俗語彙』の田植え行事を取り上げた部分に、「男鹿半島では別にゴガツ飯と称して、女ばかりで集まる田植えの終わりの後の祝宴がある。これも古くはまたサツキ飯と呼んでいた」とあり、全国でも珍しい風習と指摘している。

また近世後期の『六郡祭事記』（筆者不詳）では、サツキ飯といって、先祖に小豆飯をそなえて供養する祭りの一つだと記している。

サナブリは「サ（田ノ神）ノボリ（昇り）」が語源とされ、もともとは田植えの際に迎えた田ノ神を天に帰す儀礼であったと考えられるが、五月飯の場合は、自分たちの守り神でもある先祖に五穀豊穣《ほうじょう》を祈る意味合いがあったとみられる。サナブリとは信仰の対象が違うのだ。

かつては、集落ごとにあるジュウド（十王堂）に参った。女性たちは、田植えの間の忙しさのため先祖を崇める時間がなかったことを詫《わ》びるとともに、田植えが無事終了したことを告げた。さらに、稲の育ちが順調であるようにと、先祖に祈りを捧げるのである。

ジュウドとは、男鹿南秋地域で多くみられる庵《あん》寺のようなもので、集落全戸の先祖の位牌を安置した、いわば

五月飯の会場となったジュウド。先祖の位牌が祀られているが、かつては集会所の役目もしていた＝男鹿市男鹿中中間口

共同の位牌所といった建物である。菩提寺《ぼだい》とは別に先祖の位牌を祀《まつ》っていることから、五月飯の行事はジュウドでおこなうものだった。

五月飯の特色は、先祖の前で共同飲食をすること、老女が主体となること、小豆飯（赤飯）は欠かせない供物であること、などである。女性による行事となっているのは、古来から女性は男性よりも霊性が強いと思われていたからだろう。古くから巫女《みこ》は女性、ホトケ下ろしなどをするイタコも女性であるように。

いずれにしても、五月飯は「祭事記」に上げられるように、共同体による稲作信仰をもとにした、祭祀《さいし》的性格の強い行事であったことが分かるだろう。

半夏生――農村の祭日、作占いも

半夏生《はんげしょう》は、文字通り夏が半分生まれるという意味で、暦でいえば夏至から数えて11日目に当たる日だ。梅雨明けも間近で、真夏が訪れる前季とされる。

半夏生は節季として尊重されてきた。由来や起源ははっきりと分かっていないが、土地土地の神々を祀《まつ》る信仰から発展したともいわれる。

確かに、この日は祭日であることが多い。横堀（大仙市）の熊野神社は「半夏祭り」と呼んで、年に一度の大祭日としている。

田代岳（大館市）山頂に祀られる田代山神社の例祭も半夏生の日である。祭礼では山頂近くの湿原（池塘《ちとう》）を「神の田っこ」と称し、三つの作占い神事が見られる。

一つは水量見《みずはかりみ》の神の田っこで、その年の半夏生から秋の稲刈りまでの田の水具合、洪水の有無などを占う。二つ目は稲の神の田っこで、生えているミツガシワを稲に見立て、早稲、中稲《なかて》、晩稲《おくて》の生育や豊凶を占う。三つ目は三五《さんご》の池（神の田っこ）でさい銭を投げ打ち、風の具合を占うというのである。

また、この祭りでは山頂付近の笹と柘植《つげ》を取って祈願した後、それを護符として田の水口に挿しておけば害虫が寄り付かないという。虫祭りと同じ信仰が見える。

半夏生の前日（朔日《ついたち》）も祭り日である。高山に祀られる神社などでは、田植え後の虫祭りがおこなわれる。真昼岳

作占いが行われる大館市・田代岳9合目の湿原（田代山神社の武内尊英宮司撮影）

（三郷町）の真昼山神社や東鳥海山（湯沢市）の東鳥海山神社、高岳山（八郎潟町）の副川《そえかわ》神社などでは、毎年この日に除虫祭があり、五穀豊穣《ほうじょう》を祈って虫除け神符が授けられている。半夏生と朔日は民俗的にも深く結び付いていた。

農村では、半夏生の日をとりわけ大事にしてきた。遅かった田植えでも半夏生までには終えるものだとされ、この日の天候で豊凶の占いもした。雨降りだと、この後には長雨が続き、秋の実りが悪い、などといわれてきた。

半夏生日は農作業の一つの目安ともされていた。仙北地方では、畑作に関係した言葉に「半夏半作」がある。半夏生までに豆、小豆、ゴマなどをまかないと、収穫が半分となることをいった。

半夏生を田ノ神を祭る日としている地域もある。野中、立石（いずれも大仙市）ではこの日必ず小豆汁を作り、田ノ神様に供えて祝った。また、残しておいた2束の苗を神棚に供えて、作神様に豊作を祈ったという。

ツバメ――災いを取り除く益鳥

夏鳥といわれるツバメは、6、7月に子育てをする。一度子育てを終えても、再び産卵して子育てすることで知られている。

ツバメは目が大きく、翼も尾も長く、尾は特に先の方が二つに分かれているのが特徴。男性の礼服とされている燕尾服《えんびふく》は、尾の特徴に似ていることから名付けられたという。県内では、ツバクロと呼ばれていた。繁殖期には好んで人家に営巣するために、非常に親しまれてきた鳥である。

象潟（にかほ市）では、田掻《か》き（代掻き）のころやって来て、稲刈りのころにはいなくなるといわれている。稲の成長時期に限って、害虫を捕食してくれるという鳥で、益鳥とみなされている。ツバメを殺すと家が火事になるとか、失明するなどといわれ、極度に捕獲を戒めていたのだ。

ツバメは、子育て中に猫が近寄ると、盛んに鳴いて注意を喚起するが、この時の鳴き声を、西馬音内（羽後町）では「畜生、畜生、俺《おら》ァっ子をかまえば（いたずらすれば）、目、ピチッ」といっていた。「目、ピチッ」は、ツバメの大きな目の特徴から、眼力《めぢから》で相手に反撃していることをいったと思われる。

仙北地方では、ツバメに糞《ふん》をひっかけられると、その年のうちに死ぬ、ツバメが家の北側に巣を作ると不吉なことに見舞われる、などの俗信がある。その半面、ツバメが巣を作る家は繁盛する、火事にならない、ということがいわれてきた。

ツバメを大事にする感覚は、稲の実りを見届けるように去っていくツバメに、何らかの予知能力があるとみなしたのだろう。

『竹取物語』(平安時代初期)では、ツバメが子安貝を産むという説話がある。続けて2度繁殖することもあって子供がたくさん生まれて子孫繁栄をもたらす鳥であり、やって来てくれることによって災いを取り除いてくれる鳥だと古くから考えられていたのかもしれない。

稲作に深く関与した天候とツバメの関係も、実に多くの民俗的信仰が見られる。下黒瀬(秋田市)などでは「ツバクロの宙返りは天気の変わる兆し」「ツバクロが低く飛ぶと雨。高く飛ぶと天気になる」といわれる。

県内では、生きたツバメを池に投じて雨乞いをする儀礼があったことなど、ツバメの不思議な力を身近に感じ取ってきたといえる。

由利本荘市岩城町道川の民家の玄関先に営巣するツバメ。毎年同じ時期に飛んできて、同じ巣で子育てをする

針仕事——生活支え、儀礼も加味

「お針」とか「針仕事」といえば、衣類を仕立てるために布を裁ち、縫うことを意味した。それで「裁縫」ともいう。裁縫は学校教育で若干おこなわれてきたが、裁縫をする機会は、以前に比べれば少なくなってきているようだ。

古代では骨の針で縫われた衣が、既にあったらしい。現在の和裁の基礎ができたのは室町時代とされ、小袖《こそで》が表着《おもてぎ》となる。いわゆる着物（和服）が完成したのは江戸時代初期といわれている。

かつての農村は、自給自足の生活が主なことから、当然衣類も既製品ではなく、手作りであった。衣類は着物（和服）をはじめ野良着《のらぎ》（作業着）などさまざまあるが、主として一家の主婦の手で作られてきた。裁ち縫いは衣食住の生活でも重要な位置を占め、衣類の工作は自給自足の最たるものであった。

以前は布製品が貴重だったことから、着古した衣服からさらに衣類を作り、それでも古くなったらおしめや雑巾、手拭いなどに作り替え、徹底的に再利用していた。無駄なく用いたのは布だけではなく、針や糸など針仕事にまつわる道具までも大切にしてきた。

そうした長い歴史を持つ針仕事に伴うさまざまな風習があった。長岡（にかほ市）では正月2日は女の仕事始めといって、1枚のゆずり葉に針を刺して四角に縫うという、全く儀礼的な針仕事もあった。

針仕事は、いつでも自由にできるというものではなかった。申《さる》の日に縫い物をすると不吉なことが起こるとか、森岳（八峰町）では外出する間際《まぎわ》に針を使うことを出針《でばり》と称し、出針をすると災難に遭うとか、恥辱を受けるといって極度に忌んできた。

花輪（鹿角市）では背縫いをするとき、縫い糸をつなげば寿命が短くなるとか、出世しないとされた。衣類のほつれを修繕するとき、布目を横にして継ぐと難産するともいわれた。

そんな針仕事には多くのしきたりが見られる。例えば、小友三条（由利本荘市）では、布を間違いなく裁断する始めの際

昭和30年代に使用された、たくさん引き出しのついた針箱＝八峰町琴丘

嫁入り道具の一つで針や糸、端布などを入れた針籠「ザマフゴ」＝にかほ市長岡

に、はさみと物差し、布（反物）を持ち、「あさ姫の教え始めし唐衣《からごろも》、裁つたびに慶《よろこ》びを増す」と三度唱えた。

針仕事は単なる作業を超え、一種の儀礼的な要素が加味されていたのだ。特に布を裁つ行為には、ハレの意識が強く表れていたといえる。

夏の土用――特別な食、禁忌伝わる

立春、立夏、立秋、立冬それぞれの約18日前から前日までを土用といっている。年4回ある土用の中でも、とりわけ話題に上るのは夏の土用（立秋前）。土用の丑《うし》の日に鰻《うなぎ》を食べると夏負けをせずに過ごせるとされるからだ。

そもそも夏に鰻を食べて精をつけるとよい、といったのは既に奈良時代の『万葉集』に見える。栄養価が高い鰻は免疫力を高め、疲労を和らげるなどの効果があるとされている。

しかし、かつては民間であまり鰻を食べる習慣が強調されてこなかった。一説によると、江戸時代、平賀源内が鰻屋の宣伝に協力したことによるといわれるが、はっきりとした資料はいまだに見られない。

黒川（横手市）では土用の入り日に餅をついて食べると健康になるとされた。この餅は「土用餅」といわれた。このように特別な食べ物が作られるのが民俗的な土用の行事であった。

夏の土用は入梅明けと重なって、炎暑が増してくる。そうした土用のいわれを強首（大仙市）では次のように伝えていた。

「天竺《てんじく》（インド）にいた大黒天がある日、土用を訪ねていったところ、たいそう柴《しば》を背負った土用が山から下りてきた。大黒天はこれを見て、とてもかなわないと海を渡り日本に逃げてきた。だから大黒天は日本にいるのだ」と。

さらに「土用は海を渡って日本まで大黒天を追いかけた。土用に捕まってしまうと思った大黒天は、井戸の中に案山子《かかし》を入れて人がいるように見せかけて、自分は別の所に穴を掘って隠れていた。土用は井戸の案山子を大黒天と思い込み襲いかかり、井戸に落ちた。すかさず大黒天は井戸を土で

秋田市大町の「せきや」敷地内にある、ウナギを供養するために建てられた「鰻塚」

埋めた。さすがの土用も、どうすることもできずに18日間というもの、フウフウ吐息をして、ついに死んでしまった」。

土用が18日ある理由とともに、吐息の熱さが夏の土用の暑さなのだと伝えている。

さらに、土用の丑の日は畑に大根の種をまいてはならない（秋田市河辺）、土いじりをするな（由利本荘市）など、この日を忌日とする地域も少なくなかった。

かつて、下黒瀬湯ノ沢（秋田市）の白女《しらめ》鉱泉では、「丑湯っこ」といって、土用の丑の日に、一日湯浴《ゆあ》みをすると千日湯治をしたと同じ効果があるといわれた。この日はまた、薬草を採る日でもあった。

妖怪「件」――豊穣求める世相映す

秋田藩士・荻津勝章（1821～1915年）は、「件《くだん》」という不思議な妖怪の絵を写していた。妖怪は天保七（1836）年12月に丹後国（現京都府）倉橋山に出現したという。身体は牛だが顔は人に似ていて、いわば人面牛といってよいものだ。

この妖怪は、何ら人に危害を加えず、逆に豊作をもたらすもので、そのうえ「件」の図を貼っておけば家内繁盛、無病息災になるとされた。

実は、「件」の出現を知らせる瓦版《かわらばん》が元になっている。瓦版には、100年以上前の宝永二（1705）年12月にも現れ、翌年から豊作が続いたことが記されていた。

件が登場した天保年間は大飢饉《ききん》が発生した年代である。この時代の人びとが、豊穣《ほうじょう》や無病息災をもたらす、何らかの不思議な霊力を希求した表れであったのかもしれない。

「件」は、文字から生まれた妖怪とされる。漢字を分解して、人偏（イ）を人の顔、つくりの「牛」が身体となっている、というのだ。

荻津が書き写した文章には、件《くだん》というのは「心、正直なる獣《けだもの》」だから「証文の終《しま》いにも、今に至りて、件の如《ごと》しと書く」のだ、とある。近世では、証文の最後に「件のごとし」と書くことは「この通りですよ、間違いありません」の意味であった。

だから、件という妖怪が出現するのは、そこから世の中はこうなりますよ、この通りですよ、という予兆

荻津が描き写した妖怪「件」（秋田市立佐竹史料館蔵）

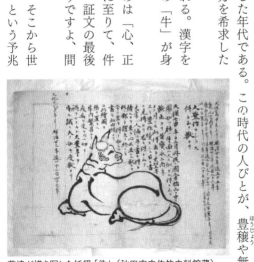

を表すためであったと考えられる。

「もったいないお化け」も実は古くからいた、物の大切さを知らせる妖怪である。その始まりは「百鬼夜行絵巻」（室町時代頃と推定）に描かれている付喪神《つくもがみ》だろう。

付喪神は、年を経て捨てられた道具が妖怪に変じたもので、鍋や釜などが妖怪となった姿が書かれたものだ。新しい道具ができるたびに、無造作に捨てられていく、古道具の恨みが妖怪となったといわれる。それまで恩恵にあずかってきた「物」に、感謝する気持ちを決して忘れてはいけない、ということを諭していたのだろう。

かつて、中石（男鹿市）などでも、囲炉裏の灰汁《あく》をもて遊ぶと「あく坊主」「あく入道」が出てきて、人に襲いかかる、といわれた。家の中心ともなった囲炉裏（火）を大事にしてきたことが分かる。

妖怪の様態や性格はさまざまだが、その時代や社会の世相を反映し、得体の知れない異様な形をして出現してきたといえる。

そういえば、現代も、さまざまな妖怪が出現しそうな世の中である。

猫の不思議な力——天候予知、招福信仰も

「猫の手も借りたいほど忙しい」という時、猫は役に立たない象徴であろうが、民俗的に見れば猫は実に役に立つ存在であったようだ。人々は、猫に不思議な霊力を感じ取っていた。

昔から農家では猫を飼うことが多かった。もっぱら稲に害するネズミ退治のためであった。江戸時代中期の語源辞書である『日本釈名』（１６９９年、貝原益軒著）に、ネズミを好むの意でネコの名となったとあるように、猫はネズミを捕る益獣とされていた。

仁井田（秋田市）では、猫がネズミを捕まえてくると「ケナリ、ケナリ」と褒めたという。恐らく、それは「よくぞやった」という「験《けん》なりき」を縮めた謂《いい》ではなかったか。

大曲（大仙市）では、猫の総領は飼うものでない、といわれた。総領は跡継ぎ。家で生まれた猫の子を代々養っていくと悪い癖が引き継がれたり、長い間飼うと化け猫になると考えられていたらしい。だから、必ずよそからもらって育てるのだ。

しかし、よそ猫はすぐにその家にはなつかないため、抱いて家の周りを３回廻ってから屋内に入れるとか、猫の頭にすり鉢をかぶせ高台の上でお灸《きゅう》を据える、といった家に居つかせるためのまじないがあった。お灸を据えるのは、猫の穢《けが》れを祓《はら》うためだったのだろう。

西来院（秋田市）に、絹織物で仕立てられた豪華な涅槃図《ねはんず》の掛け軸（県指定文化財）がある。普通の涅槃図に猫は描かれることはないが、西来院のものには猫の絵がしっかりと織り込まれている。言い伝えによれば、この掛け軸がネズミにかじられないように、猫が番をしているのだという。

猫が前肢《まえあし》で顔をなで回し、舌でなめることを、「猫が顔を洗う」というが、この仕草を見て天候を予知した俗信は県内にとても多い。微妙な仕草によって予知は変わる。それこそ人知では測り得ない特別な霊力が猫にあるとみなしたのであろう。

この猫の顔なでの仕草は「招き猫」の招福信仰にもつながる。信仰の発祥については、中国の『酉陽雑俎《ゆうようざっそ》』（860年頃）に「俗ニ言ハク、猫面ヲ洗ッテ耳ヲ過《すぐ》レバ、即《すなわ》チ、客至ルト」と記されている。相川（秋田市）では「朝、猫が手を上げて顔をなでるとその日は来客（訪問者）が多い」との伝承がある。

招き猫の置物。俗信によると、右前肢をあげた猫は客を招き、左前肢をあげた猫は金運を招くなどといわれ、いずれも縁起を担いだものだ

幽霊——写実絵、大半は寺院に

真夏の夜に、子どもたちが村外れの真っ暗な墓場に行って、一回りしてくる、「肝試し」がかつて盛んにおこなわれた。肝試しがはやったのは、墓場に幽霊や人魂《ひとだま》などのおどろおどろしいものが真夏の夜に多く出現するという伝承が、ちまたに流布されていたからに違いない。

文献では、平安時代末の藤原宗忠日記『中右記』が幽霊の初出らしいが、そこでは明らかに幽霊は死者の霊魂を指していた。

柳田国男は「主として人の死霊で、祭を享《う》けないか、この世に怨《おん》が残って他界に安住して平和な子孫訪問の出来ないものが、幽霊になって出現すると考えられていた」と言っている。死者供養という盆の行事に、何らかの事情で洩《も》れた死者は、やはりこの世をうらめしく思い幽霊となって現れるとされたのだろう。

県内では幽霊絵が少なからず存在する。その大半が寺院の所蔵だ。幽霊が死霊の為《な》す態《わざ》とするならば、それを写実的に描いた絵をもって、寺院で供養を果たす目的があったと考えられる。

戸鳥内（北秋田市）には「子育て幽霊」の話が伝わる。

「呉服屋の一人娘に婿の候補が決まるが、男は武芸を修行して達成された後に婿となることを約束した。しかし、娘は男の修行の間に妊娠してしまう。実は、氏神に毎日、男の無事を祈っていたところ、神様が授けた赤子だったのだ。戻ってきた男はそれを訝《いぶか》しみ、怒って、娘の腹を割き首を切った。

娘は幽霊になり、毎晩一文銭を手に無言で飴《あめ》を買いにゆく。7日目の晩は銭を持たずいくが、飴屋は1粒の飴を渡してやった。娘には足がなかった。飴屋たちが不思議に思い後をつけると、娘は葬式の跡が残る墓の前で消えた。そこで、墓を掘ってみると、切られた腹口から生まれた子どもが泣いて出てきた。葬式の時、死者と一緒に葬った六文銭を1枚ずつ使い飴を買って子育てしていたのだった」、という話である。

「その赤子を育てたところ、ついには賢者となった」という。幽霊である母が、何らかの霊力で陰ながら育てたのかもしれない。

妖怪は事物や事象が怪しげなものとして出てくるが、幽霊は人の霊が妖《あや》しくこの世に出現すると理解される。い

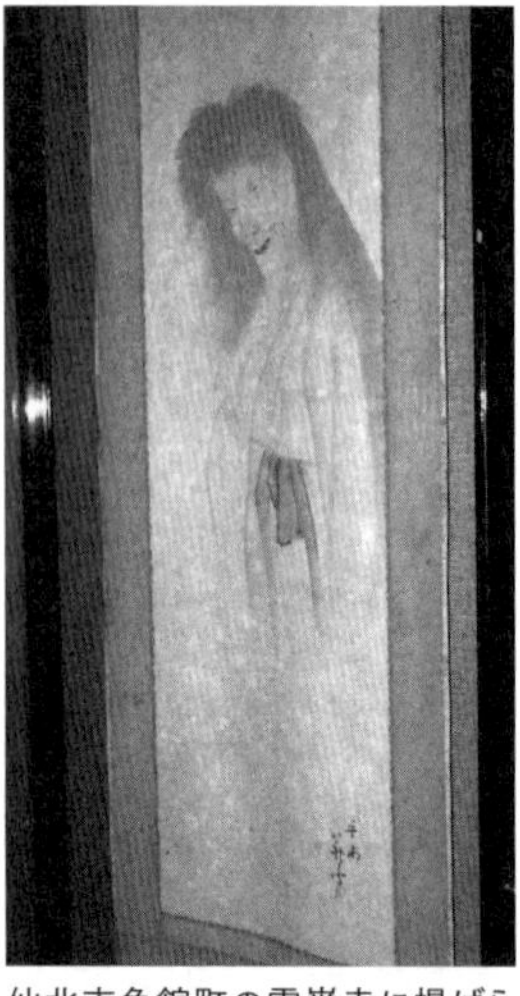

仙北市角館町の雲巌寺に掲げられている幽霊図。円山応挙の弟子である長沢蘆雪の作といわれる

ずれにも欠かせないのが霊魂の存在である。人々は、あらゆるものに霊魂が存在し、その働きに現実が動かされると信じてきたのである。

スズメ――鎮め祭り豊作を祈願

稲の穂が熟し、たわわな稔《みの》りが見えてくるころ、決まって田んぼにスズメの群れが押し寄せる。普段は、人家周辺に生息するスズメだが、好物である稲やイヌビエの稔りを見逃すはずはない。そのため、農作物への加害は少なくないのである。

小さなスズメが稲を食べる量は少なくとも、数百羽の大群になれば、黙って見ているわけにはいかない。そこで、稲の収穫までに、水田に案山子《かかし》を立て、鳴子などを鳴らしてスズメを追い払おうとしたのだ。

かつて農村の子供たちが担った「スズメ追い」の風習は、一種の農作業といえるかもしれない。簡素な台の上に日よけのむしろが張られ、子供たちは大声をあげ、ドラム缶をたたき、手を打ってはやし立て、盛んにスズメを追うのだ。

恐らく、スズメ追いは水田耕作が始まって以来、イタチごっこのようにらちが明かず、きりがない状況が続けられてきたに違いない。上郷（にかほ市）の小正月行事でおこなわれる「鳥追い」のように、予祝という呪術的な民俗でスズメ追いをするのも、スズメ被害を最小限にしたいという農民たちの願いの表れであろう。

そんな害鳥とされるスズメだが、別の側面も見て取れる。下郷（由利本荘市）では、スズメを育てた老夫婦が、子スズメの教えによって裕福になる「すずめ物語」（『東由利の民話』）が伝わる。家紋には「竹に飛雀」があり、親しみを持たれていた一面も見えるのだ。スズメが人々の生活の中に溶け込んでいた証しともいえる。

小友（大仙市）の加茂神社は「雀の神様」ともいわれ、雀除《すずめよけ》祭がおこなわれた。この祭の祈祷《きとう》を受けた田んぼは、どんなにスズメが来ても、その田の稲穂だけはついばむことがないといわれた。

また、松ケ崎（由利本荘市）には雀除権現が祭られている。ここに参詣して、境内に自生する笹をもらい受け、田に差し立てておけば、スズメが寄らない護符となったという。

このように鎮め祭ることで、害鳥とされるスズメの食害を防ぐのはもちろん、スズメの

スズメを祭ったといわれる雀宮神社の神碑＝由利本荘市矢島町元町字須郷田

霊力によって田んぼに入り込む厄《わざわい》をも取り除いてくれると考えられていた。豊作をもたらす益鳥に転じたわけである。

八朔の一日――豊作祈り、恩に感謝も

「八朔《ハッサク》の一日《ついたち》」と呼ばれる日がある。八朔は八月の朔日（一日）を縮めた言葉であった。だが、秋田では「八朔の一日」といって、8月1日の一日と、わざわざ重ねていってきた。一日が特別な日として重ね呼んだのかもしれない。八朔は今では月遅れの9月1日を当てている。

さて、八朔とはどんな日であったのか。

まず神社では八朔祭礼が見られる。笹子月山神社（由利本荘市、9月第1土・日曜）や、矢島神明社（同市、9月第2土・日曜）などでは、盛大な祭礼が繰り広げられている。月山神社の八朔祭は「長持ち奉納」行列が見どころだ。長持ちといっても衣類など家財具を納めた長持ちではなく、神社に掲げる幟幡《のぼりばた》、神社の装飾神具など奉納の什物《じゅうもつ》のことを指している。

また、神明社八朔祭では神輿《みこし》渡御に人形を飾った山車が供奉し、踊り行列もつくなど、盛大な祭礼となっている。八朔の日は、神社に豊作を祈るために奉納物を供え、芸能を披露する祭り日とした。

一方、農家ではこの日を特に「田《た》ノ実《み》（稲）の節句」ともいい豊作を祈る日である。また、「たのみ」を「頼み」にかけ、日頃お世話になっている（頼み合っている）人に、その恩に感謝する意味で贈答をするようになったという。

その起源について、人見蕉雨は『秋田紀麗』（1804年）で次のように説明する。「後嵯峨天皇（鎌倉中期）が東宮の時に、御閑慮を慰めるために里の農民が包み花を贈ったことで、それ以来、吉礼となった」

長岡（にかほ市）では、この日、ハスの実が飛んで人に当たるとハッチの病にかかるといわれ、外出を避けた。やむを得ず出掛ける時は、餅や赤飯を食べて出ると災難を逃れるといった。ハッチは骨膜炎のこととされるが、残念ながら蓮の実との関連は不明である。

由利本荘市の笹子月山神社八朔祭礼で奉納される長持ち。1994年の祭礼では幟幡と竿が奉納された

この日は農休日として、静かに田んぼの豊穣《ほうじょう》を恃《たの》む日でもあったのだろう。比内前田（大館市）では、この日朝、餅を食べて田を見回った。出来秋をどの田から刈り取れるか見るためで、そのため「田の見《たみ》の一日」ともいった。

菅江真澄は『雪の出羽路』に床舞（羽後町）の八朔の日について「穂掛けといって、稲穂2束を里々の神社に掛けて奉るもので、たいへん目出度い風習だ」と記している。床舞では、初穂を斎《いわ》い祭る日であった。

十五夜の風習——新米供え、収穫に感謝

月に兎《うさぎ》が棲《す》んでいるという伝説の原点は、どうも『今昔物語集』（平安時代末期）らしい。「帝釈天が弱々しい老人に身をやつし、罪深い獣たちに施しを乞う。すると兎だけが食べ物を何一つ持ってこれなかったために、我が身を食べるように言い、火に自ら飛び込んでしまう。その行動を人びとに伝えるために帝釈天が月に兎を運んだ」というのである。

この話が、まことしやかに民間に流布された、ということらしい。だから満月を眺めると、今でも兎が棲んでいて餅つきをしているように見えるのだという。

満月は望月《もちづき》といわれる。餅つき兎の伝承は、「望《もち》」を豊穣《ほうじょう》の予祝を表す丸い「餅」と重ね合わせたと考えられる。

ところで、月を最も意識的に捉える風習が、中秋の名月といわれる日（旧暦8月15日）のお月見（観月）だろう。この日は十五夜ともいい、比内前田（大館市）では庭先や屋根上などの高いところに棚を作り、お供え物をして月の出を待つ。作法も厳格で、家の主人が羽織袴《はかま》に着替え、屋根上で月が出ると「トドサマ（お月様）がお出申した」といい、かしわ手を打って拝むものだった。

田ノ沢（大館市）でも屋根に祭壇を設け、新米と7種の供物にススキとケトギ（ケイトウの花）を飾り、屋根上で拝んだという。まだ収穫には早いが、稲を一束刈り取り無理をしてでも新米を供えるのだった。ケトギの花の真っ赤な色は豊穣を表し、ススキは稲穂に見立てた、秋の収穫に感謝するものだった。

太平（秋田市）などでは、十五夜のお供え物やススキは神様のものと捉え、次の日の朝、川に流した。つまり、お月見

中秋の名月。秋の真ん中（中秋）はまさに収穫の時である。長い間、人びとはこの月の十五夜の満月に豊穣を託してきた

は単に月を眺《なが》め賞するのではなく、月を祭る行事であったことが分かる。そのため、十五夜の供物を子供が取って回る風習も見られ、盗まれると縁起が良いとされ、結局、神様に届けられたといって喜んだ。

　上桧木内（仙北市）では「片足ごめん」といって、家屋敷に片足だけ入れた状態であれば盗んでいいということであった。

　雲然（仙北市）では「名月さらい」といって、十五夜の供物を公然と盗む風があったという。つまり、この夜に月の光と共に訪れる神に盗まれることが神に受納されたことを意味し、豊穣がもたらされると考えられたのだろう。

秋の凧揚げ――豊穣、豊漁祈る魔除け

　かつて初春の風物詩に、凧《たこ》揚げがあった。俳句の季語としても「凧揚げ」は、正月とか初春としたらしく、一般には寒風が吹くころの子供の遊びというイメージが強い。

　実際にはそれほど多くはないものの、全国的には3月、5月の節供《せっく》や、静岡県浜松市では長男誕生に当たって初節供（5月）に大凧を揚げる風習などが知られている。柳田国男

監修『民俗学辞典』には、秋田市で10月に凧揚げをしていたことが記されている。

ところで、菅江真澄の旅日記『男鹿の寒風』（1810年）に、およそ次のようなことが記されている。「戸賀・塩谷・浜中（男鹿市）の浦々では、7月13日から20日まで、タコバタと呼ぶ紙鳶《たこ》を漁夫の子供たちが舟に乗って、糸につないで盛んに揚げている。凧《たこ》は潮風に吹かれ、まるで千鳥、鴎《かもめ》の群れが飛んでいるように見えた」。この7月というのは旧暦だから、今の8月で、秋の始まりであった。

真澄はさらに「久保田（秋田市）に居たときは、歳の市の雪中で、糸引きの凧上げを見たが、それに優《まさ》って秋風の空にうちなびいている凧はめずらしいことだ。うるまの国（沖縄県）では10月頃に上げる風習がある」と書いている。

琴川（男鹿市）では40〜50年前ごろまで秋の稲穂が出そろうと必ず、子供たちがべらぼうの絵を描いた凧を揚げた。どうもこの秋の凧揚げは、豊穣《ほうじょう》や豊漁の祈りが込められた、魔除《まよ》けのための風習だったようだ。

能代凧の代表的な絵柄であるべらぼう（手前）。特色ある絵柄は豊作を願う人々の思いが根底にあったようだ

湯沢のまなぐ凧や能代のべらぼう凧など特色のある絵柄は、この風習と深く関係していたとみられる。「まなぐ」は眼《まなこ》。まなぐ凧は黒一色で豪快に描き上げた巨大なギョロ目が特徴だ。一方のべらぼう凧は、目を強調しながらも真っ赤なベラ（ベロ・舌）を出している。

この二つ絵柄から、「アカンベー」を思い浮かべる人は多いのではないか。実は、真っ赤な舌を出し、目をこれでもかと大きくむき出すのは、相手を威圧する目的があったとみられる。

コメの収穫前に厄日である二百十日、二百二十日を迎える。大型台風が来襲する時期であり、凧絵に使われたアカンベーのような仕草《しぐさ》によって、稲作や漁を害する悪しき風（台風や嵐など）を寄せ付けない魔除けとし、厄を祓《はら》おうとしたと考えることができる。

総墓――共同体意識刻む象徴

死者の遺体や遺骨が納められている場所や装置のことを、「墓」とか「墓地」といってきた。墓地に近い言い方に「墓所」があるが、民俗ではそれ以外の呼び名も随分と伝わっている。

相川・安全寺（男鹿市）などでは、墓所および墓のことはラントウと呼んだ。岩谷（由利本荘市）ではヤントラ、大沢郷（大仙市）ではラントラ、金足（秋田市）ではハカダレの呼び名が残る。

墓石の古い形式として各地に残るものに卵を立てたような「卵塔」がある。ヤントラやラントウは、この卵塔が語源となっているとみられる。無縁塔の通称として「ラントウ」という地域もあるが、東北では墓地や墓を意味する語として使われてきた。

墓や墓場の呼び名は各地一様ではないが、亡きがらを土に埋めておくところに変わりはない。そして、ほとんどの墓においては、個々人の遺体の埋納場所であるために、たいていは一つ一つとして建てられるものとなっていた。

そうした一般的な墓地や墓の習俗に対して、複数の家族、または血縁関係がない人々でも同姓が、たった一つの墓に埋葬して墓地を営むものがある。水沢（秋田市）の「総墓《そうぼ》」といわれるものだ。いわば合葬形式の墓である。ここでは、古くからたいていが焼骨にして埋葬されて

水沢集落の総墓。墳墓状の上に墓石が据えられている

きた。

水沢集落は全戸が伊藤姓を名乗る、同族集落である。総墓は墳墓状の墓地に一基の墓石を建てたもので、集落のうちの誰しもが亡くなると、必ずこの総墓に埋葬されることになる。たとえ他所から嫁いできたとしても、伊藤姓を名乗ることになれば、死後は必ずこの墓に納められた。それに連なる隣村の渡辺家で一部の人びとも埋葬されている。

「総墓」の墓石の側面には「文政八乙酉年仲夏」、「水沢村伊藤同苗中」と刻まれていることから、伊藤同苗中（伊藤家一族）だけの墓として、少なくとも近世には総墓制がおこなわれていたことになる。

総墓は一族の象徴ともされ、墓を中心とした行事も多くみられる。例えば、春の彼岸には全戸総出で墓の冬囲いを外し、墓参りを欠かさず、盂蘭《うら》盆の7日には墓掃除をおこない、墓前にて酒宴を催したという。秋彼岸もまた春に倣《なら》う形でおこなわれてきた。

同族集落の人々が同じ墓に入ることは、「一族は死んで一緒となり、土に帰る」ことだといってきた。この言葉の裏には、日本民俗の基層にある共同体意識が深く刻まれているのではないだろうか。

案山子——農作物守る知恵の神

今日では、収穫後の田んぼに案山子《かかし》を見ることはない。たとえ立てたとしても、機械化の時代では稲刈りの邪魔となって、すぐに取り払われる運命にあるのかもしれない。

明治期、尋常小学唱歌に取り上げられた「案山子」の歌詞は、1番が「山田の中の一本足のかかし、天気のよいのにみの笠着けて、朝から晩までただ立ちどおし」、2番が「弓矢でおどして力んで居れど、山では烏《からす》がかあかと笑う」うんぬん。

唱歌にあるように案山子は、たいていが、杭《くい》を縦横十字にして結わえたものに、着古した野良着の上衣を着せて、蓑《みの》、笠をつけ、弓矢を持った人の形に似せたものだ。この人形もどきが、弓矢で脅して、田畑の農作物を鳥獣の害から守るとされた。

全国各地では案山子の姿態から、イッポンアシ（一本足）、ヒトカゲ（人影）、ヤマビト（山人）などと呼ばれた。

この人形もどきの案山子について『古事記』に記されているから、相当古くからの風習だった。『古事記』では久延毘古《くえびこ》と呼んで、「山田の曾富騰《そほど》（濡れそぼつ人）」のことだと書いてある。一本足のために歩行不能とされた久延毘古だが、山田のなかに四六時中立っていることから、世の中のことをことごとく知る、知恵の神だといわれる。案山子を神とみなす信仰があったことが分かる。

　案山子がただの人形ではないことを伝えるものに、収穫後に案山子を丁重に送る民俗があった。太平八田（秋田市）では、10月10日に案山子の餅をつき、鳥獣を追い払うために立てた案山子に餅を背負わせて、川に流したという。また、仙道（羽後町）では、10月10日に田の案山子を引き上げ、餅を供えて山に送ったというのだ。つまり、それは案山子が田ノ神の依代《よりしろ》であったことを想像させる民俗だろう。10月10日を案山子上げの日としたのは、「十日夜」「大根の年取り」などの民俗と同様に、この日が収穫感謝の儀礼日であったためだ。

　ところで、案山子の語源は「嗅《か》がし」であったとの説がある。静岡県では案山子の一つとして、生魚の頭やニンニク、人の髪の毛を焼き、棒につけて立てるものをいっていた。悪臭を臭わせて鳥獣を近づけないようにした。作物に害をなす鳥獣には悪い霊が関係していると考えられていたのだ。悪霊は臭い

にかほ市樋目野に立つ案山子。社会を風刺するものが目立つのは、世の中の悪霊を追い払おうという願いも込められているのかもしれない

に弱いという信仰により、「嗅がし（かかし）」の民俗が起こったのであろう。

虫の音――秋の夜長、風流楽しむ

世の中に巨万《ごまん》といる「虫」。さまざまな虫の中でも典型的に嫌われている虫は、毒虫、害虫だろう。総じて虫は憎まれていた。

『広辞苑』によると、虫は人類、獣類、鳥類、魚類以外の小動物の総称とされる。虫の範疇《はんちゅう》は幅の広いものだった。つい小さい昆虫だけが虫と考えられがちだが、マムシ（真虫、蝮）などの種類がいるヘビなど、比較的大きなものも虫と捉えられていた。湯野目（秋田市）ではヘビを今でも長虫《ながむし》といっている。陸に生息する貝の一種であるデンデンムシ（カタツムリ）も虫だから、ややこしい。

虫は、人に対して直接的な害を与えるウイルスなどをもたらす恐ろしい存在であったり、作物に多大な影響を及ぼし、被害も少なくなかった。秋田ではケダニと称されたツツガムシに害されると命まで落とすこともあった。近世の大飢饉《ききん》の原因は、虫害だったという説がある。大量のウンカやイナゴによる害であったらしい。

そんな稲に害する虫は、徹底的に殺してしまおうとだけ考えられていたわけではない。田植え後におこなわれる虫祭《むしまつり》（除虫祭）は、害虫を殺すのではなく、避《よ》ける、退散させるものであった。虫の霊を祭ることで、虫と共生しようとしたのだろう。ここには「一寸の虫にも五分の魂」というように、虫の命まで粗末にしてはならないという考えもあったといえる。

一方で、秋の夜長に鳴く虫は決して憎まれていない。むしろ愛《め》でられていた。平安時代には秋の虫の音を楽しむという「虫聴き」があった（『源氏物語』）。虫を前栽に放ち、競い合って鳴く声を楽しむという「虫選び」もあった（『枕草子』）。「虫愛づる姫君」（『堤中納言物語』）の話では、誰もが嫌う毛虫でも愛《め》でる感性があった。

寺内（秋田市）では鳴くコオロギの音は「肩《かた》刺せ、裾《すそ》刺せ」と聞こえるから、秋の夜長には着物をつづれ（刺せ・縫え）といっているのだと捉えられた。また、ウマオイのことを象潟（にかほ市）では「シーッチョン」と呼び、機織りの音に重ね合わせた。

稲につくイナゴ。稲作にとってイナゴは害虫で、古くはこの虫で悩まされた

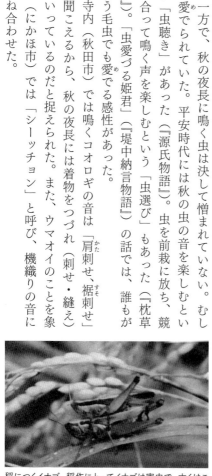

このように身近な秋の虫に関する言い伝えには、生活臭を忍ばせるものが多い。人々が虫の音に耳を澄ませ、風流を楽しみつつ、深く聞き入っていたのだろう。

温泉――生命潤す特別な地

秋も深まると決まって温泉が恋しくなる。寒さが日に日に増し、癒やしやぬくもりが欲しくなるのかもしれない。

民俗上で注目されるのが温泉の発見伝説だ。

その一つ。昔、白根館（秋田市）城主の娘、白女が重い眼病を患って苦しみ悲しんでいた。そこに諸国修行の六部行者が寄り、娘の眼《め》を見て「この病は医者でも祈禱《きとう》でも治すことは無理だが、西南の沢に湧く湯で洗ってみるとよい」といった。使いの者が探し歩き、1羽の鶴が傷ついた脚を湯に入れているのを発見した。さっそく湯を持ち帰り娘白女の眼を洗ったところ、数日にして眼病は快方に向かい、しばらくすると健常な眼に戻った。城主（父）は喜んでその霊泉を白女鉱泉と名付けた。湯ノ沢（湯が出る沢）の地名ともなり、集落名を湯ノ目と呼んできた。

また、田沢湖（仙北市）にある鶴の湯は、その昔、けがをした鶴がこの温泉に漬かってその傷を治していたのを地元のマタギ（猟師）が発見したのだという。滝温泉（由利本荘市）は赤田の是山《ぜざん》泰覚（僧）が発見し開いたと伝えられている。

こうした伝説の背景には、民間信仰によった神使《しんし》とされる動物が登場したり、高貴な者とか宗教者が関わっていたことが見えてくる。要するに、温泉は生命の更新の霊水が湧く特別な地だと考えられたことにより、その霊力や効力と結び付けた説話が生まれたと思われる。

さらに、湯治という習俗もある。湯治は主に農閑期を利用して、体力の回復、病気の治療、療養などを目的としたもので、温泉地に長く滞在する風習だ。だから秋の穫《と》り入れ後の湯治も多かった。湯治の風習は、秋ばかりではなく、大寒のころの寒湯治、春彼岸前後の春湯治、田植え後のサナブリ湯治などがあった。羽後町ではサナブリ湯治を泥落としの湯、といった。仙北地方では夏土用の丑《うし》湯治を百倍も効き目があるといったものだ。

湯治の期間は10日を目安にしていた。この

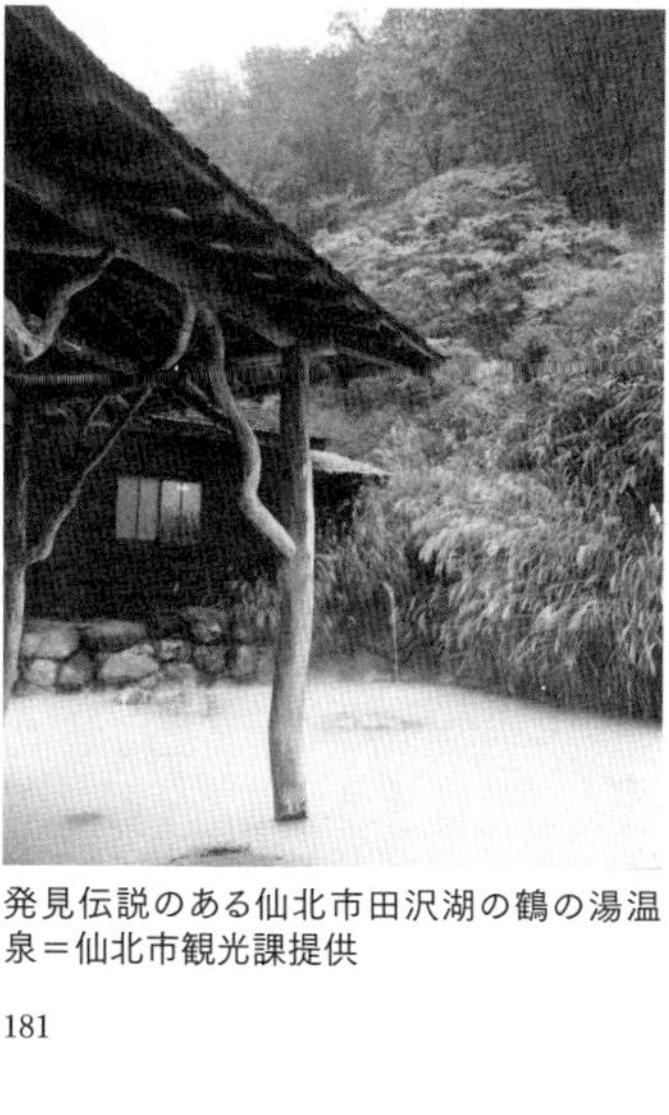

発見伝説のある仙北市田沢湖の鶴の湯温泉＝仙北市観光課提供

長期にわたる湯治では、中間に湯治見舞いといって、親類らが酒や料理を持って見舞いをした。だが、見舞いといってもそれは精進落としのようなものだった。

湯治の風習は、結局、ハレの田植えや稲刈りなどの前後において、禊《みそ》ぎをおこなう宗教的性格も持っていたと思われるのである。

失せ物捜し——言葉に頼り悪霊除く

物を紛失してあちこち捜し回ったという経験は、誰しも一度や二度ばかりではないだろう。失った物に対して、後悔しないと思いきや、心の隅では惜しいという感情も残ってしまうのも人情であろう。

そうした失せ物を捜す方法は、しばしば民俗の中で登場していた。

よく知られているのは作家内田百閒《ひゃっけん》（1889～1971年）の猫捜しの新聞広告である。捜し猫の特徴を書いた文の回りを囲むように、失せ物が出てくるという呪術的効果があるとされる和歌を記していた。歌は「たち別れ因幡の山の峰に生ふるまつとし聞かばいま帰へり来む」という『古今集』に載る中納言行平の詠歌である。この和歌は人捜しの場合にもひそかに用いられたらしく、近年まで活用されていた。

縫い針を見失った時、大町（秋田市）などでは、「清水の音羽の滝は尽きるとも失せたる針の出でぬことなし」と3回唱えると針は見つかるといった。恐らく、言葉による霊力（言霊《ことだま》）によってかなえられる信仰であったと思われる。

阿仁（北秋田市）では、山でうっかり失せ物をしたとき、捜す方法がとても変わっていた。ここでは詳しく言えないが、要するに山ノ神に念じて男性の性器を顕《あら》わにする作法である。これで、たちまち失せ物を発見した、という証言を筆者は何度か聞くことができた。

稲荷神が失せ物捜しにご利益があるという民間信仰もあった。木戸五郎兵衛稲荷神社（横手市）、岩坂稲荷神社（由利本荘市）や清涼寺（湯沢市）の鎮守稲荷神社では今も地域で信仰されている。

この失せ物祈願には、油揚げなど、神の使いである狐《きつね》が好む供物がよいといわれる。狐を神と崇《あが》める民俗では、狐が他の小動物を探す嗅覚が強い性質にあやかっ

稲荷神社に祭られる神使の狐像。民間では狐神とも崇められ、失せ物を捜し当てると考えられていた＝湯沢市・清涼寺の稲荷神社

て、失せ物まで捜してくれるということだった。

神隠しなどといわれるように、失せ物も何らかの霊力によって隠されていると感じてきたに違いない。だから、その悪しき霊力（物が失せる）を取り除く方法として、言葉（和歌など）の力や稲荷神使の霊力に頼ったと考えられる。

蟹の話――病や邪悪なもの祓う

モクズガニは淡水にずっとすんでいると思われているが、実は秋になると河口に下り、海で産卵をするという。モクズガニ漁は、川を下る時期に、筌《ど》や蟹籠《かにかご》などで捕獲する。

雄物川流域では、二百十日を過ぎると蟹が川を下るといわれ、柳の枝で作った筌で捕獲し、甲羅や爪などを取り除き、残りを全部たたき潰して、蟹団子にしたものをイモノコ汁に入れて食べると、すこぶる美味とされる。

蟹の種類は大変多い。海にも水陸にもすんでいてなじみ深い蟹は、食用にとても大事にされている一つだ。

蟹が初めて文献に登場するのは、『日本書紀』（720年）神代巻である。海神の女《むすめ》、豊玉姫命《とよたまひめのみこと》が出産のために海辺に産屋を建てる時に、天忍人命《あめのおしひとのみこと》が箒《ほうき》で蟹を掃き寄せてから産屋を設《しつら》えた、という。それ以来、天忍人命を掃守連《かにもりのむらじ》と呼び、転じて子孫を掃守《かもん》というようになった、と伝えている。

奄美諸島（鹿児島県）や沖縄諸島（沖縄県）では、赤子が7日目に産屋から出る時に、その子供の額などに蟹を這《は》わせる風習があり、これを蟹守《かにもり》といってきた。蟹の素早い動きと脱皮の巧みさにちなんで、赤子の成長と穢《けが》れを祓《はら》うものと考えられている。

鮎川（由利本荘市）では、長者の美しい娘が夜泣きをするので小蟹を与えて遊ばせると、夜泣きが止み、すくすくと成長した。それと同時に蟹も巨大となり子蟹も増えたので、大沼に離した。ある時、娘が沼で蟹と遊んでいると、突然の嵐が起こり大蛇が襲いかかり娘をさらっていこうとする。すると大蟹、小蟹たちは鋏《はさみ》で大蛇と戦って助けた。それ以来、この沼を蟹沼と呼ぶようになったという。

子供が蟹と遊ぶと夜泣症が治ったとか、大蛇を退治

川蟹ともいわれるモクズガニ。昔話「さるかに合戦」に登場する蟹はこのモクズガニをモチーフとしたものか

したとかいう話では、蟹の持つ不思議な霊力が病や邪悪なものを祓《はら》ったことを伝えている。娘の成長をうながすように、蟹が寄り添う姿には、奄美・沖縄地方の蟹守の習俗と一致する信仰がみえる。

かつての茅手（屋根葺《ぶ》き）職人は、屋根から落ちることを恐れて、決して蟹を食べないとされた。茅《かや》葺きは横へ横へと葺いていくことから、蟹の動きと似通うことを尊重し、蟹の力にあやかったものと思われる。また、モクズガニなどのすむ河川を往来した船人たちも蟹を食べなかった。蟹が金比羅神の神使と崇《あが》められていたためだ。

素朴な民俗信仰として、こうした蟹に不思議な霊力を認めてきたのである。

鯨——神の恵み、多大な利益

鯨《くじら》は昔から日本の生活文化との関わりが深い。各地で鯨を捕獲し、食料としたり、油を採ったり、ひげは道具の一部に使ったり、骨を工芸品に仕立てたりと、1頭の鯨を全く余すことなく利用してきた歴史がある。

鯨は『万葉集』に、「鯨魚」「勇魚」などと記され、「いさな」といわれた。巨大で勇ましい魚とみられていた。平沢（にかほ市）辺りでは、「正月魚」として鯨が選ばれていた。正月祈願として鯨のように大物になり、人の役に立つことを願う風習だった。

近年、金浦（同市）の旧家から発見された文書『天保年中羽州凶作飢饉《ききん》略書』（1835年）には、しばしば起こる飢饉の原因の一つには虫害があることから、その対策として鯨の油を使うことが良いと述べられている。文書には数種類の鯨の絵が描かれており、鯨の油の効用や使い方などを説いている。鯨の油は一般には照明のための油であるが、農薬としての効用もあったようだ。

畠（男鹿市）では「鯨一頭で七浦潤う」といわれた。他の魚とは違い、鯨1頭の利益は7カ村の人びとの生活まで潤うという意味だ。

船川（同市）ではかつて鯨学校（現船川第一小学校）と慕われた小学校がある。明治22年3月、鼻子崎海岸（船川地内）に百十数頭の鯨が打ち上げられた。住民らはこれを捕獲し、50頭は地元に配分し残りは売却して元金とし学校を新築したことから、鯨学校と呼ばれた。鯨の利益が並でないことが分かる。

船川の鯨は寄り鯨とみられ、入り江など浅瀬に迷い込ん

『天保年中羽州凶作飢饉略書』の部分。鯨の絵によって種類が判断できるように書かれている

でくる鯨のことだが、寄り鯨というように一つの漂着物とみた信仰から、神からの恵みと考えていた。

象潟（にかほ市）では、鯨を、漁業の神でもある恵比寿神と同一視してきた。菅江真澄は、小砂川（同市）の漁師から聞いた話で、春に大きな鯨が8頭も泳いでいるのに遭遇した時、舟が覆されるのでないかと心配して恵比須の神に祈ると海底に隠れていってしまった、と『秋田のかりね』（1784年）に記した。

畠（男鹿市）の漁師にとって、沖で目の不自由な人のことを言うのは禁忌だった。この地では恵比寿が片目の神だからといわれ、鯨もまた片方の目が小さいことから、鯨への悪口にもなるとされたからである。

鯨を恵比寿神と同じく考えたのは、大きな利益をもたらす鯨に対する素朴な信仰に由来したと思われる。

ヨナカ（世中）――稲の作柄が「世」示す

米の作柄状況を伝えるため、毎年発表されているのが作況指数。2014年県産米は

104で「やや良」だった（10月15日現在、東北農政局発表）。実は、秋田ではこの作況指数に置き換えられる民俗語彙《ごい》があった。

秋田では、稲の作柄が良いことを「ヨナカ（世中）がいい」といってきた。ヨナカは「世の中」を縮めていった言葉だ。そもそも「世の中」という言葉は、世間とか社会、また世間の情勢などを指す。さらに、人びとの生活全般も意味している。だが、民俗ではなぜ、作柄を指す言葉としたのだろう。

『今昔物語集』（平安時代末期）では、「大江定基朝臣《おおえさだもとあそん》参河守《みかわのかみ》にて有《あり》ける時、世の中辛《つら》くして食物も无《なか》りける」とあり、不作だから世間では生活が難しく、食べ物もない、といった。『浮世草子』（1701年）には「当年は世の中でござる」とあり、この年は豊作で慶《よろこ》ばしい、といっている。つまり、古くから農作物の出来具合、稲の作柄が「世の中」そのものを意味していたと考えられる。

谷内（鹿角市）では、旧暦7月上旬、稲の穂が出そろい豊作の兆しが見える頃、手持ちの料理で神明社に

山田（大館市）のジンジョ祭りの八皿行事。この八つの盃に注がれた酒を飲み干すとヨナカがいいといわれる

集まり、豊作を祈願し祝宴をする「よなか祭り」をおこなっていた。

合ノ沢（鹿角市）には豊年満作を唄う民謡に「世中っこ」が伝わる。地唄なのか、いつ頃から歌われたのかなどは不明だが、ヨナカ（豊年満作）を歌いあげたのであった。

山田（大館市）のジンジョ祭り（道祖神祭・旧暦10月29日）では八皿《やさら》行事があり、八つの盃《さかずき》に注がれた酒を飲まないと作負け（不作）するといわれ、ヨナカがいいようにと必ず飲み干すことになっている。

黒沢（大館市）では、旧暦1月23日の夜半、月の出具合を見てその年の作柄を占う「世中占い」があった。この晩、お籠《こも》りをして深夜2時すぎに集落の東山から出てくる二十三夜の月の状態によってヨナカを占った。「今年のお月様、肥えて出ておざった」といえば、月がよく見えることから上ヨナカ（豊作）だと、占いが出されるのである。

農耕社会では、稲作の始まりから終わりまでが一つの「世」と認識されていた。そうすると「世」の中は、全てが稲作の良しあしに左右されて動いていた。だから稲作そのものがヨナカ（世中）だったのである。

飴の信仰――健康、長寿願う縁起物

11月15日は七五三祝いの日だ。男の子の3歳、5歳、女の子の3歳と7歳の祝い日とされている。子どもの健全な成長を祝い、さらなる長命を祈るものだ。この七五三祝いに付きものである千歳飴《ちとせあめ》はどんな意味があるのだろうか。

千歳飴は、食べると千年もの長寿になるという縁起がいいものだ。その起こりは、元禄・宝暦の頃に江戸の飴屋七兵衛が千歳飴、寿命飴と名付けて、お宮参りの土産として売り出したといわれる（『事物起源辞典』）。

京（京都）では「桂飴」があったが、この飴は武内宿禰《たけのうちすくね》の娘で桂姫《かつらひめ》が作ったという飴が伝承されてきたものだという。桂飴は子供を育てるお乳の味で、老いを養う長寿の飴だとして古くから知られていた。

かつて、桂飴の発祥地である桂（京都府）に住む女性たちは桂女《かつらおんな》と呼ばれて、巫女《みこ》や予祝芸能者などの職能を担ってきた人々だった。そのため、不老長寿の仙人とも見立てられた桂女の携える飴は、薬とも考えられ人々に受け入れられていったに違いなかった。

古くは、『日本書紀』（720年）には「水無飴」を作り神に祈誓したことが記され、『延喜式』（927年）では「飴市」が登場する。これら飴は人の食用として作られただけでなく、神への供物である神饌《しんせん》用だったことが分かる。つまり、飴は古来から信仰と深く関わっていたとみられる。

長岡（にかほ市）では大正月、小正月の2日前に大麦を発酵させて、炊いた餅米と合わせて煮詰めて飴を作った。できた飴は丸めて笹《ささ》の葉や竹の皮に包み、神仏に供え、正月の祝いとした。大館（大館市）では、田代岳の白鬚《しらひげ》大神も飴を買いに来るといわれる小正月のアメッコ市が見られ、飴を買って神棚に供えてから食べる風習がある。

正月2日の小豆沢（鹿角市）の大日堂の祭礼では、朝から境内で笹飴が売り出される。笹に巻かれた飴を食べると年中風邪をひかないといわれるほか、飴を包んだ笹は、牛や馬に食べさせると病気をしないなどと信じられてきた。

千歳飴が細長い棒飴であるのは、細くても長く生きられるようにとの願いが込めれられている。飴は滋養にもよいとされるが、かつては信仰的な意味合いが強かった。いわば発酵の作用によってできる飴に、人々

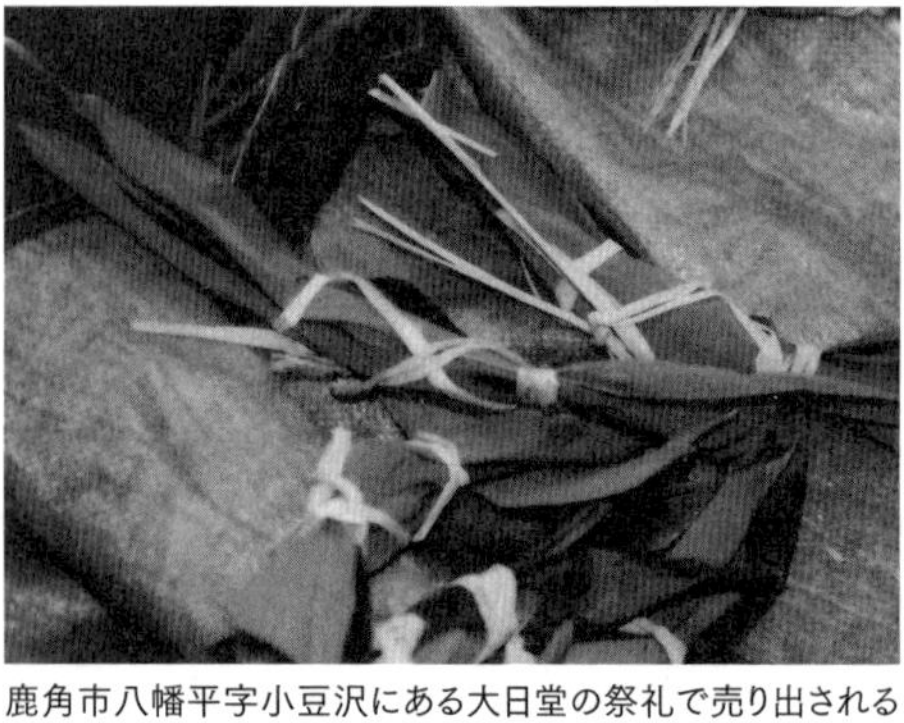

鹿角市八幡平字小豆沢にある大日堂の祭礼で売り出される笹飴。飴はその場で素早く笹で包み、わらで縛る

が不思議な霊力を見いだし、あやかろうとしてきたのではなかったろうか。

泥棒除けの護符――「悪霊の業」未然防止

「盗み」は反社会的な行為である。もし盗みに遭って、財産や物が失せてしまったら、自分のミスで物を消失した時以上に、とても後味の悪い感覚を持つと思われる。

かつての村落社会においても、最も嫌悪された一つが盗みであった。万一、盗人が集落の中から出ると、その者は法律とは違った制裁が加えられた。集落規則などにも制裁が明文化されたところもあった。こうした制裁が加えられるのは、盗みという行為に対する嫌悪感が、強く作用していたからだと考えられる。

そこで登場するのが、泥棒除《よ》けの「護符」であった。

かつて新庄（由利本荘市）の修験者が出した稲荷神の御札には「火盗鼠除」と書かれている。盗難除け護符でもあったことが分かる。

岩坂（由利本荘市）の上手を通る矢島街道（国道１０８号）沿いでは、無人による野菜販売がおこなわれている。主に集落のお年寄りたちが丹精込めて育てた畑作物を、人手をかけずに販売している。「新鮮な野菜が安く手に入る」と多くの人が立ち寄り好評を得ている。

無人販売だから、代金は購入者が自主的に精算し、備え付けられたお金入れの箱に投入する、という仕組みである。ところが、以前は代金を払わずに野菜だけが持ち出されることがしばしばあった。

そこで一計を案じ、この地域の守護神とも崇《あが》めてきた稲荷神社の守護符を代金箱に貼った。そうしたところ、代金を払わずに品物だけを持ち出す、ということがなくなったというのだ。

上門屋（仙北市）では、野菜の収穫時期になるとよく盗難に遭った。ここでは、対策として地域の稲荷神社から絵馬を借り出し、畑の隅々に、その絵馬を杙《くい》につるして立てた。お稲荷さんのお使いとされるキツネの絵馬が、畑泥棒を駆逐してくれると信じていた。ご利益は確かにあった。11月末にはお礼に、魚や油揚げを持って神社にお参りをして絵馬を返した。絵馬は護符の一つと考えられていたのだ。

由利本荘市矢島町の岩坂集落の稲荷神社護符が貼られた野菜の無人販売所。盗難除けだが、稲荷神の商売繁盛のご利益も期待されている

そもそも盗みの行為、そのことが悪霊のなす業《わざ》とみなされた。だから、神信仰の「護符」の霊力により、悪霊（盗み行為）の忍び寄ることを未然に防ごうとしたのだろう。

えびす神――漁村の信仰から拡大

長浜（秋田市）のえびす神は、沖合がよく見渡すことのできる海岸の丘に祭られている。この地の漁師たちは、網を掛けたり引いたりするときに決まって「ソーレ、えびす」「頼むぞ、えびす」などと掛け声を上げていたという。豊漁になることをえびす神に祈願していたのだ。

この地では、えびす神の由来を次のように語っていた。

えびす様は幼少のころ、身体が弱く、足の骨も軟弱であった。だから、遊びも自由にできず、ある時誤って川に落ち流された。ついに海の沖までいったが、足がきかないのでは陸に戻ることができない。ところが幸い、小舟の漁師が見つけて助けてやった。その恩としてえびす様が、漁師に漁業の仕方や豊漁の喜びを与えてくれた。

これは、伊弉諾《いざなぎ》神、伊弉冉《いざなみ》神の間に最初に生まれた子で、3歳でも足が立たず、流し捨てられたと伝えている『古事記』神話の「蛭子《ひるこ》」に準《なずら》えられたのだろう。これが、異界である海から現れて、人々に幸をもたらす「蛭子《えびす》神」となったと読み取れよう。

だが、えびす神は漁村で信仰されただけでない。やがて、福ノ神として商業や農業を担う人々にも受け入れられていく。『秋田風俗問状答』（1815年ごろ）には「夷講《えびすこう》の事」「商家、貧富大小によらず、なべてする事に候《そうろう》」とあり、えびす神を祝い祭った。

　農村では、秋の収穫後の祝い事をえびす講と呼んで、一種の収穫感謝祭をしたのだった。平良（東成瀬村）では秋の収穫後、男女別々に同輩者が集まりえびす講をおこなう。宿は年ごとに決められ、えびす神を祭り、祝宴をした。

　また、12月5日はえびす様の年取りといって、農家では戸棚に膳料理を据えてえびす神の御影《みえい》を祭る。この時、わらを曲げて作ったえびす皿というものにハタハタ魚を供えていた。夜叉袋（八郎潟町）では、農家で祭るえびす神を「田えびす」といったが、ハタハタが供されるように海との関係は無視できなかったに違いない。

えびす神の御影。年末になるとこうした御札が配られ、戸棚の中に貼って祭る風習が多かった

比内前田（大館市）では、えびす様を祭る場所は廂《ひさし》とした。すると、えびす様は母屋に祭られたいと一生懸命、家を富ますように働くものだ、といわれてきた。

このように、えびす神は近世になると福徳神の信仰が強調されることにより、めでたい吉数にあわせた七福神が集められると筆頭にあげられるようになったのだ。

事の日——各地に厄除けの風習

12月8日は、ずっと以前から事納《ことおさ》めの日と呼ばれてきた。

『秋田風俗問状答』（1815年ころ）には、「事納の事」として「忌竹《いみだけ》を門に挿《はさ》み候《そうろう》」とある。忌竹とは神事《かみごと》とも申し、葉の繁き竹の枝を二尺ばかりに切って、四手《しで》と唐辛子一つを付けて門の左右へ指し、三日置いて、赤飯か団子を添えて川へながす、としている。つまり、事納めの「事」は節供と同じような折り目を意味し、災いを及ぼす神が入り込まないように祭事としたことが分かる。

人見蕉雨の『秋田紀麗』（1804年）では「事収めとて祝ひ事あり」とし、「臘八粥《ろうはちがゆ》」を食べる風習があったことが記されている。

臘八粥を食べると病気にかからず滋養に良いとされた。この夜はまた、医家では神農図を掛けて親しき者たちと暁《あかつき》まで酒飲をした、とある。神農とは古代中国の伝説に登場する皇帝の一人で、人々に医療と農耕の術を教えたという。こうした神に頼って厄病を避けようとしたのだろう。

　病気は厄神の荒ぶる業《わざ》によって起こると考えられていた。病気にならないよう、人々は医術や薬の力で厄神を取り払おうとした。境（大仙市）で、神農をあがめる神農祭の日としたのもその表れである。薬の神様でもある薬師への信仰にも結びつき、八石（同市）では「薬師礼」と呼び、医者に薬代を勘定する日、豊岡（同市）ではこの日を薬師の年取り日とした。

　一方で、事の日の習俗は地域によって独自に発展している。畑谷（由利本荘市）ではヤクジョウヨゲ（厄神除け）といって、農家では庭（土間）にすり鉢を伏せ、干し生姜《しょうが》を載せていぶしたという。強烈な刺激で厄神を撃退しようとしたわけである。

横手市の黒川では12月8日を「病焼き」といって家族の皆が焼き餅を食べて厄神を払う

南内越（同市）では、この日を「厄事避神の札打ち」といい、小豆飯を桟俵《さんだわら》に盛り、村境に捨ててくる風習があった。これは厄事をはらうまじないといわれた。

新成（羽後町）では、この日夜に必ず、豆腐に味噌《みそ》をつけた田楽を食べたという。これを食べると病気にかからないためだとされた。

黒川（横手市）では、事の日を病焼《やめ》きの日という。お焼き餅を作り、神棚に供えて拝んだ後、年の数だけちぎって食べる。併せて、味噌を入れた餅を油で真っ黒に焼いた「病焼き餅」を家族の数だけ作り、川に流した。真っ黒に焼くのは、病気を焼いて追い出すためだった。

年の市——豊かな生活もたらす

年の暮れになると各地で正月用品が並ぶ「市《いち》」が立つ。県内では年の市とか詰めの市といった。市は、門松用の松やゆずり葉、若水くみの手桶《ておけ》や柄杓《ひしゃく》といった正月迎えの用具から、年取りのお膳に並ぶ魚、昆布、野菜、衣類まで何でも手に入る臨時市場だった。

大曲（大仙市）では12月25日の市を「莚市《むしろ》」といった。家に敷く莚を正月に新しくするため、農家がここで買い求めたからだ。

杉宮（羽後町）では十七夜市という12月17日の夜に開かれる珍しい暮れの市があった。十七夜市のいわれは、中世の頃、住民に慕われた豪族が、この日に死んだことを悼んで、命日に参詣する人々を目当てに物々交換の市が開かれた。それが年の市のようになったというのだ。

この市は「農具市」ともいわれ、鍬《くわ》や鎌などさまざまな農具が並んだ。農具を新調することで新たな霊魂を吹き込み、五穀豊穣《ほうじょう》となるように祈ったと思われる。

一方で、小正月のための年の市はまた、塩市と飴《あめ》市でもあったことは忘れてはならない。というのも、かつて桧山（能代市）の市は「塩市」といわれ、飴と塩を中心に売り出されていた。大館（大館市）の小正月行事「アメッコ市」も、もとは塩と飴が中心であったし、五城目（五城目町）では初市の正月12日には塩市が立った。

12月30日に秋田市中通で開かれていた年の市。正月のトシナ（しめ縄）などが売られた＝1982年撮影

今宿（横手市）でも、正月9日の初市で塩と飴を中心に売られた。菅江真澄の『月の出羽路《いでわじ》』（1824年）には、「けふの市には鹹《しお》と食饌《あまもの》を売り初め買い始《はじめ》る」とある。飴は子供の土産とし、塩は五味の長《おさ》だから寿命を延ばす良薬になったと伝えている。

さらに、塩造りは古来から潮汲《しおく》みは女、塩焼きは男の仕事とされ、夫婦のむつまじい結束によるものだから、塩と飴は「人をも身をも祝ふためし」であるというのだった。恐らく、食生活にとって大事な調味料であった塩と飴（甘味料）が、新しい年を清めて祝う神への捧《ささ》げ物としたのではなかったか、と思われる。

市は「まち（町）」ともいわれた。花輪（鹿角市）周辺の農村では「まち買い」といえば花輪の市にいくことだった。市のにぎわいに伴い地域が形成され、やがて町となったことを物語る。

結局、市は普段の生活とは異なるハレの空間をつくり、人々に豊かな生活をもたらす存在だと捉えられていたといえる。

暮れから元旦へ――不老願う習俗根付く

一年の終わりを暮れというが、その次の日は新しい年の始まりである元旦である。正月には全ての物が新たになる、という観念がある。

新しき年を迎えると、人は一様に年神《としがみ》から歳《とし》を付与され、誰しもが一つ歳を取る。つまり、加齢によって歳も更新されていくのだ。数え年の観念はここからきている。

歳を取れば老いと死に近づくことにもなる。だから、それをできるだけ延ばしたいという願いが浮かんでくる。その願いは毎年正月に繰り返し、民俗の中で表されてきた。それが、正月に歳を取らないようにしようとする民俗である。

正月始めの「若水」もその一例だ。若水を汲《く》んで、神仏に供え、その水でお茶を飲み、雑煮を食べたり、顔を洗ったりすると、若返るというものだ。「若水」は歳を取らない一手法だったといえる。

上郷（にかほ市）では、大みそかの晩に早く寝ると皺《しわ》が寄る、といわれた。そのため、徹夜して正月を迎えるのが通例であった。皺が寄るのは老いることとみられたためで、それを避けるために眠らずに年取りの晩を過ごす。

新藤田（秋田市）では、大みそかの晩に、密かに自分の尻に灰汁《あく》をつけておくと歳を取らない、といわれた。これは囲炉裏の灰汁を使うのだが、昔から神聖な場として大切にされてきた囲炉裏から出る灰汁に呪力を期待したと思われる。この地域では若々しいことをたとえて「蕨《わらび》のけつ（尻）サ、灰汁つけたみだいにとしょら（歳取ら）ネ」という。灰汁の効力は実際にワラビの根元につけると新鮮さを保つという事実を、人にも反映させようとしたのではなかろうか。

大須郷（にかほ市）では年取りの晩にコガ（漬け物桶《おけ》）をかぶる、牛柳（横手市）では正月に供える餅をついた臼をかぶると年を取らない、などといわれてきた。かぶるといっても、持ち上げて頭にかざす行為を意味した。

鮪川（男鹿市）では、年取りの晩、桶に入ってふたをし、除夜の鐘の音を聞かずに過ごせば歳を取らない、といわれた。地元では大きな桶を今でも伝蔵桶《でんぞうおけ》と呼んでいるが、これは昔、伝蔵という人が実際に年取りの日に桶に入ったことに由来する。

にかほ市象潟町横岡で元旦早朝にくまれた若水。鳥海山から流れてくる小川の清らかな水がくまれ、不老長生の水として信仰されている

全ての物が更新する正月だからこそ、

不老長生の信仰が民俗の中に深く根付いたのであろう。

タラの木——正月に悪霊をはらう

正月7日は七草といって、七種の野草を食べることにより邪気をはらい万病を除く呪《まじな》いだとしてきた。それで、春の七草が重んじられている。

七草といっても時代や地方によって、種類はかなり異なった。一般にいう7種の野草は、雪深い秋田では手に入ることはまず少ない。だから、それに代わるものが存在した。その中でもタラの木の芽だけは必ず入れられた。

三条（由利本荘市）ではまず6日に柳とタラの木を山から取って来る。晩にその枝を囲炉裏《いろり》で少し焚《た》く。これを若木焚きといったが、火に手をかざしてあぶると若返るなどといわれた。

6日の晩はまた、タラの木の芽とワラビ、納豆、セリ、フノリ、昆布にミダマメシ（御霊飯＝正月にご飯を丸めて12個箸を挿して供えたもの）をまな板に載せて、包丁で叩《たた》き、刻む。この時「タラ叩き、タラ叩き、へん（千）タラ叩け、万《まん》タラ叩け、田舎の鳥と、唐土の鳥と、渡らぬ先の、タラ叩け」と大声で唱える。この「タラ叩き」の七草物は翌7日の朝に、供え餅と一緒に雑煮として食べるのであった。

七草以外にも正月の儀礼でタラの木がさまざまな場面に登場する。浅内（能代市）の習俗「ナゴミハギ」では、2メートルもある二股になったとげのあるタラの木を持って怠け者を威嚇《いかく》するナマハゲ儀礼が見られる。脇本（男鹿市）では、小正月の晩は囲炉裏をきれいにして、その傍らには必ずとげの鋭いタラの木を1本添えた。囲炉裏を粗末にすると火ノ神の忌避に触れることを恐れたためだ。正月のトシナ（しめ縄）に松葉や昆布、ゆずり葉などと共にタラの木を挟み、玄関に張る地域も多い。

上郷（にかほ市）では、雪中田植えの行事でキュウリに見立てたタラの木をつるし、畑作を予祝した。同時に、ゴギョウといって、3～4寸のタラの木を2つ割りして、門柳（門松）に添えたり、戸窓に挿したり、神棚にも供えたりした。

正月儀礼に見られるタラの木は、祝い木の一つとみなされてきたのであろう。鋭いとげ

横岡（にかほ市象潟町）のサエの神行事では、神体の前にもタラの木のゴギョウが立てられる

のある木だからこそ、そのとげで悪霊をはらいやる力があるとみたからだと思われる。さらに、古来から薬用に利用されてきたタラの木の芽をいち早く食べることにより、精気も取り入れようと、七草に必ず入れたと考えられる。

初夢——新たな年の吉凶占う

新年に初めて見る夢を「初夢」という。古くから伝わるのが、初夢によって1年のゆく末を占う風習である。初夢による吉凶占いは、既に鎌倉時代にあったようだ。

歌人西行の歌集である『山家集』(平安時代末期)では、「立春の朝によみける」といって初夢のことが詠まれている。この頃は、立春を新年の始まりとしており、これが「初夢」の初見とされる。

初夢は、近世後期は正月2日から3日に見る夢、明治の改暦以降は元日から2日の夜に見る夢と考えられてきた。

民俗的な思考では、夢は霊魂の不思議な働きによって起こるものと考えられてきた。

阿仁(北秋田市)には「夢合わせ」という昔話が伝わる。

—昔、正月2日朝はどの家でもみんな集まって夢合わせをしたものだ。ある親方の家でも若勢たちと一緒に夢合わせをした。だが、若勢の一人は決して見た夢を語らなかった。そこで、皆は懲らしめようとして箱に入れ川に流した。下流で、鬼に拾われた若勢は、鬼に脅かされても夢の話をせず、どうしても知りたい鬼たちから、宝物である「生き針」と「死に針」を手に入れる。若勢は死に針を使って鬼たちを刺し殺し、江戸に出る。そこで「朝日長者」の娘が餅を喉につかえさせて死んだところに出くわすと、生き針で生き返らせ、「日暮長者」の娘が病気で死んだところに遭うと、また生き針でよみがえらせた。若勢は二人の娘をともにめとって幸せに暮らした—。

初夢を誰にも話さなかったことで、その通りになったという内容である。

吉夢は人に語るものではないといわれたのは古く、『文徳天皇実録』（879年）にもみられる。吉夢はうっかり人に語ると、横取りされると考えられていたためだ。

たいていは屋敷の鬼門（北東）に植えられている南天。難を転ずるともいって、悪夢の内容をそっと語りかけて災難から逃れる信仰がある＝秋田市

長岡（にかほ市）では、正月に田植えの夢を見るとよくないとされ、魚の夢を見ると風邪をひくとか、蛇の夢を見るとお金に恵まれる、などといわれる。

夢は何らかの兆しを表すとみられていた。そのため、初夢で縁起の良い夢を見ようとして、枕の下に七福神の乗る宝船の絵紙を敷いたりしたのだ。それでも、悪い夢を見たときは、翌朝、宝船の絵を川に流して縁起直しをすることもあった。太平（秋田市）では、凶の兆しを表す悪夢は、さっさと消し去らなければならないからである。凶の兆しを表す悪夢は、庭木の南天の木に向かい、ひそかに悪夢の内容を語ると、災難から逃れることができるといわれてきた。

サエ（サイ）の神――境界に祀り悪霊防ぐ

「サエ（サイ）の神」は境界に祀《まつ》られていることが多い。秋田県のほぼ全域に見られる神だ。外から舞い込もうとする悪霊や外敵、疫病までも、村境や、峠、つじなどで防御する神と考えられている。この神には当て字も多く、幸ノ神、歳ノ神、賽ノ神、塞ノ神などと書かれるが、サエは遮《さえぎ》ることで、塞《ふさ》ぐを意味するから、塞ノ神がより近い表記といえる。

平安時代の京（京都府）では岐《ふなと》ノ神とか衢《ちまた》ノ神といって、道の分かれている所に坐《ま》すサエの神のことを意味していた。京では洛中を囲むように四隅に祀られていた。そのころはもっとも恐れられた、死霊や生霊の侵入を防ぐ神と信じられたのであった。

このように古くからあがめられたサエの神のご神体は、どういうわけか秋田では男根の場合が多い。悪霊が入り込まないように村の入り口に祀られた。

サエの神祭りにも不思議がある。祭日は1月15日（小正月）が圧倒的に多い。しかも左義長といわれるドンド焼きなどの火祭りの形式によることがある。国の重要無形民俗文化財である「上郷の小正月行事」（にかほ市）でも、「サエの神の小屋焼き」といって、わら小屋に祭られるご神体（男根）が焼かれる。その火の煙が村中にかかると、無病息災、災難厄除《やくよけ》になるといわれる。

岩谷麓（由利本荘市）では「塞ノ神焼き」という祭りがある。小正月の日、ご神体である25個の玉石を集落の中心に持ち出してきて、たくさんのわらを集めて夜通し焼く。この玉石は、集落の家が増えるたびに自然と数が増していくといわれてきた。塞ノ神は、悪病や災難を人びとの身代わりとなっ

馬場（にかほ市）で小正月に行われる塞ノ神焼き行事。ご神体である石の塞ノ神を直接、わら火の中に入れて焼く

て焼かれるといわれる。

この祭りのいわれが伝わる。昔、塞ノ神がお天道様から借金をした。毎年暮れに催促をされるのだが、借金を返すあてがない。そこで、もう一年待ってもらうため、火事に遭ったという言い訳を考える。天を焦がすほどにわら火で塞ノ神を焼くのは、火事のことを認めてもらうためだ、といわれる。

盛んに燃える火は、人を寄せつけない。悪霊さえも遮ることができると考えられたのだろう。ひいては、その火の力で悪事災難まで焼き滅ぼしてくれるものだったのだ。

正月花と室咲き――いち早い雪消え祈る

秋田の風俗版画の傑作のひとつといわれた勝平得之(1904～71年)の作品に「花四題」(39年)がある。四題の花は、春のツバキ、夏のハス、秋のキク、冬のナンテンであるが、いずれも当時の風俗と一緒に描き出されている。このうちナンテンだけが花ではなく、実をつけた姿である。ナンテンは当時、家々に飾られた「正月花」の花材の一つ。正月花は、秋田特有の造り花であった。

相場信太郎は著作『勝平得之物語』（秋田文化出版／1977年）で、「自然の花にはまだ遠い小正月ごろ、ときわぎの松の緑を台木に、ネコヤナギの白となんてんの実の紅色を配した挿し花をひなびた服装の花売り娘たちがそりに乗せて商う姿は、雪に映えて美しい」と解説している。

ここでいう挿し花は、いわゆる正月花のことであった。正月花は、タラノキやマツの枝を台木として、ゴヨウマツ、ハマガキ、モミ、バラの実、センニチコウ、ハマヨモギ、ナンテンなど7種の枝葉を挿し込み、台木に差し込んで飾り付けたものである。小正月はネコヤナギも加えた。

真冬の雪に埋もれた秋田では生花は望むべくもなく、まず手に入らなかった。そのため、大正月、小正月の飾りとして神棚や仏壇、床の間に供えるために作られた。柳田(秋田市)などでは「正月花を飾らないと正月が来ない」といわれたほどだった。

こうした材料となる植物は、枯れてもあまり色が変わらないことから、縁起の良い木と

7種の枝や実が材料の正月花の製作作業。見た目にも美しく飾られていく＝2000年、秋田市赤沼

され、出来上がった花は素朴ながら精気が漂っているかのように見えるのである。

正月花を飾る風習はだいぶ廃れてきたが、古くから赤沼、蛇野地域（秋田市）で制作されてきたもので、朝市に出したり、行商によって土崎、飯島、牛島、上北手、新屋、豊岩、太平など、ほぼ秋田市全域に出回っていた。

この他、蛇野地区では、もう一つ春を迎える花作りが伝わっていた。生花によるものだ。「室《むろ》咲き」といって一種の温室栽培法で、2月初めごろにサクラの花を咲かせて、町の朝市に出す。

12月の冬至の日に、用意してある小さな室（小屋）にアカヨシノザクラの枝を入れておき、この室の真ん中で炭をたきゆっくりと暖めていく。すると、1カ月くらいで、真冬でもぽっかりと桜花が開くものだった。

人々は、正月花や室咲きのサクラを、いち早い雪消えを祈り、豊かな秋の実りを予祝する、特別な春の花と見たのではないだろうか。

雷――吉凶の予兆、霊力畏怖

世の中で特に怖いとされているものを順に並べた言葉に、「地震、雷、火事、親父《おやじ》」がある。その一つ、雷は県内で民俗学的にどう捉えられていたのだろうか。日本海側の降雪地帯では冬に雷が起こることが多いが、この雷はあまり落ちないともいわれてきた。

そんな中、八木山（由利本荘市）では「寒中の雷は鎌要《かまい》らず」といって、その年は鎌を使うことがないほど不作になるといわれ、雷の鳴ることを恐れた。仙北地方でも「寒雷鎌《かんかみなり》不要《いらず》」「寒中の一つ雷は一年旱天《ひでり》の兆し」といわれた。

しかし、全く逆の伝承もあった。菅江真澄の『小野のふるさと』（１７８５年）によると、柳田（湯沢市）では「雨、時のま降りて神《かみなり》ひとつひびきたるは、としの豊かならんさとしなりけり、里の子、いやしよろこびたり」といって、元日に鳴った雷を豊作の験《しるし》とみていたのだった。ほかにも雷を歓迎することがあった。北浦（男鹿市）では、初冬に鳴る雷はハタハタが寄ってくるのだとした。

いずれにしても、雷が起こること自体が何らかの予兆を現すと考えたのだ。

一方で雷が落ちることも恐れた避雷の民俗が各地に伝わっていた。仙北地方では、竿《さお》の先に鎌を結んで門口に立てておくと落雷しない、といった。恐らく、鋭い鎌で雷を切り裂けば、落ちないと考えたのであろう。

西明寺（仙北市）では、雷が落ちた木で箸を作り、それでご飯を食べると風邪をひかないといわれた。この木のかけらは魔除《まよ》けになるとされ、お守りに使われた。

また、田んぼに雷が落ちると青竹を立て、しめ縄を張る風習は広く見られた。この田を雷田といって、作が良くなるといわれる。それは雷を稲妻《いなずま》と呼ぶことからきているようだ。すなわち、雷が落ちて田んぼの稲に寄り添う妻となることを意味したから、そこに稲作の豊穣《ほうじょう》が期待されたのであった。

各地にカミナリ（神成・雷など）のついた地名があるのも、雷が雨をもたらし作物を豊かにすると考えたからだろう。

八卦（大仙市）には、鳴神《なるかみ》（雷）を祭神《さいじん》として祀《まつ》った雷神社がある。ここでは夕立や落雷は、この鳴神の意志だと考えられたと思われる。雷神が持つ雨や雷《いかずち》などを自在に操る力に頼って、風雨順時（適切な時期に

雷神を祀る仙北市西木町西荒井の雷神社。古くから落雷除けの神として広く信仰されてきた（戸沢裕一さん提供）

適宜な風が吹いたり、雨が降ること）を願うためであった。

結局、雷を恐れたのは、災厄を避けたいと願い、恵みをもたらす霊力を畏怖《いふ》したためだと考えられる。

初庚申――年始めに悪霊封じる

一年の最初の庚申の日を初庚申《かのえさる》という。この日は各地で庚申信仰が見られる。信仰はかなり複雑だが、共通しているのは「作神《さくがみ》」だと信じられてきたことだ。古くから農村で広く受け入れられてきた理由もそこにあるのだろう。

初庚申は、特別な祭り日として、年始めに外から忍び寄る悪霊を封じ、まめで働くことによって作柄を良くしようとしたのだ、と考えられる。

この日、地域住民が集まる講会《こうえ》は大変重んじられてきた。中石（男鹿市）などでは初庚申の講会の「宿」となった家は作が良くなるといわれ、宿を担うことを喜んだものである。

初庚申にコンニャクを分けて持ち帰る風習があるのは岩瀬（秋田市）の講中だ。コンニャクは家の軒下に糸でつり下げておく。このコンニャクは寒風にさらされて小さな塊《かたまり》となるが、これは風邪をひいたときの熱冷ましとして、粉にして飲むと良いとされた。

　庚申とコンニャクの関係は深いらしく、四天王寺（大阪府）の庚申堂の祭礼では名物とされた。かつては庚申を祀る八橋（秋田市）の不動院でも食べられたという。コンニャクを庚申の日に食べるのは、コンニャクが身体のごみ（毒）を取り除いてくれるのだと考えられたからだ。

　菅江真澄の紀行日記『小野のふるさと』（1785年）には、成沢（湯沢市）では初庚申の日に毎年、台所のはりに縄で1カ所を結んでいる、とある。これは泥棒よけのまじないでもある、と記録していた。

　この日に、本田（秋田市）では小さな紙に「圭」と「寸」いう字を別々に書いて講会に供え、講会が終わると皆に数枚ずつ配る風習が残っている。これは護符として、戸窓の節穴に貼るためだ。お札は特に風邪とか泥棒よけになるとされてきたのである。圭と寸の文字を合わせると「封」という字になる護符であった。

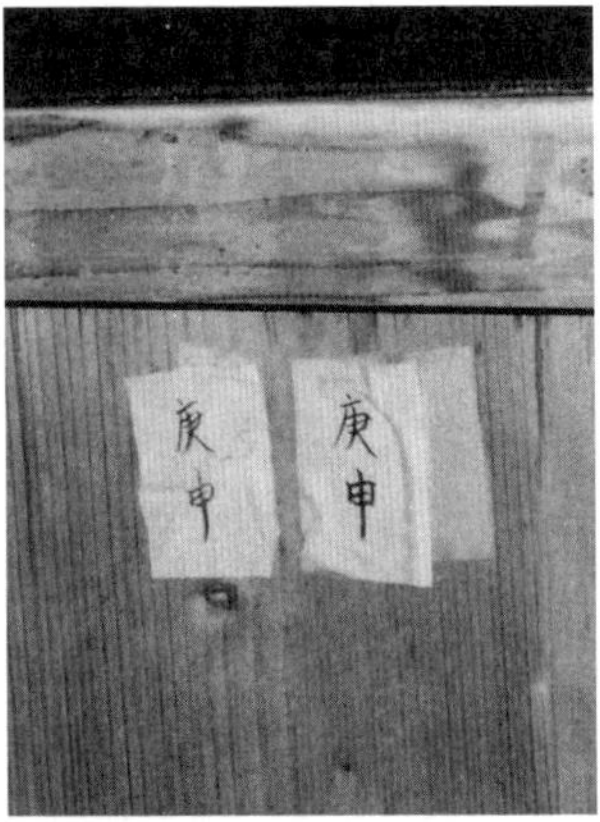

板壁の節穴に貼られた庚申のお札。風邪や泥棒が入り込むのを防ぐという＝秋田市雄和芝野

藤田栄子著『秋田市の庚申信仰』（1988年）によれば、坊谷（同市）などでは、講会で用いた箸を持ち帰りタンスのなかに入れておくと、魔よけ、盗難よけとなるといっている。ただし、今では玄関につり下げているらしい。

また、大清水（同市）では輪にした縄を1個ずつ持ち帰り、かつてはいろりの自在かぎに掛けたことが紹介されている。これは、火伏せのお守りとなった例である。

フミダラ――雪踏み固め「道つけ」

雪の上を歩くのは大変難儀である。特に積もった新雪の場合は、足が沈んで進まないことだってある。踏み固められた雪の上では滑って転ぶこともある。

今日では改良された除雪道具が出回り、各家庭の除雪は以前より大変ではなくなったが、それでも難儀を伴う。こうした雪国の悩みは、降雪がもたらす弊害であろう。

本県ではかつて、除雪することを「雪寄せ」とはあまり言わず、「雪投げ」「雪を投げる」といった。ごみを捨てる場合なども「投げる」という言葉を使ってきた。

そもそも「投げる」というのは、例えば「球を投げる」場合のように、上から下へと強く排除する意識が込められているのではないか。言い換えれば、生活に悪影響をもたらすごみや雪を、投げ飛ばしてやらなければ収まらない、という雪国秋田に生きてきた人々の強い気持ちが働いたものといえる。

そんな「投げる」存在と捉えられていた雪に対し、歩き道を確保するため、雪を踏み固めてつくる「道つけ」をした。雪の中の生活では、まず朝に誰よりも早く家の前からケド（通り）までの道をつける作業があった。「雪投げ」をするよりもはるかに楽な作業だった。

「道つけ」は、フミダラ（踏み俵）でおこなう。フミダラは米俵半分ぐらいの円筒形で、口の開いた方の縁に布をつける。衣類が摩擦です り切れるのを防ぐと同時に、装飾の意味もあった。

そして、内側の底に足を固定させる緒を付け、それに藁沓《わらぐつ》、草履《ぞうり》、ゴム長靴などを履いて足を差し込み、底から両手で持ち上げるひもを握り、雪を踏み固めるようにして道をつけていくものだ。フミダラは手と足を同時に動かすために、調子を取るのがやや難しいが、雪の上をじかに細かな歩幅で、一往復もすれば道つけはできるという合理

大仙市南外民俗資料交流館所蔵のフミダラ。道つけは、隣家との境や道路まで目印に豆殻を立て置き、協力し合ってつけたものだ

的な道具だ。

人が往来するだけの道ならば、フミダラでつけた雪道はなんと便利なものだったのだろう。横手（横手市）などでは、フミダラを雪の履き物として近所を往来するためにも用いたというほどだ。

フミダラでつけられた新雪の上の模様は、菊の花が一線につづられたように見えて、ある種の美しさを持っていた。フミダラは「用の美」をもたらす、雪国の生活の中で生まれた技であった。

カンジキ――雪深い山、自在に移動

雪中歩行のための用具で注目されるのが「カンジキ」である。カンジキは素朴で単純な構造ではあるが、優れた民具といえる。軽くて比較的扱いやすく、雪が深くて傾斜のある山中でも自在に歩き回ることができる。冬の山仕事で使われたほか、マタギにとっては狩猟に不可欠な道具だった。

カンジキの歴史は古い。縄文時代晩期の是川中居遺跡《これかわなかい》（青森県八戸市）から出土したつる製のものは、今のカンジキと同じような道具の一部である可能性が指摘されている。これがカンジキの一種だとすれば、3千年以上前から雪中歩行の用具が使われてきたことになる。

菅江真澄は『粉本稿』（1785年ごろ）で、出羽国で見た「雪ふりのうつわ」図に「かんちき（かんじき）」を描いていた。また『凡国異器』（写本・年月不詳）では、民家で屋根の雪下ろしをする図にカンジキを履いている様子が見える。豪雪地帯では、屋根の雪下ろしのときにも用いたことが分かる。

県内ではたいてい、笹子（由利本荘市）のようにキャンジキ（ケンジギ）と呼んできたが、百宅（同市）では「ゴス」といった。石神（仙北市）ではワンジキともいった。ゴスは、語源は不明だが、反りがない一般的なカンジキを指していた。ワンジキは、枝を輪に曲げて作ったために名付けられたという。

また、西明寺（仙北市）ではかつてアンジキといった。それは、女の身である山ノ神が深雪歩行の際に随分と難儀をし、楽に歩けるようにとカンジキの履物を思いついたというのだ。それから山行きには山ノ神が

山谷（秋田市）で昭和50年代まで使っていたカンジキ。紐はなわであった

「案付いた」アンジキが使われるようになったというものだ。

玉川（同市）では、八幡太郎義家が安倍貞任を征伐するとき、貞任は攻められ窮まったが、妖術《ようじゅつ》を使い6月に雪を降らせたという。時ならぬ大雪に義家は困惑したが、木の枝を曲げてカンジキとして履いて討ち取ることを思い付き、この際「案が付いた」と言った。家来は早合点をして、その履物をアンヅキ（案付《あんづき》）というようになった、と伝えている。

「アンジキ」「アンヅキ」の伝承からも、カンジキという道具がずっと昔から雪国の生活に息づく知恵であったことが推察できる。

雪崩――遭遇恐れ、呪文伝わる

雪国では予期しない自然災害が多い。その一つが雪崩だ。2、3月の発生率が高く、上層の雪だけが滑るものを上雪崩《うわなだれ》（表層雪崩）、全部滑るのを全層雪崩という。

上雪崩は、新雪と旧雪の摩擦が小さくなって起こるとされ、気温が上がったり、雨が降ったりした後に雪が降ると起こりやすい。そのため春が間近になると、一層の注意が必要になる。

江戸時代後期、豪雪地として知られる新潟県越後魚沼地方の生活を活写した鈴木牧之著『北越雪譜』（1837年）では「山より雪の崩頽《くづれおつる》を里言になだれともいふ」とし、雪崩を「雪頽《はげ》」と表記している。

相当以前から「雪崩」という言葉が定着していたようだが、北ノ股（由利本荘市）などでは雪崩のことを「なで」といった。鹿角・山本・由利郡では「なでち（つ）ぐ」と言えば崩れ落ちた雪のことを意味した。「なで」は雪崩の音変化とみられる。

もう一つ、雪崩のことを「ひらちる」といったのが仙北・平鹿・雄勝郡。秋田県教育委員会編『秋田のことば』（2000年）には「雪崩を意味する方言『ひら』に動詞語尾『ちる（つる）』が付いたもの」と説明している。「ひらちぎ」ともいって、「ひら」は急斜面を意味し、そこの雪を突くと雪崩が生じるから、と説明している。また、北秋田・山本・雄勝郡で「わし」といえば、「表層雪崩のようにすり落ちるもの」（同書）とある。

雪崩は大変恐れられてきた自然災害の一つだが、山のことをことごとく知るマタギの人

雪崩に注意を喚起して道路のあちこちに看板が立てられている＝大仙市南外地域

びとでも、雪崩に遭遇することは避けられないという。そのため、雪崩よけの呪文が伝わっていた。百宅（由利本荘市）の鳥海マタギは「エンダラ、チタラ、アビガエタ、アブラウンケンソワタカ」と唱えた、という。そうした祈りの込められた言葉からすれば、雪崩を「山の魔物」と意識したのだろう。

真山（男鹿市）などでは、山仕事をする人々ばかりでなく、住民の間でも、「ケノコ汁、食《く》てきたどー」と叫びながら危険な場所を通った。そうすれば雪崩やマブ（雪庇《せっぴ》）が崩れて下敷きになることがない、と伝承されてきた。ケノコ汁は、小正月儀礼に欠かせない一種の祭食（忌の食事）だ。霊力のある食べ物が、悪霊のような魔物に打ち勝つと考えられたのである。

桃の力――邪気祓い生命力宿す

3月節供《せっく》は「桃の節供」ともいわれる。旧暦でおこなわれたかつての節供の時期は急激に春めいてきて、桃の花も咲き始めるのが恒例だ。とはいえ、3月節供、ひな祭りになぜ桃が登場するのだろうか。

3月節供はもともと人形《ひとがた》に悪霊を付けて流すという、一種の禊祓《みそぎはらい》であった。桃もまた邪気を祓《はら》ったり、悪魔よけなどの特殊な呪力《じゅりょく》を持つと古くから考えられていた。節供のころに咲く桃の花を供えて、農事の重要な折り目に際し悪霊邪気を祓ったことから、「桃の節供」の別名が生まれたのだろう。

神話伝承によれば、伊弉諾尊《いざなぎのみこと》が黄泉国《よみのくに》から戻る時、追ってきた雷《いかづち》（鬼の一種）から逃れるために桃の樹の下に隠れ、桃の実を採って雷に投げつけると退散した。これを「桃を用《も》て避ぐ縁《ことのもと》なり」（『日本書紀』）というのであった。時代が下って、平安時代には追儺会《ついなえ》（鬼やらい）には桃の杖・桃の弓などが疫鬼《えっき》を祓う呪具として用いられた。

桃といえば昔話に出てくる「桃」の子、太郎は、桃から生まれ、長じて鬼を退治する物語だ。桃の霊力にあやかった話で、鬼なる悪霊を退散させるのに桃太郎はふさわしい存在だったといえる。

ところで、戸月（大仙市）の鎮守に龍蔵神社が

男鹿市の赤神神社の神影（部分）に描かれている、西王母が漢の武帝に桃の実をささげる図。西王母は不老不死の女神として道教の中でも受け入れられていた

あり、祭礼は3月節供の日としてきた。この祭りには、特に男子2歳になると2尺ぐらいの柳の枝に銀紙を巻いた弓を2張りつくり、アシやカヤの矢を添えて神社に奉納し、無病息災を祈るものだったという。女子はまた3歳の時に、いろいろな布で小袋をつくり2袋を持たせて神前に供えた。

この祭礼を土地の人は「桃祭り」と呼んでいたようだ。だとすれば、柳の弓ではなく、もともとは桃の木ではなかったか。小袋も桃の実を表していたのではなかろうか。桃に備わる霊力によって悪鬼や傷病を祓うだけでなく、桃の実が実際に多く生《な》ることをみて、花や葉の旺盛で強い生命力を持つことにあやかり、子孫繁栄と子どもの健やかな成長を祈ったに違いない。

赤神神社（男鹿市）に伝わるなまはげ由来伝説などが描かれた縁起絵には、漢の武帝にささげる女神西王母《せいおうぼ》の桃の実が見える。3千年に一度だけ実を結ぶという桃を食べると、3千年も長生するとされる。なまはげの起源にこうした縁起が取り入れられた背景には、桃が悪霊を祓い長命をもたらす特別な力があると認めていたからだろう。

螺のこと――精力剤、火伏せの力も

春の彼岸のころは田の雪も消えかかる。山内（五城目町）では初物の螺《つぶ》（田螺《たにし》）を「初螺」といって、とても珍重した。春先の田の土を盛り上げて田面《たおもて》に出ようとしている螺を拾いにいくのだ。

螺は2、3日も水に入れておくと泥を吐くので、それを煮て殻を取り、ニラなどと共に味噌あえにするととても美味だという。鶯野（大仙市）などでは、螺をたくさん拾ってきて、泥を吐かせた後、殻をたたきつぶして身を取り、洗って味噌煮にする「螺貝焼《つぶかや》き」を食べた。

いずれも水田で捕れる螺を精力剤とも考え、田打ちなど春の重労働に耐えるための食べ物の一つとしていた。初螺を食べることは、本格的春の到来と、農事の始まりを祝う意味合いもあったとみられる。

その一方で「螺を食べてはいけない」という地域がある。その一つ、中川（仙北市）の山中薬師は眼病に利益があると知られたが、願掛けには「螺を食べることを絶つ」としなければならなかった。

もっと不思議な話がある。左手子（秋田市）の日吉神社の寛政4（1792）年の由緒書によると、大同元（806）年3月15日に社地そばの田から平円形の金属1枚が出た。これは何かと物知りに尋ねたところ、山王神の御神体と分かり、社に安置して毎年祭礼をおこなうこととなった。後年、村人にこの神から「我、年久しく田の中にありて、田螺を愛せる。汝ら必ずこれ（田螺）を食うことなかれ」との託宣があり、村人たちは今日まで田螺を食べることはないという。

また、社殿が燃え上がる火災があった時、御神体に螺がびっしりと張りついて、御神体だけが火事から免れたという言い伝えが残っている。まさに螺は神使のようにみられ、火伏せの霊力を持つと考えられていたのだ。

笹子（由利本荘市）では旧暦3月24日、秋葉神社の祭礼がある。祭礼では村中をはじめ近在を獅子舞で火伏せ祈祷《きとう》をして回る。この時、家では門口に螺を桶《おけ》や容器に生きたまま入れて迎えた。この獅子の巡行が終わらないと螺は食べられないとされたのだった。螺は水を吐くことから連想して、火難から守るとみられたのだろう。

角館（仙北市）地方で旧暦初午《はつうま》の日に螺を屋根

田植え後に、湧き出すように姿を現す螺＝1998年、秋田市雄和

越しに投げると火伏せになるというまじないも、螺の霊力にあやかった風習だったに違いない。

賭け事——勝敗で作の豊凶占う

博打《ばくち》（賭博）は反社会的行為である。だが博打の歴史は古く、既に古代には始まっていたらしい。

朱鳥13（698）年には禁令が出され、博戯遊人の徒を取り締まり、賭博の場所を提供した宿主まで処罰されたらしく、このころには金銭や財物を賭けて博打をすることが広くおこなわれていたといわれる。

その博打はもともと、祭りでの占いと深いつながりがあったと考えられる。というのも、各地で社寺の祭日や縁日にしばしば賭け場が開帳されていたことや、民間でもその流れをくんだものが残されていた。

本郷（にかほ市）の某家氏神である稲荷神社の丸石はよく借り出されたという。というのも、その丸石を懐に入れて博打をすれば必ず勝つと信じられてきたためだ。万一、負けると丸石は、すぐさま懐から飛び出してしまうというほど験《しるし》があるといった。

富木隆蔵著『日本の民俗秋田』（1973年）には「正月中、若者たちが宿に集まりホッピキをした」とある。ホッピキとは賭け事の一種で、1メートルくらいの縄を参加人数分用意し、1本だけ先を結ぶか一文銭を付けて当たりとする。1人が胴元となり物を賭ける。胴元の掛け声により1本ずつつかむと、胴元は手を離し、印のついた縄を引き当てた者が賭け物を手に入れる、というものだ。

そうしたホッピキは各神社の12月の夜籠祭《よごもりさい》（神社の年取り日）でおこなわれることが多かった。比内（大館市）では、12月15日を「ホウビキの日」としていたもので、村の若者たちが盛んにおこなったという。結局、ホッピキ、ホウビキは「宝引き」のことで、これを引き当てた者は一年の幸運がついていると考え、他の若者たちは「良い嫁もらえ、良い嫁もらえ」などと当てた若者をはやし立てたという。

また、樋口（能代市）の稲荷神社では旧暦初午《はつうま》の宵宮

樋口（能代市）の稲荷神社の祭礼でおこなわれるウマッコ＝2003年

祭に、「黒札」（通称ウマッコ）の賭け事がおこなわれてきた。宵宮祭は夜籠ともいわれて、一晩お宮にこもって祭りをして過ごすものだ。この時の賭け事の勝敗は、人の力ではなく神意に委ねられると信じてきたことから、勝てば幸運が授かるとされ、その年の作が良いともみなされていたらしい。

要するに、民俗として発展した賭け事の大半は勝敗を決することによって、結果的には作の豊凶の判断を神から授けてもらうことにあったとみていいだろう。

第三章　生活の起源を探る

オオフトの足跡――沼地で生まれた伝説

「あし」は漢字で書くと足、脚、肢。欧米諸国では部位をフット（足首から下）やレッグ（太もも付け根から足首まで）とはっきり区別しているが、日本では、それほど明確に使い分けてはこなかった。ただし民俗的には古くから、足（股から下）の部分が民間信仰の対象となっていたようだ。

三崎（にかほ市）には、一部がへこんで鶏の足跡のように見える自然石が現存する。手長足長という悪鬼がつけたという伝説が残っている。手長足長は極度に長い手足を持つ巨大な化け物といわれるが、足跡は言い伝えとは反対にまことに小さなものだ。

手長足長は、三崎の沖にある飛島（山形県）まで一またぎにしたといわれるほど手足が長く鬼のようなものだともいわれてきた。その小さな足跡は、何とも得体の知れない畏怖感を伝えるようだ。

また、オオフト（大人）のつけたという足跡が県内各地に残されていた。たいていは沢合いのくぼ地に水がたまっていて、いわば沼地のようなものだ。それが物の怪《け》とか巨大な人が踏んだ足跡に見えることから、地域伝説が自然と生まれたのかもしれない。

小沢口（能代市）では、ママの沢の流れが入り込む所のくぼ地に水がたまって沼のようになっており、これがオオフトの足跡であると古くから伝承されてきた。

井内（井川町）の赤沢にもオオフトの足跡という地がある。この辺りにオオフトがいて、井内山を越えて八郎潟を一またぎにして、男鹿の山に行こうとしたという。八郎潟をまたいだのはいいが、オオフトの着物が井内山の棘《いばら》に引っ掛かってしまい、思い通りに足が着かずに、ついに転がり、海に深く沈んでしまったという。赤沢のくぼ地はオオフトがまたぐ時につけた足跡だというのだ。

また、下黒瀬（秋田市）の沢にある大きな沼は昔、坂上田村麻呂によって高尾山（同市）から追い出された夜叉鬼《やしゃき》が逃げる際につけた左足の跡だという。その親指辺りの所からは今でも清水が湧いている。

こうしたオオフトや巨大な物の怪などは巨大さを表す足跡を残しているが、共通しているのは人に危害を及ぼしたという伝承がない点だ。

その足跡は、くぼ地でいつも水が満たされていて、稲作に不可欠な水源地を与えてくれる存在でもあっ

今は大きな貯水池となっているが、オオフトがつけた足跡があったといわれている沢間の地＝秋田市下新城

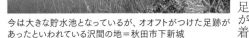

た。恐らく、このオオフトというのは人に利をもたらす山ノ神に近い存在だと捉えられていたのではないか。

土筆——旺盛な生命力の象徴

原野、道端の至る所に生える土筆《つくし》の姿は、厳しく長い冬を越えた人たちを、ほっとした気持ちにさせてくれるから不思議だ。

昔から人々は、春と土筆の関係に深く感じ入ったとみえる。『源氏物語』(平安時代中期)では「早蕨《さわらび》」の段で、春先に山里から風流な籠に入った蕨や土筆が届けられたことが書かれている。

江戸中期の俳人・越谷吾山の『物類称呼』(1775年)には「つくつくし。東国にて、つくしといふ。これ略語なり。作州(岡山)にて、ほうしといふ」とある。今や標準和名となった「つくし」は、「つくつ(づ)くし」であったものが縮められて残された、東国(関東以北)の方言であることが分かる。

秋田の方言をみると、やはり「つくし」系の言葉が残されていた。例えば、ツグシは仙北・河辺・南秋田郡で使われ、ツクスは由利郡、ツクシは秋田市・大仙市・仙北・南秋田・北秋田郡、チグシは雄勝・平鹿・仙北・南秋田郡でそれぞれ言う。これらの呼称には微妙な発音の違いはあるが、「つくし」からなまった言葉だったといえる。

ほかにも、ジックベ（雄勝・由利）、ジグベ（秋田市・仙北・平鹿・南秋田）、ジグッピ（仙北）、スクッペ（雄勝・平鹿・仙北・由利）、チンクベ（由利）、ジグボ（仙北）、ズクンベ（平鹿・雄勝・河辺）、ズクボ（仙北・平鹿）などの呼び方がある。ジクベ、ジクビは「つくし」がなまったとみられるが、潟野（仙北市）では、土から生え出た土筆の形を1本の指に見立てたのがジグベだという。とすれば、指首《しくび》と言ったのがジクビ、ジクベと変化していったと考えてもおかしくないだろう。

さらに興味深い土筆の呼び方が秋田にあった。カモクサ（北秋田）、カッパノシンチコ（河辺）、ガンノカモコ（北秋田）、シンチコ（鹿角）、シンチコハレ（平鹿）、ヘビノカモコ（全県）などである。方言でシンチコやカモ（コ）は男の子の性器のことであるから、土

春先に一斉に生えだしてくる土筆。おびただしい数である＝秋田市雄和椿川

筆の形そのままの表現なのであろう。

阿仁（北秋田市）では土筆のことをカモノベロベロ（男の子の性器）と呼び、子供らは2本の土筆を手のひらで揉《も》み、「つくつくし、父《てで》と母《あば》と、つるめつるめ」と歌って遊んだという。

土筆は群生し、おびただしく一斉に生えてくるようにみえる。方言や童歌に性的な表現がみられるのは、精力旺盛な様《さま》を稲作に準《なずら》えていたからだろう。子孫繁栄を促す言葉にあやかり、春に植える稲も精力的に繁茂してほしいという願いが込められているようだ。

厠神——生死掌握、手厚く信仰

厠《かわや》はトイレのことであるが、古くは『古事記』（712年）にその名が見られ、建物の下に水を流す溝を配した「川屋」のこととされている。

昨今では、奈良時代から平安時代にかけて寺内にあったという秋田城跡から、古代の「水洗厠舎《かわや》跡」が見つかったのには驚かされた。今の水洗トイレと原理は同じだというのである。そんな古い時代に既に水洗式が発想されていたとすれば、近代生活はその応用としか言いようがない。

人が生活を営む上で、排泄《はいせつ》は誰しも逃れられない生理現象である。それをどう処理するのかは文化の問題といってよい。

秋田では厠のことを、センチンあるいはセンチ（雪隠）というのが一般的だった。ほかに雄勝、平鹿、仙北地方、秋田市などではカンジョ（閑所）と呼んだり、県北ではコウガ（後架）とも言い、チョウジドコ（手水所）と呼ぶ地域も広い範囲であった。野村（男鹿市）でジョウジドコと言ったのも、厠を意味していた。

そうした厠は、実はすこぶる信仰的に扱われていた。その一つに厠神《かわやがみ》を祭ることがあった。大町（秋田市）では紫や朱色をした八橋土人形で男女2体の座像をカンジョ神として棚の上に並べて祭ったという。一般に県内では正月の春祈祷《きとう》で神官が厠神とした埴山姫命《はにやまひめのみこと》の御幣を祭り、厠に納める。西明寺（仙北市）では毎年4月8日に、2本の剣を描いた小絵馬を毎年厠に掛けて奉納している。

上郷（にかほ市）では厠に小さな床の間をつけて掛け軸を掛けておく家もある。小正月には厠神に奉納するといって、綿を入れた三角の袋（左）を数個つり下げる

谷地新田（横手市）では、1月15日に、きれいに厠を掃除して、半紙に剣の図とその両脇に家族の人数分の目の図を描いて貼った。間木（東成瀬村）ではオフンドサマ（不動尊）を祭るという。小正月の日にろうそくと餅を供える。ついで厠の中でわらで輪を二つ作り、つり下げた。そして「腹の病気さ、えでけな（いないでくれ）、眼《まなぐ》の病気さ、えでけな」と唱えると、目や腹の病気に罹《かか》らないとした。

脇本（男鹿市）ではカンジョ参りといって、生後7日目の赤子を抱いて厠のカンジョ神を拝んだ。吉田（横手市）周辺では、厠の中で考えついた妙案や奇策を「センチ知恵」といって、これも厠神の利益だとされている。

どの地域においても、厠を不潔にしておいたり汚すことは戒められてきた。それは、厠神には手足がなく、口で掃除をするからだと信じられていたため、神様に掃除をさせるのはもったいないと考えられていたからである。

厠神の信仰は多岐にわたるが、厠があの世（地下の世界）に通じているという伝承もあり、外小友（大仙市）で出産の時にはカンジョ神も立ち会うとか、若木立（小坂町）では厠で発病すると危篤に陥るなどのように言われる。この神は生死を掌握する神でもあったからこそ、実に大事にされてきたのである。

豆腐の魅力――信仰儀礼にも用いる

天明2（1782）年、豆腐を使った料理100品と作り方が記された『豆腐百珍』（醒狂道人何必醇《すいきょうどうじんかひつじゅん》著、大阪春成堂版）が刊行された。すぐに評判となり、大人気を博したという。豆腐がいかに優美な食べ物として好まれてきたかを知ることができる出来事だろう。

豆腐の歴史は古く、寿永2（1183）年の春日神社（奈良県）の『供物帖』に「唐府《とうふ》」とあるのが最初という。つまり、豆腐は始めから神にささげる神饌《しんせん》（供物）にされるほど、信仰的なものだったといえよう。

豆腐は、白さも特徴の一つである。角館（仙北市）や増田（横手市）に「豆腐の病気」という昔話が伝わる。豆腐が病気になり、牛蒡《ごぼう》が見舞いに行くと、「お前のような色黒の見舞いは受けぬ」と不機嫌になる。次に人参《にんじん》が行くと、「お前のような赤面《あかつら》の見舞いは受けぬ」という。次に大根が行くと、「見舞いはありがたいが、こうなってはまた元の豆、マメ（元気）にはなれぬ」と言って豆腐が泣いた。

豆腐は「腐」という字を用いるので、豆が腐ったのを病気と勘違いして嘆いている話である。大根の見舞いだけを受けるのは、豆腐も大根も白いという共通性があったからだと思われる。

豆腐の食習がハレの日の料理として重んじられてきたことは、冠婚葬祭の儀礼料理に必ず豆腐料理が並ぶことから分かる。本膳料理にも付けられるが、県南地方では豆腐料理が引き物とされていた。豆腐巻きはその一つだ。仙北・平鹿地方ではお膳の口取り料理として、料理人を頼んで豆腐巻き（豆腐かまぼこ）などを付けたという。

田子内（東成瀬村）では、12月8日を豆腐炙《あぶ》りの日といって、田楽豆腐を作り食べる風習がある。一年の物事のけじめの日に、豆腐を炙ることで病気を焼き祓《はら》い、明年の豊穣《ほうじょう》のために健康で勤勉に働けることを願ったものだ。また、大町（秋田市）の金神神社では、10月の祭礼に葱味噌《ねぎみそ》豆腐を供え、皆でいただく神事がおこなわれている。悪病を祓うという。

このように豆腐が珍重されて信仰儀礼にまで用いられてきたのは、豆腐の白さに浄《きよ》め祓いの力があるとみたからではないだろうか。

それだけに豆腐は食用ばかりではなく民間療法

金神神社（秋田市）の祭りで神前に供えられた豆腐（左上）と葱味噌（右上）。この豆腐を食べると病気にかからないといわれている

にも使われた。豆腐を崩して生姜《しょうが》おろしと小麦粉を混ぜたもので胸を湿布する（秋田市）、という解熱方法などもあった。

「食は上薬」ということわざのように、昔は身の回りの少ない食品で、味を工夫しながら栄養に気を配ってきた。身近な食品に人知では捉え切れない神秘的な聖性があることを認めたとき、人々は優れた効力が発揮されると考えたに違いない。

大力の話――子ども抱くと授かる

「火事場の馬鹿《ばか》力」という慣用句がある。切迫した状況に置かれると、普段には想像できない力を無意識に出すことの例えとして使われる。そのような潜在的に持つ不可思議な力は、「馬鹿力」のほか「くそ力」などともいい、何となく揶揄《やゆ》した表現だ。

だが、ある特定の人だけが持つ人知を超えた巨大な力、すなわち「大力《たいりき》」は、畏怖感に発した信仰心から、力そのものを讃《たた》えたものであったと思われる。

柳田国男は、「秋田県仙北郡の村々には、子どもを抱かされて力を授かったという話が多い。この力を授かった者は外から見ると手足各四本ずつ（二人前）に見えるという。オボウ（赤子）を抱いた、オボウヂカラ授かったなどと家々で話す。ウブヂカラに神秘力を感ずるからであろうか」と言っていた。つまり、何らかの神霊との交渉により大力を得ることができたからこそ、大力が崇《あが》められてきたのだろう。

　横手（横手市）に大力を授かった話がある。その昔、さる武士が登城したとき、途中で女から赤子を預かる。親切に赤子を抱くと次第に重くなる。そこで赤子をよく見ると、赤子の口は耳まで裂けていた。思わず念仏を唱えると、赤子は消える。戻ってきた女は山ノ神だと名乗り、念仏により難産の子が無事に生まれたと、礼をいう。山ノ神からの礼として大力を授けられた武士は、手拭いを絞るとボロボロになるほどの力持ちになって、ついには片手で傘を差し、片手で大石を持ち登城した。それで、皆はとても驚いたというのである。

　この話は、江戸時代初め横手に実在したとされる妹尾兼忠のことらしい。まさに、オボウヂカラを得て大力となったものである。この伝承説話は幕末以降、講談師桃川如燕《じょえん》が脚色して、「溝口半之丞」と名を変え

横手城跡（横手市）に立てられている妹尾兼忠の碑。「大力無双」と刻され、大杉材を振り回して暴徒を駆逐したことが見える

て口演されたもので、小泉八雲は『日本奇談』に収載した。

仙北郡ばかりではなく坊沢（北秋田市）にもオボの神から大力を授かった男、ボウザワノ徳の話が伝わる。オボの神は産神であると同時に美しい女の山ノ神だという。山は樹木や食料となる植物、動物、そして水といった生活を潤すさまざまな物を与えてくれる。だから山の豊穣《ほうじょう》は精神的にも大きな力となって支えてくれるものだ。計り知れない大きな山をつかさどる神が山ノ神だから、その力も強大とみたのであったろう。

佐々木喜善は『東奥異聞』（1926年、坂本書店）に五城ノ目町（五城目町）に横車ノ大八という希代な大力士が、真冬の太平山（秋田市）山頂にこもり、やはり赤子を抱いた女に身をやつした三吉大明神から大力を授かった話を載せている。そういえば、今日でも三吉神は力の神とあがめられている。

犬の霊力――人知超えた福徳望む

今日、愛玩動物である犬の人気は非常に高い。それもそのはず、犬は縄文時代早期のころから人と一緒に生活をしていたらしいのだ。

昔話の「花咲爺《はなさかじじい》」では、飼い犬は老夫婦に富をもたらした。これは室町時代末期ごろに成立した勧善懲悪の話とみられている。秋田では、高堰（大仙市）に伝わる灰をまいて雁《がん》を捕る「雁取爺《がんとりじじい》」などのように、「犬こ昔」の物語として多くある。

犬こ昔には、犬の性格や性質が見事に盛り込まれている。嗅覚が鋭い、人に懐きやすい、飼い主に従順など、犬の特別な能力が、人知では計り知れない不思議な力となって威力を発揮した話になったようだ。

柳田国男は「雁取爺は東北で犬コムカシと呼ばれ、川上から流れてきた木の根っこから生まれた犬が狩猟で獲物をもたらすという異常誕生の小さき子のモチーフを有し、花咲爺の祖型である」と指摘している。犬と狩猟の関係も重要であった。葛原（大館市）の老犬神社は狩猟犬の霊を祀《まつ》った神社だが、由緒には犬と狩猟の関係を端的に伝えている。

犬の霊を祀る長走（同市）の多茂木神社にはこんな話が伝わる。

昔、村に犬が現れすみついた。犬は日中子供と遊び、

他領に入り捕まったマタギの佐多六を助けようと、巻物（免許状）を取ってきたという忠犬の霊を祀る老犬神社＝大館市葛原

夜は寝ずに村を回り火難や盗難から守ってくれるので、犬神様として崇《あが》めていた。やがて、犬に子が生まれた。その後、村が干ばつに見舞われたため、犬神様に願を掛けたところ、犬の親子（犬の自分たち）を滝つぼに投げ込め、というお告げがあった。聞きつけた隣村の山師が、犬神様の親子を滝つぼに投げ込んだ。すると、たちまち大雨が降り、秋には村は豊作になった。ところが、山師の村では大雨のために木材がみな川に沈んでしまった。長走では犬の親子を滝つぼから探すと、抱き合うような形の石が見つかったため、これを犬の化身として神に祀った。

雄勝平鹿仙北地方では、小正月に餅犬を障子の桟や戸口に飾る風習がある。盗難よけと五穀豊穣《ほうじょう》を祈るためという。犬は安産の象徴ともされ、これにあやかって人が妊娠すると5カ月目の戌《いぬ》（犬）の日に帯祝いをする風習は各地にある。さらに、江戸時代に犬がはるか神宮（三重県）を参詣し神札を受けてきた、という伝承が御指南町（能代市）などに伝わる。

このようにみると、犬神社など、犬の特別な霊力を崇めることが、人知ではどうにもならない生活の事柄について福徳を得ようとしてきたのだ、といえまいか。

鴉は賢いか――神の使い、伝承数多く

鴉《からす》は本当に賢いか。

鴉が胡桃《くるみ》の殻を割り、実を食べる風景は日常的に見られる。だが、鴉は自らの嘴《くちばし》であの硬い胡桃の殻を砕くのではなく、空中から落下させて割る知恵も身に付けているらしい。道路に置いて車に轢《ひ》かせて割るなどの行為も間々ある。その一方で、胡桃がなぜこんな所にあるのかと見れば、どうも鴉が落としていったものと気が付く。鴉が賢いという裏に、忘れる習性もあるらしいことが分かる。

そんな鴉を民俗のまなざしで捉えると、意外な面がみえてくる。鴉は自らの特別な能力によって、人々から崇《あが》められていたのだ。

鴉には予知能力があると思われていた。大沢(横手市)では「鴉が鳴くと人が死ぬ。だが、死人の出る家には鴉の鳴く声が聞こえない」という。鴉の鳴き方や調子を聞き分けていた人々は、鴉は普通の鳥とは違うとみていた。

塩越（にかほ市）の熊野神社祭礼渡御に供奉する「鴉」の作り物。3本足の八咫烏（やたがらす）は熊野神の神使として崇めている

畑谷（由利本荘市）では「この世には人、1人に対して鴉1羽が存在し、人が死ぬと鴉も死ぬため、人が死ねば鴉鳴きが悪いのだ」と言われたのである。熊野大社（和歌山県）の鴉は神使《しんし》として崇められている。神への誓いを破ると、神使の鴉が1羽死ぬと言われてきた。鴉が神の使いだと信じられてきたのは、実に古い伝承であった。

正月行事にも鴉が登場する。鴉勧請《からすかんじょう》という習俗である。比内（大館市）地方では11日の朝、「ポーポオー」と叫びながら鴉を呼び寄せて餅を与え、残った餅をわらに付けて立ち木に下げておくとされた。鴉を呼び寄せても来なかったり、木に下げた餅も7日の間に鴉が食べてくれないと、その家には不吉なことが起こるといわれた。

院内（にかほ市）七高神社の年占神事でも、にぎり飯を境内の木の台に供えて、鴉が食べてくれるか否かで、稲作や米価の良しあしを占う。鴉を呼び寄せたり、鴉の行為によって何らかの予兆を見て取ったのである。

その昔、三崎（にかほ市）に3本足の鴉がいて、通行する人々を捕らえて食う手長足長という悪鬼がいるときは「有耶《うや》」と鳴き、いないときは「無耶《むや》」と鳴いて人々に教えたとされる。3本足の鴉は『古事記』による神武天皇の東征に当たり、御先《みさき》として仕えた鴉でもあった。

今では鴉が嫌われることもある。嘴から足の先まで真っ黒であり、鳴き声が不気味な響きを持っているゆえかもしれない。だが裏には、賢さ以上に神聖に近い存在であったことが影響していよう。

要は、神使として予兆まで示す霊力のある鴉に、人がやたらに近づくことを忌み嫌った。そのために、鴉を嫌うようになったと理解されるのである。

鉢巻き――魂縛り生命力を増幅

「祭り」は日本文化の芯といえるほど、現代も全国各地で盛んだ。祭りを生き生きとさせているのが神輿《みこし》の渡御《とぎょ》行列であろう。祭りの中心は神様だが、祭りを担《にな》う人々の中でも神輿を担ぐ若者を「荷輿手《にないて》」という。そして、祭りの荷輿手はたいてい鉢巻きをしている。

いったい鉢巻きとは何だろう。祭りの時に細長い布を額に巻き付け、横で縛ったり、後ろに縛ったりするが、それは何のためなのか。

鉢巻きは相当早くからあったらしい。『魏志倭人伝』（3世紀末）に見える「木緜《こうぞ》を以て頭に招《か》く」というのが、鉢巻きといわれる。しかも男に限られていたという。後になって鎌倉時代以降は、武士が軍陣に際して鉢巻きをするのが定めのようだった。鉢巻きが武装の一つと考えられていたことに通じるかもしれない。

今日では、受験に向けて猛勉強をする時に鉢巻きをキリリと締めるほか、運動競技会などで応援者が鉢巻きをして盛大に声援を送ることもある。もちろん、選手の鉢巻き姿はままあることだ。こうしてみると、何か物事をなすに際して、自らの精神に気合を入れるために締めているようにみられる。

喜多村信節《のぶよ》『嬉遊笑覧』（1830年）によれば、「鉢巻きは男女ともにふるきふりなり」といい、「田舎の女は木綿の単衣《ひとえ》なる物を帯したる上に簪《かんざし》、鉢巻きするを礼服とす」とある。鉢巻きが立派な礼装として、威儀《いぎ》をただすことになるという。

そればかりではない。花輪（鹿角市）などでは、女が寝るときにビンジメとか鉢巻きとかいう布を頭に巻いた。刺した染め布の中ほどを太くして半幅を二つ折りにしたものを、頭に一回しして額で結ぶものだ。老人は冬には昼でも頭に巻き付けていたという。そのほか、床に伏せた病人や、子守をする人など、鉢巻きをする風習は生活に

秋田市の土崎神明社祭曳山（ひきやま）行事。子供たちもねじり鉢巻きをして、山車の引き回しの荷輿手となっている

も深く根ざしてきたといえる。

赤沼（秋田市）の梵天《ぼんでん》といえば、正月17日に行われる太平山三吉神社の祭礼だが、梵天をかざして先陣を競い激しくもみ合う者たちも、決まって鉢巻きを締めている。さらに、梵天は神の標《しるし》の幣束《へいそく》（御幣）をかたどったものといわれるが、梵天そのものにも鉢巻きをしていたのだ。

とすれば、鉢巻きをするということは、頭に巻き付けて縛ることによって、自己の霊魂を外に遊離させないようにするためであると考えられよう。さらに、鉢巻きによって強固にされた霊魂から、新たな生命力が生みだされると思われたのではなかろうか。だから、子守の鉢巻きも、病気の時の鉢巻きも、祭りの鉢巻きも、どれもが生命力を増幅させる力があると思われていたに違いない。

イルカの神社参詣——回遊する群れ崇める

かつて、イルカは北日本海沿岸にも頻繁に去来していた。イルカはクジラと同様とみられ、伝統的に肉を食料としていた。平鹿郡、雄勝郡地方では、主として冬期間の料理にのぼる。味の濃い味噌煮としたものが主だが、栄養価も高いことから春耕を控えた冬に食べることにより、健康を保持しようとしたものとみられる。

イルカもクジラもほとんど余すところなく利用されてきたという。小砂川（にかほ市）では塩漬けにしたイルカの肉は、春から夏にかけても食べられていた。

イルカを食べる風習は、イルカ漁が盛んであったことを裏付けるのだが、その一方で、イルカを崇《あが》める信仰もあった。海岸近くで回遊するイルカの群れを見て、その近くの神社を参詣するために寄って来たとみたのだ。

小砂川の八幡神社の祭礼は春だが、神社のすぐ下の澗《ま》にイルカが群れでぐるぐると回って泳ぐことがあるという。これはイルカの神社参詣なのだとされた。塩越（にかほ市）の海津見《わたつみ》神社の祭礼は秋の初めだが、決まってイルカの群れが近海に現れ回遊を始めると、人々は「イルカが祭りを見に来た」と言った。

大正時代、天王（潟上市）と船越（男鹿市）との間にある船越水道から八郎潟に入り込んだ8頭のイルカ

明治22（1889）年ごろの小砂川下浜には、たくさんのイルカが寄ってきたことが見える（吉右衛門家蔵文書）

を漁師たちが捕獲した。イルカがなぜ八郎潟に入り込もうとしたのかというと、迷い込んだのではなく、八郎神社に参詣するためだったという。この船越浜では、脇本（男鹿市）に向かって群れで泳ぐイルカの姿を見て、脇本天神（菅原神社）にお参りに来たのだ、といった。こうしたイルカを見つけると、その後は海が荒れるといわれ、次の日は決まって大時化《しけ》になったらしい。漁師たちは、イルカの特殊な霊力を感じ取って信仰にまで高めていたのだろう。

能代（能代市）では、享保（1716〜36年）のころに海神の使いとしてイルカが、産土七社権現（日吉神社）に参詣したという伝承がある。

イルカの神社参詣の伝承は何を意味しているのだろうか。柳田國男の『海上の道』などによれば、潮流がこうした文化形成に大きな役割を果したとみて、時を定めて回遊する動物を漂着神と同一視して考えてよい、というようなことを述べている。

イルカなどが海辺の聖地（神社など）を訪れるとみた人々にとっては、イルカの彼方（かなた）に理想国である常世国《とこよ》があることを感じていたのではないだろうか。イルカを食料とすることに深い感謝と、イルカがもたらす幸福感を崇めていたのだろう。

「袋」――大事な物を隠す役目

日頃の生活で、人は一体どれくらいの「袋」を持っているのだろうか。巾着袋や角袋《つのぶくろ》（風呂敷袋）、お守り袋など、ざっと数えてみても相当数あると思われる。

袋は比較的柔らかい素材で作られている。長い間に多様化され、さまざまな形状を生み出してきた。物の携行や保存のほか、腰に下げたり、懐に入れたりなど装身具としての袋もあり用途は広い。ともかく、袋は日常生活において不可欠なものであることに違いない。

「袋」の初見は、『古事記』（712年）にある、兄神たちが弟神の大国主命《おおくにぬしのみこと》に持たせたという袋であった。また、日本武尊《やまとたけるのみこと》が東夷征伐の折に、「火打ち袋」を太刀の元に付けていたので、難を逃れたことも書かれていて、古代にも袋が用いられていたのがはっきりしている。

わが国最古の漢和辞書といえる『和名類聚抄《わみょうるいじゅしょう》』（934年ごろ成立）によれば、「袋」「嚢《のう》」と見え、「中に物を入れて、口を閉じるようにしたもの、紙、布、革などでつくる」とあるから、少なくとも千年以上前に、既に袋は生活で生かされていた。やがて、袋屋というさまざまな袋を商う専門的な店もできた。

そもそも袋は、物を入れると「ふくれる」ことから「ふくろ」という。初めは、穀物などを入れて運ぶために用いられたと考えられている。食生活の糧《かて》ともなった稲など、最も大切なものを入れて運搬したり、保存するために不可欠となったのが袋であったのだろう。天平（729〜49年）ごろの正倉院御物に琵琶《びわ》袋、薬袋など古い袋が伝えられているように、大事な物を入れるのが袋であった。

石沢（由利本荘市）では、風呂敷大くらいの布を筒状にして縫い付け、下口だけを閉じて上は紐《ひも》で縛るようにしたガッサイ袋があった。一切合切、物を入れることができる重宝な袋が常備されていた。小滝（にかほ市）にある奈曽の白瀑《しらたき》伝説には、何でも自在に出てくるという不思議な「如意袋」の話が伝わる。

戸月（大仙市）龍蔵神社の祭礼には、女子が3歳になると必ず米糠《こめぬか》を入れた布の小袋を2個奉納したという。恐らく米糠は稲作を象徴して子供の成長を祈ると同時に、豊穣《ほうじょう》を促すためのものだったのではないか。

中身は見えないだけに、袋にはとても大事なものを隠して保持する役目があったのだろう。母親のことを「おふくろ」というのも、母のイメージがふっくらとした、

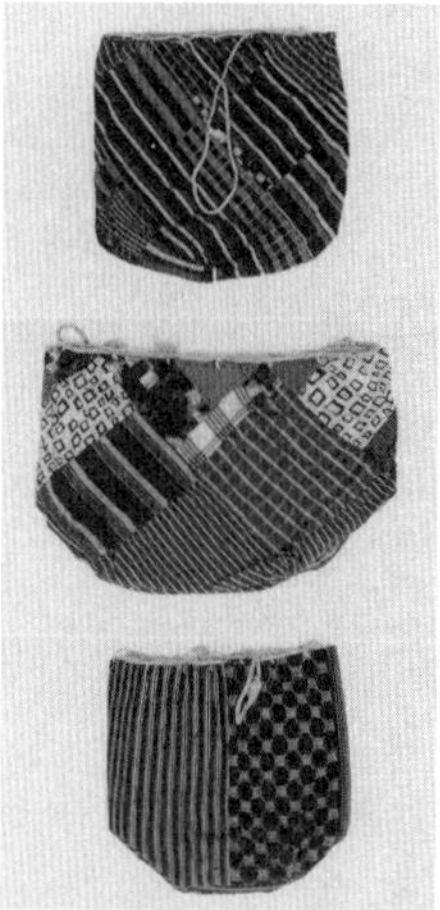

大事な物を隠して保持するためとみられる昔の袋。中は見えないようになっているが、外は見られることを意識して、きれいな布を接ぎ合わせて作ることもある

また大切なものという意味を含めていたからではなかろうか。とすると、「袋」には外敵から保護する役目もあり、人々はある種の不思議な霊力が存在するとみていたのだろう。

鎌――不思議な呪力を信仰

田植えが過ぎると、野原の草は勢いよく背を伸ばしてくる。特に田の畦《あぜ》の草も目立って大きく生えるようになる。畦の草は稲の作柄に大きく影響するという。

日常生活に不必要であり、農耕に影響する草は必然的に駆除されるが、ここで活躍するのが「鎌」という道具である。鎌は鍬《くわ》と並んで古代農耕に大きな変革をもたらした農具といわれてきた。

草刈り鎌は全国ほぼ同じと思われるが、実は地域によって大きな違いがある。一般的に東日本は刃の幅が大きく、柄は上向きに付けられている。作り方も大別でき、近畿以東では地金の片側に刃金《はがね》（鋼）を付けている。これは使用法にも大きく影響しており、1丁の鎌を最初は草刈り鎌として用い、刃が減ってくると稲刈り鎌として使用した。

民俗では、鎌は収穫を左右する農具とされ、大切に取り扱われてきたに違いない。その証拠に、「鎌祝い」「鎌収め」「鎌上げ」がある。稲刈りが済んで2、3日後、鎌をきれいに洗って神棚や床の間に上げて、御神酒に赤飯や餅などを添えて供え、収穫に感謝して親類縁者に振る舞いをした。鎌に感謝の気持ちが込められてきたのであろう。

ところで、鎌は意外なところで活躍していた。大湯（鹿角市）などでは、大風の吹くときに、風の吹く向きに杭《くい》を立てて鎌を結わえておく。鋭い刃の付いた鎌が大風を切って、風を鎮めてくれるというのだ。風が通り過ぎた後の鎌には血が付いている、という伝承もあった。

昔、土葬の多かった時代には、埋葬した墓の上に、三角錐《すい》に立てた杭に鎌をつり下げていた。鎌が魔よけになるとされ、死者に取りつく魔性のものを寄せ付けないためだった。

赤塚（湯沢市）の白山神社には本物の鎌や作り物の鎌が夥《おびただ》しく納められている。疱瘡《ほうそう》や腫瘍《しゅよう》などの病気に験《しるし》があるといって、祈願のために鎌を奉《たてまつ》ったのだろう。鋭い刃先を持つ鎌で出来物《できもの》（腫瘍）を削り取って治してくれるという信仰からだ。

保戸野神社（秋田市）の旧暦5月5日（旧端午の節句）の祭礼に頒布される「鎌」の護符。これを玄関などに張り付けて祀（まつ）ると疫病や悪霊が家に入り込まないと信仰されている

保戸野神社（秋田市・旧諏訪神社）の旧暦5月5日（節句）祭礼には、必ず鎌の御札が出されてきた。節句の日の祭りだから、疫病除去の護符とされるのだが、農家にとっては風雨順時の信仰もあったのだ。諏訪大社（長野県）では鎌を神幣として風鎮めの意を込めて鎌を神輿《みこし》に立てた。鎌が、豊凶を左右する悪風を薙《な》ぎ（切る）倒す、という信仰であった。

鎌に対して人々は、農耕法を格段に進化させた重要なものという意識があり、それゆえ大事にされてきた。その一方で、不思議な呪力もあると感じていたのである。

曽我の雨――仇討ち物語がルーツ

科学の発達した現代でも、天候のコントロールは決してままならない。正月に行う年占いは、その年、一年の天候や作柄などを予兆するものであって、神意に委ねられていると考えられてきた。

特定の日に必ず雨が降るという伝承がある。大町（秋田市）ではねぶり流し（七夕・竿燈）の日には一粒でも必ず雨が降るといわれた。女米木（秋田市）では、新波神社祭礼日に雨が降ると10日後の高尾神社の祭礼は必ず晴れる、またその逆もある、というのだ。

神社の祭礼日や節日など一定の日に雨が降るという伝承はかなり古いらしいが、それが当たるのは、長い間の経験や知識による伝承が一役買っていたからだろう。

ところで、陰暦（旧暦）5月28日もまた、雨が降るといわれてきた。平鹿地方では「曽我の雨」といって「五月二十七日雨降る」という記述が『秋田県の迷信俗信』（1939年）に載っている。確かに、新成（羽後町）では5月27、28の両日は曽我の雨といい必ず雨がある、といわれてきた。『新成郷土誌』（67年）に「五月二十七日曽我」と見えるのは、雨が降ることを単に曽我とも言ったのだった。

「曽我の雨」というのは、鎌倉時代初めの曾我兄弟の仇討《あだう》ち物語に由来する。曾我十郎、五郎の兄弟が、父の仇《かたき》である工藤祐経《すけつね》を討ったのが5月28日の夜で、激しい雷雨の中だったといわれる。兄弟にとっては本懐を遂げた喜びの涙雨であったのだろう。

阿仁（北秋田市）の根子番楽（国指定重要無形民俗文化財）演目に「曽我兄弟」があり、人気を博してきた。歴史や説話、武勇伝などが単なる物語ではなく、父祖

阿仁で演じられる根子番楽。曾我兄弟の仇討ち物語は、曾我「五郎」の音が御霊（ごりょう）と結びついて怨霊となることを恐れた信仰もうかがえる

からの情緒や感動として受け継がれてきたことは、番楽の存在を確かなものにしていよう。

その一方で、毎年一定の日に雨が降るという民俗は、必ず雨が降ることを望み、期待することによるらしい。田植え前後には大量の水が必要であるため、稲作の成功を左右するほど大事な意味を持っていたに違いない。

大藤時彦は『日本民俗学の研究』（79年）で、諸国の社寺祭礼に決まって雨が降るという伝承がある背景について、古くは雨が降ることを、神が人の祭りを受け入れた験《しるし》として見ていたらしい、といっている。雨が神霊の世界と関わっていると考えられていた。

「曽我の雨」は、曾我兄弟の武勇が外敵の悪霊まで討ち込めようとする力を持つものとなり、その信仰は神霊のうちにあった「雨」にまで高まり、「曾我」の御利益として認められたのであろう。

口笛のこと――霊招く音、夜は避ける

口笛は口をすぼめ、呼気や吸気によって笛のような音を出すものだ。口に指をくわえて鳴らす指笛と区別されることが多い。口笛のことを雄勝、平鹿、仙北地方では「おそぶえ」、

河辺郡では「ほそびき」と言ってきた。阿仁（北秋田市）では「おそびき」と呼んだ。

おそぶえというのは、口笛を意味する古語の「うそぶき」「うそむく」が、吹くの連想から笛が用いられ「うそぶえ」となり、さらに「う」が「お」に変えられたとされている（『秋田のことば』２０００年）。

ほそびきは、口を細めて鳴らすことからいったのだろうか。ともかく、ひょっとこ（火吹男）のような口のしぐさに特徴がある。

相川（秋田市）では、夜にほそびきを吹くと悪霊や鬼が寄ってくるといわれ、極度に忌み嫌われている。門屋（仙北市）では、家の中でおそぶえは吹くな、夜におそぶえ吹けば貧乏神が来るとか、潟野（同市）ではおそぶえ吹けば手業が飛ぶ、などといわれてきた。

口笛をやたら吹くことは家の栄枯盛衰に関わるほど良くないとされ、手業が飛ぶというように、技術的な手仕事にも大きな影響を及ぼすと考えられたのであろう。平鹿（横手市）では、夜に口笛を吹くと死別する、夜のおそぶえは死を招来するとされる。

笛を用いた祭りの降神作法。笛は口笛の古態とされ、古来より神霊を招く時にも用いられる＝秋田市

阿仁（北秋田市）では、「おそびき」というのはマタギ言葉の一つで、非常時に仲間を呼ぶ合図の口笛のことをいった。またおそびきを吹くと、熊がちょっと立ち止まるらしく、そこを狙い、撃ち捕ったとされる。

羽立（能代市）や豊岡（大仙市）では、田植え中におそぶえを吹くことを戒めており、万一おそぶえを吹くと大風になり、田植えが台無しになるというのだ。

とすれば、口笛を吹くことは魔物や悪風などの、何らかのモノ（霊、魂など）を招くと考えられたに違いない。

古代において、楽器の笛は神おろし（招神）のために吹かれ、その音は神の声とも信じられていたらしい。口笛が楽器の笛に見立てられたのは間違いない。そのため、口笛は本来、神や霊を招く音として、特別なしぐさとして口をすぼめて鳴らしたのであり、やがて悪霊や妖怪、蛇などを招いてしまうことにつながったのだろうと思われる。

夕方から夜にかけて口笛を吹くことを嫌うのは、夕方を「逢魔《おうま》が時《とき》」と言っていたからだ。魔モノに合う時間という、恐ろしくて不安な時。だから、口笛や大声は夜の霊を刺激する行為として避けられていたのだ。

山椒魚――薬効着目、民間療法に

山椒魚《さんしょううお》は種類も大きさもさまざまだが、今では絶滅危惧種や準絶滅危惧種（環境省／2012年）とされるものが多いという。ひところは小さな渓流や水田の溝、池の流入口など緩やかな流れに多く生息しており、まさに身近な生き物の一つであった。

山椒魚は一見するとイモリやヤモリと似ていて、その姿のせいであまり好まれる生き物ではない。しかし、近世初期、寛永20（1643）年ごろの『料理物語』にも食材として山椒魚がみえるというから、昔から食用にもされていたのだった。

日本初の百科事典ともされる『和漢三才図会』（1712年／寺島良安《てらしまりょうあん》）によれば、山椒魚は「川湖中無燐《むりん》魚類」に分類され、鱗《うろこ》のない「魚」の一種とみている。良安が「図会」を編さんしたきっかけは、医者として幅広い知識を必要としていたからだった。山椒魚というが今では「魚」類ではないことは誰でも知っている。医者であった良安は、古くからいわれてきた山椒魚の薬効に関心を寄せていた。食用にもなることを意識して「魚」類に入れたのかもしれない。

山椒魚は近世の本草学で随分と注目され、薬効があることが伝えられていた。佐藤成裕の本草学による随筆『中陵漫録』（1826年）には、千貫虫という生き物について「奥州、羽州（秋田県・山形県）の渓谷に生ずる体長二、三寸（6〜10センチ）の虫がいて、その形は、箱根（神奈川県）にいる山椒の魚という小さいやつである。これを生きたまま飲むと癪《しゃく》（胸や腹のあたりに起こる激痛。さしこみ）の病根を切るという話で、値段が高騰して千貫に近いという。それ故に数が少なくなり、箱根のように大きなのがいない」とある。千貫虫とは、つまり山椒魚のことであった。

　山椒魚を生きたまま飲み込む民間療法は、六郷（美郷町）にもあった。清水にすむ山椒魚を捕まえて飲むと、二日酔いがたちまち治るといった。滝ノ頭（男鹿市）にも山椒魚がいて、これを捕って飲み込むと、胃を掃除してくれるとされた。真山（同）では、春に帯状に産んだ山椒魚の卵をちぎって生のまま飲むと、喘息《ぜんそく》に効くといった。子供の疳《かん》の虫、肺病、精力剤としても効き目があるとされた。

　生きたままのみ込まれる山椒魚は、いずれも春に生まれた幼生のものが多い。滝ノ頭では今木神社の春祭に参詣した人々が捕まえたといい、六郷の清水の傍ら

寺島良安が編んだ『和漢三才図会』による「山椒魚」の説明。「椒魚（はじかみうお）」という名があるとおり、山椒の香りがする、という

には水神を祀《まつ》っていて、これも春先の幼生の山椒魚であった。民間療法にも取り入れられた山椒魚は、そうした神信仰と深く絡んでいたと思われる。

その一方で、実は山椒魚による民間療法には、春からの稲作に従事するため、健康を保持しようとした心意があったとみられてならない。

こけしの信仰——人の霊魂とも関係か

「こけし」という玩具とされてきた木製の人形がある。その語源の一つに「子を消す（子消し）」がある。かつてせっかく子供を授かったが、貧困のために堕胎、間引きせざるを得ず、赤子の命を絶つことがあった。赤子の身代わりとしたこけしを作って飾ったのだ、という説である。

おどろおどろしいことであるが、鳴子（宮城県）では「コケス」と呼んでおり、「子を消す」説は全く否定できないものとみられる。その上、子供の供養のためとして、こけしを祀った、というのもある。一説であるから、もちろん反論があることは承知の上だ。

だが、「子消し」語源説はこけしが素朴な人形として慕われる一方で、人形を形代《かたしろ》とする信仰も見捨て難い。中仙地方（大仙市）では、その年に1軒から死人が2人あると、3人目の死人が必ず出るといわれるため、2人目の死人を埋葬する時にこけし、または横槌《よこづち》をお棺に入れて葬ることがある。要するに3人目の身代わりとして、形代にこけしも使ったらしい。こけしが初めから人の霊魂と関係していたのだろう。だとすれば、「子消し」説は否定し難いと思われる。

これまでの民俗学研究の成果によれば、こけしは東北地方独特の玩具とみられている。かつて東北地方に、木地師という奥深い山を渡り歩き、丸物（椀《わん》・盆・丸膳など）を轆轤《ろくろ》で挽《ひ》いて作る職人が渡ってきた。木地師は、近世後期ごろになると山間にある温泉地に下りて定住するようになり、湯治客の需要に応えるようになる。この時、木地師が発明した玩具に「こけし」があった、というのだ。

こけしの普及には秘密がある。それはこけしのほとんどが、赤い色を主としたかわいい子供人形に仕立て上げられていることである。古くから「赤物」といっ

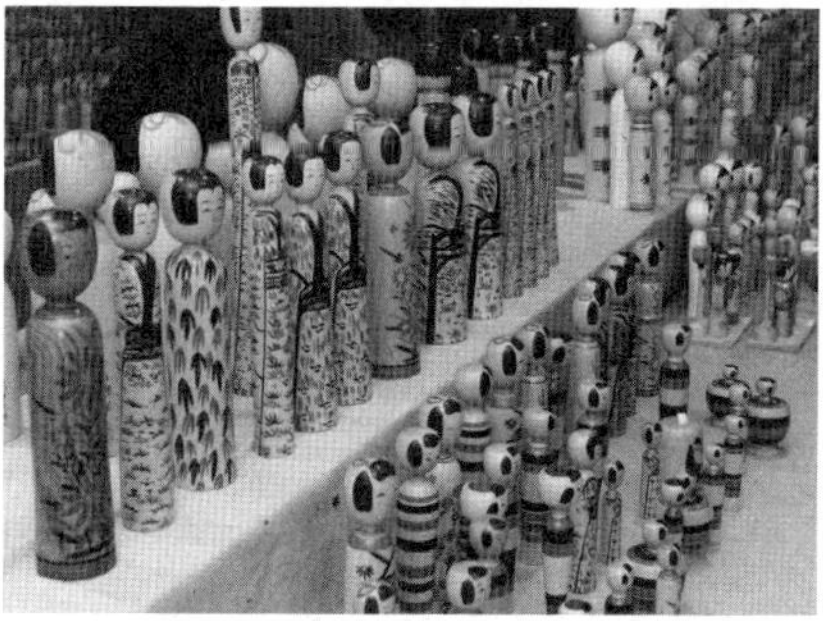

県こけし展の会場に並んだこけし。近代創作こけしでも赤物の意識が引き継がれているらしく、赤の染料が多用されている＝湯沢市

て、赤い染料を使った玩具や土産物が、赤が疱瘡《ほうそう》（天然痘）から守るとされており、子供のもてあそび物として、湯治客は赤物を好んで買い求めたのである。

江戸時代にこけしとは別な最も赤物が盛んであったのは、小田原（神奈川）や箱根（同）の一帯だったらしい。そのころ、奥羽の人々は盛んに伊勢詣《まい》りや金比羅詣りをした。この参詣の途中に、赤物を目にしたことによるといわれる。こけしと赤物が融合したのは結局、当時の人々が湯治場の山間部からの土産に、赤物の信仰が絡んだ玩具を望むようになったことにあろう。古いこけしほど、子供の手に握れるような物が多いのは、子供の土産として簡単に持ち帰ることができた、ということでもある。

「木地山こけし」は、皆瀬（湯沢市）の木地山で作られてきたこけしだ。地名は恐らく木地師の小椋氏が定住したことからの名であろうし、近くにはいくつかの温泉地がある。こけしの発達条件は見事に整っていたといえる。

鍋の呪力——異界との境界意識か

かつては鍋一つで食物を何でも煮炊きした。大抵は半球状の器に弦《つる》が取り付けられ、鍋蓋《ぶた》などと呼ばれる木製で円形の落とし蓋のようなものが付いた。器の主流であり、用途は広かった。

ご飯を炊いたり、味噌《みそ》汁を煮たり、野菜や豆腐を煮込んだり、塩汁《しょっつる》を作ったり。きりたんぽ鍋などにも使った。鍋で煎《い》ることもできた。また「鍋すり餅」もあった。鍋の中でご飯をすりこぎ棒で半分潰《つぶ》し、掌《てのひら》大に丸めて小豆をまぶした、いわゆるぼた餅を作った。

鍋だけでかなりの料理ができたから、食生活の大半は鍋で持っていたといってよい。それゆえに、囲炉裏《いろり》など一つの火で作った鍋の料理を家族全員で食べることが民俗的な規範とされ、家や家族の連帯感をもたらす象徴ともされてきた。

そうした意識は近代になると、何人もが直接鍋に箸を付けて食べるという、日常的な秩序を破る解放感と連帯感を作り出す鍋物に代わり、広く受け入れられるようになった。上郷（にかほ市）などでも、冬場のわら細工に集まった若者層は決まってヨジル（魚汁）という鍋物を食べる習慣が定着していった。

煮炊きの主流だった鍋。鍋の呪力だろうか、一つの鍋で食べることにより不思議な連帯感が醸成されることもある

日常の食生活に馴染《なじ》んだ鍋には、相当な意識が込められていたらしく、鍋にまつわる禁忌も少なくない。十二所（大館市）では、鍋や釜の縁をガチャつかせると地獄の餓鬼《がき》が集まるといって嫌われた。囲炉裏の火に掛けた鍋を叩《たた》けば貧乏神が喜ぶ、ともいわれる。鍋を叩くことは、その音によって何らかの霊を呼ぶことになるといった、一種の宗教行為とみなされたのだろう。

鷹巣（北秋田市）では、産湯を沸かした鍋の弦をくぐらせると丈夫な子になるという。大内（由利本荘市）でも同じことが伝えられ、実際にそうして育てられた人がいたようだ。普段は鍋弦の間から物をやりとりすることを忌み嫌ったことから考えると、病弱な子供の霊は他界にやり、健康な身体の霊を再生させる儀礼であったと考えられる。

中間口（男鹿市）では、鍋の蓋の上で物をはやす（切る）と難産する、生まれてくる赤子の顔に傷がつく、などという。鍋という器と中身（食品）、蓋の関係から、異界との境界線を意識したのだろうか。だから、鍋の蓋をしないで湯を沸かすことを忌み、死者の湯灌《ゆかん》に使う湯だけは蓋をしない。長岡（にかほ市）では、鍋で湯を沸かす時には箸一本でも蓋の代わりとした。

鍋に付いた煤《すす》にも呪力があるとみた。『男鹿の秋風』（菅江真澄／1804年）には赤子の額に鍋の墨で十字を書いて、魔よけとした風習を記していた。脇本（男鹿市）天神社湯立神事にも、鍋の墨を額にすりつける風習が残されている。

鮎――僧侶も禁を犯す魅力

初夏の訪れを告げる川魚は「鮎《あゆ》」といってよいだろう。鮎は味が淡泊な上、容姿が優美で清流に育つので、古くから日本人の好みに適してきた。県内のほとんどの河川に生息し、清流を好むことを考えると、川の環境はいいといえるかもしれない。

鮎の料理法で一般的なのは塩焼きだろうが、鮓《すし》、膾《なます》、粕《かす》漬け、味噌漬《みそづ》けなどにも適する。腸《はらわた》を塩漬けにしたウルカも好まれてきた。角館（仙北市）ではウルガというが、婦人の乳腫れやネブト（腫瘍《しゅよう》）に塗ると効くといわれた。

生臭の魚などを食することが戒められていた僧侶もひそかに鮎を食べていたらしく、その味は禁を犯すほどの魅力があったのかもしれない。

鎌倉時代の説話集である『雑談集』（無住一円／1305年）が、それを端的に語っていた。「ある上人《しょうにん》、鮎の白干《しらぼし》を紙に包み、剃刀《かみそり》と名付けて隠し置き食ひける。小法師、主《ぬし》と共に川を渉《わた》るに、鮎の川に見えけるを、御房《ごぼう》御房、生《なま》の剃刀見え候、御足ばし（端）あやまち（過ち）あるな」と言ったという。

滑稽味《こっけいみ》がある話だが、鮎が川の中でキラキラ光る姿を、鋭い剃刀に言い換えたとしても、万一剃刀に足を切られたら大変だから、ご注意あれ、と言ったのだ。要は上人が若僧に見事一本取られた話だが、鮎がそうした人々にも好まれていたのだろう。

象潟（にかほ市）にも『雑談集』と同様の「あゆがみそり」という昔話がある。鮎を剃刀だといって小坊を誤魔化《ごまか》したはいいが、橋の上から見た鮎を「剃刀が泳いでいる」と叫んでしまい、鮎（生臭物）を食べていることがバレた、というものだ。

「鮎」の字は、神功皇后が鮎を釣って戦の勝敗を占ったとか、鮎が一定の縄張りを独占する（占める）ところから付けられた字であるなど、諸説ある。水戸神神社（三重県）の近くにある宮川ではお鉢という岩穴に鮎を投げ入れて、その年12カ月の漁猟と農作物の豊凶を占う御贄祭《おんべさい》がある。「鮎」の字を使うようになったのはこうした神事が伝わるからに違いない。

川魚の女王ともいわれる鮎。『北家御日記』には、鵜遣い漁は面白かったらしく、文武を忘れて夢中になった武士がお咎（とが）めを受けたことが載る

鮎の捕り方はさまざまあるが、夏の風物詩としても知られるのは鵜飼《うかい》による漁だろう。近世では、檜木内川（仙北市）でも鵜遣いによる鮎漁がおこなわれていたことが『北家御日記』の文化2（1805）年の記事でも分かる。

民間では、鮎の天敵である鵜で捕獲する方法は、鵜縄漁として応用されてきた。沼館（横手市）では「毛回し」といい、縄に柳の葉などを挟んで川に流し、鵜と間違えた鮎を追い込んで一網打尽にする。鮎の習性と鵜遣いによって捕った古典的な方法を組み入れた民俗の知恵であった。

ジャガ芋――生活用語に栽培効果

ジャガ芋の原産地は、ペルー南部の高地にあるティティカカ湖畔だという。しかし、これまでジャガ芋の名は、シャカトラ（旧オランダ領・ジャカルタ）から渡来したことから、ジャガタライモと呼んだことに由来すると理解していた。しかし、どうも16世紀に最初は西欧にもたらされ、日本には慶長の初め（1598年ごろ）、オランダ船によりジャガタラから長崎に伝来した、ということだった。

いずれにしろ渡来植物であったものが、今では芋類の代表格とみられるほど一般的になっている。

近世、羽州雄勝郡の現羽後町出身である佐藤信淵は、天保3（1832）年序文による『草木六部耕種法』に、馬鈴薯《ばれいしょ》（ジャガ芋）は煮ても焼いても味は良く、作法に難儀は少ないとし、1歩（1坪）の地に大小の芋が8升から1斗も取れることがある。それで凶荒《きょうこう》（飢饉《ききん》）の用心に専一の作物だ、と喝破《かっぱ》していた。そのため、すぐ後にくる天保大飢饉の際にジャガ芋のおかげで餓死を免れたことから、地方では「御助芋《おたすけいも》」の名もあるというのだ。信淵は飢饉を予測していたのであろうか。

秋田でジャガ芋が栽培されたのは、天明7（1787）年に俳人吉川五明が後圃《こうほ》（家後ろの庭）に栽培し成功して秋田六郡に広まったということが、門人工藤野松（秋田藩士）が書いた『小夜碪《さよきぬた》』に載っている、とある（「秋田魁新報」昭和4年7月15日付記事）。この時、ジャガ芋は「ウルマの芋ともいうアップラ」と呼んでいたという。

ジャガ芋のことを、ニドエモ（北秋・山本・南秋・由利・

1株で多量の収穫があるジャガ芋

仙北・平鹿・雄勝)、ゴショウイモ(鹿角・河辺・由利・仙北)、ゴドエモ(北秋・山本・南秋・河辺・雄勝)などと呼んでいた。ニドエモは年に2度も取れるということだろうし、ゴショウイモ・ゴドエモは5升とか5斗などの収穫量を意味した言葉と思われる。ジャガ芋が栽培されて、その効果が最大限に生かされたことが、生活用語に反映されたものとみられる。

ところで、男鹿(男鹿市)だけはジャガ芋を「アンプラ」と言っている。アンプラは、『小夜礁』でいうアップラと同じ語源と思われるが、実はオランダ語でaard appel(土のリンゴの意)に由来しているという。だが、なぜこの地方だけにしか伝わっていないのかは、いまだ解明されていない。

ジャガ芋は民間療法にも使われていた。秋田では特に火傷《やけど》の治療として、生のジャガ芋か、その芽をすって患部に付ける、というものだ。捻挫にも効くという。この民間療法を誰が発明したのか知られていないが、恐らくジャガ芋を新しい文化として、いち早く、その土地の人々が受け入れたものではなかったろうか。

麻の呪力——古くから厄払いの具

麻は勢いよく伸びる植物である。古代から国内に自生する麻は背丈が高く成長することから大麻《おおあさ》（たいま）と呼ぶようになったとされる。麻は主に繊維として利用し、布、糸、縄、下駄《げた》の緒、蚊帳《かや》、茅葺《かやぶ》き屋根などに用いられてきた。麻によく似た繊維でカラムシ（苧麻）があるが、植物の種類としては、麻とは全く異なり、古い時代に他国から持ち込まれたという説もある。だが、大麻とカラムシは繊維として利用されることにより、いずれも一般には「麻」と呼ぶようになった。

木綿が庶民一般に普及し始める近代以前は、麻が衣類の主流であった。麻の歴史は遠く縄文草創期（約1万年前）まで遡《さかのぼ》るという。鳥浜貝塚（福井県）では麻の縄が見つかっている。また弥生時代の登呂遺跡（静岡県）で、麻と確認できる布片が出土していることを考えると、稲作と平行して次第に麻布（衣類）の発達したことも想像がつくだろう。

ところで、民俗では「麻」に特別な意識を抱いてきた。麻は古くから神道の祓《はら》いの具として用いられ、罪や穢《けが》れを祓う霊力があると考えられてきた。そのため、神前に手向けることもある。糸に紡ぐ前の、水でさらして白くなった表皮を用いて幣《みてぐら》としたもので、秋田では竿燈の先端につけられる御幣となることもある。

麻の由来は、伊勢神宮（三重県）の神札《おふだ》を大麻《たいま》（おおぬさ）と呼ぶことにもあり、それゆえに神聖な植物ともみられていた。一般ではあまり知られていないが、東湖八坂神社（潟上市）の祭礼で、蜘蛛《くも》舞の舟には柱の横木を青葭《あし》と自然の生麻でくるんである。麻の霊力により一切の悪霊、病魔などを祓うものと考えられたのだろう。

苧殻《おがら》という皮を剝《は》いで麻を取った残りの茎もまた、穢れを祓うのだとみられている。菅江真澄は寛政5（1793）年の紀行文『牧の朝露』で、秋田の山里の風習であるねぶり流しに触れて、子供らが苧殻を年の数だけ折り、藤豆の蔓《つる》で巻き結んだもので一晩の枕にして、旧暦7月7日の朝、川に流すものだと記した。年齢はその人を特徴づける最も簡便な数といえ、その数だけ苧殻を折ることで身体に寄りついた悪霊を祓い却《や》る意味があったと思われる。

相川（秋田市）では、赤子の襁褓《おしめ》に糸縫いの文様として麻の葉をあしらった。麻の勢いよく成長することにあやかって、子供の健康と生育を促す意味があったのだろう。山本郡や平鹿郡では、生まれた赤子に3日

機で織った麻布。丈夫であり、ある程度は身体の保護にもなる。だから麻には悪霊（外敵）を祓う力があるとされたのかもしれない

間湯をつかわせた後に、麻の葉模様の付いたおぼぎ（産着）を着せると丈夫に育つとか、立身出世するともいわれている。麻には特別な呪力があるとみえ、最も良いおぼぎは麻の葉模様の長さ5尺の布で作り、「虫（疳《かん》の虫）押さえ」になる、とされた。

焼き畑——各地で作法、儀礼遺る

焼き畑という農法がある。今ではほとんど廃れてしまった畑作の一つであるが、歴史は古く、縄文時代にまで遡《さかのぼ》るという見方もある。

焼き畑というように、原野や山林の伐木した跡の雑草や小柴を薙《な》ぎ倒して乾燥させ、それに火を付けて焼き、作物を栽培する。肥料も手入れもいらないとされる原始的農法である。

そもそも「火」偏に「田」と書く「畑」という文字は中国にはなく、いわゆる国字とされている。漢字から見ると今日言うハタケは焼き畑を起源としているかもしれない。

焼き畑のことを秋田では「カノ」と呼ぶ所が多いが、カナ（由利地方）、アラギ（鹿角地方）という地域もある。カノは火の野であり、山野に火を放ち作る畑を意味していた。いずれも草木を焼いた所に種を播《ま》いて作物を育てる。

　本郷（にかほ市）では、山で杉を伐採した跡に杉の葉を撒《ま》き散らしておく。翌年の春に、その地に生えてきた草木を薙ぎ払い、乾燥させて火を付けて杉の葉なども焼く。これをカナ焼きと言って、大勢で周囲に火が燃え移らないようにする。火が消えるとそれぞれが自分の場所を分けてもらい、縄張りをして、蕎麦《そば》や蕪《かぶ》、大豆《まめ》、小豆などの種を播き、薄く土をかけるカナ起こしをした。肥料は全くいらないが、2、3年使う場合は連作はご法度である。連作すると病気が付くといわれ、カナは新しいほど良いとされてきた。

　長岡（にかほ市）では夏にカナ焼きをして、秋の末に収穫することが多かった。焼き畑に最適だというカナカブが作られたのだった。種は草木を焼いた後の、まだ煙が出ているホカホカしたところに播いて、その後に杉の葉でパチパチと叩《たた》いていく。こうすると種が程よくもぐり込み、熱で早く発芽するとされる。

　単純そうに見える焼き畑にも、実は作法や儀礼があった。飛騨（岐阜県）

焼き畑での作業風景。大切とされる火入れは経験的知識がものをいう。下方から焼くと外への類焼が抑えられ全体が満遍なく焼ける＝にかほ市両前寺

では火入れに、山ノ神を祈り唱え言を上げている。十津川（奈良県）ではジモライという山ノ神を祀《まつ》ることから始めるなど、各地で焼き畑儀礼が遺《のこ》されている。秋田ではこれほど厳重ではないが、室沢（にかほ市）ではかつて、7月25日がカナ刈り日で、8月7日がカナ焼き日と決まっていたという。

室沢のカナ焼き日を7日としたのには訳があったに違いない。この日は盆月の「七日日《なのかび》」といってさまざまな行事がある日だからだ。7日をカナ焼きに選んだのは、恐らくかつて何らかの信仰的儀礼があったことを案じさせるのである。

名付け――霊魂宿り人格備わる

子供に長い名前を付けた話がある。角館（仙北市）に伝わる昔話はこうだ。「鉢」という短い名前の子が若死にしてしまったので、夫婦は次に生まれた子に「孫孫何時毛死奴奈《そそいつもしぬな》亀乃如万年生死迄生子《かめのようにまんねんせいしまでせいし》」と長い名前を付けた。ところが、その子は遊んでいて井戸に落ちてしまった。急いで隣の家に梯子《はしご》を借りにいったが、状況を説明する時、その子の名前を思い出せないでいるうちに死んでしまった、というのだ。

各地に似た話があり落語の「寿限無《じゅげむ》」に通じる。長い名を付けると長命になるというが、いざというときには不幸になってしまうという話だ。とすると、名前によって一生が左右されるということだろうか。

民俗では名付けにもいろいろあった。例えば本荘（由利本荘市）ではその昔、10日以内とか1カ月、または3、4カ月、半年、1年もかかって本名付《なづ》けされたといわれる。その間は仮名《かりな》を使ったが、栄（横手市）などでは枕引きの7日目の祝いに名付けの披露目《ひろめ》をした。西明寺（仙北市）では名付けはなるべく早くするもので、雷の鳴る前に仮名を付けなければならないとされ、名付け前に雷が鳴ったら獣の名の1字を入れるとか、金の付く文字を付けるものだといわれてきた。また、末子を望むとすればスエ、トメの字、次に男の子を望むならば、生まれた女児にアグリと付けると、きっとそうなるといわれた。

病弱で生まれた赤子は、取り子（全県）とか神の嬰児《みどりご》（由利地方）といって、お宮に実名を納め

加護を祈り神前に飾る命名書。命名に偉い人の名をまねたり、先祖の名を取ったり、めでたい文字を使ったりするのは、あやかりの信仰があるからだろう＝にかほ市

のだ。

て祈祷《きとう》してもらい、別名を授けていただく。神の子として生まれ変わったことを意味した

生まれてから3日のうちに、素早くトリアゲ婆んば（助産婦）が正式な名が決まるまでの仮名を付ける所もある。名がない状態は危険と考えられ、名付けをしたら早く世間に知らせて社会的に承認を得るためであったと思われる。その儀礼が名付け祝いとか名披露目《ひろめ》である。

名付けには、誰が付けるのかも重要であった。祖父母や実親の場合も多いが、田子内（東成瀬村）のように最初の子は叔父や叔母が付けるという風習もある。また神官、僧侶、山伏、丈夫な家の人、村の有力者、所によっては道で会った人や行商人の場合もあった。つまり、他人の場合も多かったのだ。当然、生まれた本人に名付けは不可能であるから、名前はどこからか頂くもので、名付けることで霊魂が宿り人格も備わると考えられていたからだろう。

赤子の生命は名付けによって委ねられたといってよい。名付けによって霊魂が賦与《ふよ》され、その働きによって生を全うすることができるというものだったろう。それ故に、名付けには神への信仰が関与することが多いと考えられるのだ。

昔話――囲炉裏囲み語り伝承

昔話とは一体何であろう。

秋田では「昔っこ」と言うが、同じ昔の話でも地域の伝承を語る、いわゆる伝説とは一線を画していた。昔話は「昔々、あるところに」と語り始めるが、「昔」とはいつの年か、どこの土地かも分からない。そして「お爺《じい》さんとお婆《ばあ》さんが」と続けて語られても、その人が誰であるのかさえハッキリ分からない。だから、昔話は全く荒唐無稽な、架空で想像上の話だと言われても無理はない。だが、昔話は何度聞かされても、結末を知っていても、夢中になってしまう不思議さがあった。

秋田には数多くの昔話が伝えられている。しかし、今ではほそぼそとしか伝承されなくなった感がある。その背景は家のあり方の急激な変化が一因と考えられる。かつての民家には囲炉裏《いろり》があり、竈《かまど》があり、厩《うまや》などが存在した。囲炉裏を囲みながら、翁《おきな》と媼《おうな》らが昔話を語り継いできたのである。

鵜養（秋田市）では、「昼に昔っこ語ると、ネッチャン（鼠《ねずみ》）にション便（小便）しかけ（ひっかけ）られる」と言って、夜に語られるものだった。だから余計に夜の闇にまぎれて想像が広がる。昔話に雰囲気が漂っていたのである。囲炉裏が消えてしまった今では、その空間や時間が戻ることはなく、昔話を採集することが不可能な時代となった。

湯野目（秋田市）には次のような昔話が伝わっていた。ある時、爺が山に木を切りにいった。すると先に誰かが木を切る音がして、「誰だと」と大声で問うと、山の奥から「長者どごの屁《へ》ーふり爺っこだ」と言うではないか。「んだら、一つ屁ふってみれ」というと、「やーや、ちょうちょ、錦さらさら、五葉の松原、とっぴんぱらりの、ぷー」と素晴らしい屁をふった。「さても上手だ、もう一つ」と言って、とうとう3回も聞いた、というのだった。

この話の中に出てくる不思議な屁の音は、角館（仙北市）などの昔話の、最後に必ず付けられる言葉と似ている。「綾々ちょうちょう、錦さらさら、五葉の松原、とっぴんぱらりのぷー」というのだ。「とっぴんぱらり」は秋田県で一般的だが、「ぱらり」は「祓《はら》い」の一つではないかという見方もある。花輪（鹿角市）で、「どっとはれ（え）」というのも、恐らく「祓い」に通じたものではないか。

上郷（にかほ市）では語りの合間に必ず、「おっとー」

国民文化祭事業として2014年東成瀬村でおこなわれた「昔っこの祭典」。現代は民話の会などの「語り部」による昔話の伝承活動があるが、かつての囲炉裏での語りは消えてしまった

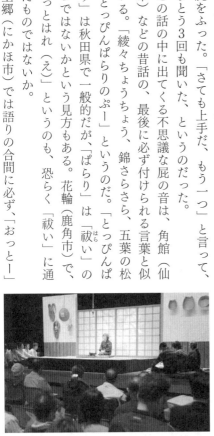

という相槌《あいづち》が入るのだった。「おっとうー」は「おお、尊し」であろう。とすれば、昔話は、話によって悪霊を祓い、素晴らしく、目出度《めでた》いものを導こうとしたのではなかったろうか。だから、荒唐無稽といわれながらも、今の今まで伝えられてきたと思われる。

ハカ――田植え、畑に深い関連

民俗学の基礎を築いた柳田國男は『遠野物語』（1910年）で、ハカダチ、ハカアガリの語源譚《たん》を収録していた。「昔、六十歳を越える老人は蓮台野《でんでらの》に追いやる風習があった。だが、老人はいたづらに死んでしまうことはままならず、日中は里へ下り農耕をして生きながらえていた。それで、朝に野良に出ることをハカダチと言い、夕方、野良から帰ることをハカアガリという」とある。

これだけでは少し分かりづらいが、この話はある年齢に達した老人を山に捨てるという、棄老《きろう》伝承に由来していた。老人の死に場所でもある蓮台野だから、墓地でもあったのだ。そのために、朝に墓から下りて仕事をすることがハカダチ（墓立ち）で、そこに帰ることをハカアガリ（墓上がり）なのだという、語源伝説にもなる話であった。

ハガオレは『秋田のことば』（2000年／秋田県教育委員会編）によると、ほぼ全県で使われて、「朝、食事の後に仕事の分担の場《はか》におりたつこと」だという。内越（由利本荘市）辺りではハガオリといって、やはり朝食後に仕事に出ることをいう。貝沢（羽後町）ではアサオリ、湯沢（湯沢市）ではアサオレともいっている。釜ケ台（にかほ市）などでは昼すぎに仕事に出ることを「ヒルオレ」という。ハカダチの言葉は使われていないが、「オレ」「オリ」は「下り立つこと」を意味するに違いない。

だが、「ハカ」は『遠野物語』にいうように、果たして「墓」を意味したのか。これに対して高橋喜平は『遠野物語考』（1976年／創樹社）で真っ向から否定していた。ハカは「仕事の種類や場所に応じて、ある定まった区画のことを指す言葉」だという。恐らく、そうであろう。

この「ハカ」に関連する言葉はいくつも残る。「はかばかしい」とか「はかどる」も、ほぼ同じ意味で仕事が予想以上に進むことをいう。ハガエグは、仕事の

畝に植えられた大根。畑の畝は長さは一定していないが、今でもひとハカ、ふたハカなどと数えられている

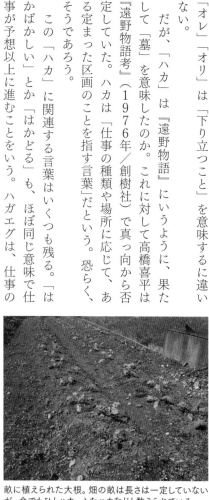

能率が上がる「はかどる」の転訛《てんか》であったかもしれない。「ワッパカ」のパカもハカのことで、たいていは一人前の割り当てられた仕事量をこなすことだとする。それで「割果・割捗」と表記する、とされるという。

大事なことは、このハカというのは、田植えの時に一人が植えていく田の端から端までの間と幅のことをいう、とすることだ。両前寺（にかほ市）などでは、一《ひと》ハカといえば、畑の一畝を指していた。内越では、ハカオレ火という田植え儀礼とされた火焚き行事にも言葉が残る。

「ハカ」は古語にあった。『万葉集』に「穂田の刈はか」とあるのが初見とされるように、本来は稲作と最も関連が深い言葉であった。だから、稲作を生業《なりわい》としてきた生活に、深く根ざしてきた言葉だったのだ。

社日――稲作と深く結びつく

社日《しゃにち》は春分、秋分の日に最も近い戊《つちのえ》の日をいう。暦の二十四節気や五節供のほかに、季節の移り変わりを適切につかむために設けられている雑節の一つとされる。雑節とはいえ、節分、彼岸などが含まれ、意外になじみの深い暦日だ。

　社日は特別な日と考えられてきた。例えば新成（羽後町）では、社日に神詣でをすると、千度詣《まい》りに当たると信じられ、産土《うぶすな》神社をはじめ近在の社に参拝をするものだ、という。長野（大仙市）の神社では、春の社日に梵天《ぼんでん》や福俵《ふくだわら》が奉納されてきたという。社日に神詣りをすると、やはり一日詣っても千日詣ったことになるといって、参拝でにぎわったとされる。

　西明寺（仙北市）では、春の社日を重んじ、五穀の種子を神棚に供えて豊作を祈った。長野では、社日に稲種として保存していた俵に水を掛けておくと、その後、種を水に浸すのはいつでもよいとされた。浸水は稲種の芽出しにとって大切な作業過程であったわけで、社日は農耕儀礼日ともされてきたと考えられる。

　社日に「戊の日」が選ばれたのは、十干《じっかん》の「戊」が陰陽五行説によって土の徳を備えたもの、と意味づけられたからだろう。だから、土の霊力を崇《あが》め、土の神である地神《ぢじん》を祀《まつ》る日だとしたのだった。つまり、土地の神は産土の神でもあるから、集落の鎮守

河戸川熊野神社（能代市）にある地神塔。本来は社日に祭られてきたもので、五角柱の碑面には五神の名が刻まれている

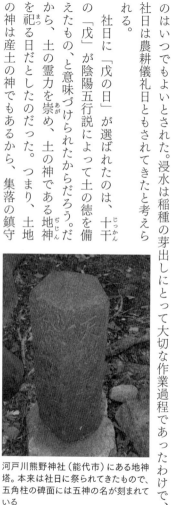

社に参詣をして、祈願と感謝を捧《ささ》げるのだ、とされよう。

この日にはまた社日講や地神講が開かれ、地神を祀る。中浅内（能代市）の社日講は社日堂に地神碑を祀っている。神体となる碑は五角柱で、埴安姫命《はにやすひめのみこと》・倉稲魂命《うがのみたま》・大土御祖神《おおつちみおやのかみ》・大己貴神《おおなむち》・少彦名神《すくなひこな》、と神名が刻まれているもので、五神は五穀をつかさどり、田畑の土壌を守るという、まさに作神と崇められるものだ。地神塔が五角柱であることは、もしかして五穀に準《なずら》えたかもしれない。

田中町（由利本荘市）の社日講では「堅牢地神《けんろう》」を祀る。堅牢地神もまた、地上、地中の一切合財、土地に関わるもの全てを領有する神ということで、大地の神であった。講中の所持する明和２（１７６５）年「社日祭文」（生駒藩士佐藤武元筆）によれば、「近来五穀熟せず」「民をして五穀豊穣《ほうじょう》を祭らしむ」「仰ぎ願わくは古に返り」「上下安穏を祈願奉るものなり」という、悲願を込めて祭られてきたことが分かる。

『暦講釈』（年月未詳・近世版本）によれば、「春社（日）に種を播《ま》き、秋社（日）に刈り始めるを吉日とする」というらしく、古くから、社日を稲作農耕に結びつけてきた所が多い。すなわち、社日は、その意味で大事な神祭りの日であったのだ。

櫛の不思議――信仰的、神話にも反映

装い、と言えば整髪や髪形は大いに気になるところである。特に乱れた髪、崩れた髪形は余所目《よそめ》にもあまり感じのいいものではないだろう。そこで整髪や髪形をつくるときに、必要不可欠なものが櫛《くし》であった。

そもそも櫛はいつごろ登場したのだろう。

櫛を用いたのは相当古いらしく、『古事記』(712年)にみられる。伊弉諾尊《いざなぎのみこと》が亡くなった伊弉冉尊《いざなみのみこと》を探して黄泉国《よみのくに》を訪ねられた。その国は暗くて深い所であったため、角髪《みづら》に挿していた湯津津間櫛《ゆつつま》の男柱《おばしら》を1本引っ掻《か》いて火を灯《とも》し、妻の尊《みこと》の姿をご覧になった、というのだ。既に神話に櫛が登場していたことになる。実際に亀ケ岡(青森県)の縄文遺跡で出土した仮面土偶には、頭の上で髪をまとめて櫛で留めているような形がみられる、という。

櫛の語源は「霊妙なこと、不思議なこと」を意味する「奇《く》し」「霊《く》び」であるといわれる。そうした信仰的な意味合いは神話にも反映されていたのだろう。櫛の歯の数も奇数がほとんどであるから、この「奇」と通じているのかもしれない。

櫛をご神体として祀《まつ》る神社があった。櫛田神社(富山県)では昔、田植女《たうえめ》が大蛇に飲み込まれた時、女の櫛が喉につかえて大蛇が死んでしまったことから、田植女は難を逃れた

のだという。田植え女は櫛稲田姫神とされ、櫛をご神体として祀ったのだった。櫛はまさに神霊が宿るというものである。

『落窪物語』（作者不詳・平安時代中期）には、旅立つ人に櫛を贈ったことがみえている。髪の乱れるような旅路を、櫛で解き分けるように障《さわ》りなく通りゆくことができるように、という意味だ。さらに櫛は、霊魂の宿る頭の髪の毛を飾るということで、贈る人の霊魂が籠《こ》もるとみられ、旅人の安全が図られると考えたのだろう。

櫛が落ちていても拾ってはならない、という地域は広くある。櫛を拾うと「苦と死を拾う」ことになるからだ。だが、仙北や山本地方などでは、櫛を拾うときに踏んで拾うとよいとか、由利地方では唾を吐きかけて拾うものだ、といわれた。恐らく櫛に籠もる魂を元に返してしまおうという呪術だったに違いない。

湯沢（湯沢市）では、ものもらい（麦粒腫）には櫛の峰で目を温めると治るという。また、若い女が夜に外出する時は櫛を口にくわえていくと、危険に遭わないとされた。櫛の歯がたくさんある

近世末～近代の櫛。櫛は初め結髪用具であり垂髪を梳（す）くためのものであったが、近世中期ごろには飾り要素が加わった

ことが、魔物には怖いものだったに違いない。櫛はかなり信仰的に用いられていたのだ。

要するに、櫛は髪を梳《す》くことからくる、女性の象徴的な意味も持ち、一方では不思議な力、呪力があるとも考えられていたのだ。

髪の毛の謎――霊魂宿る女性の象徴

「緑の黒髪」といえば、女性のつやつやとした美しい黒髪を指し、女性の象徴でもあった。特に女性は髪の毛を大事にしてきた。ところが、髪の毛をはじめ体毛の一つでも食物に混じり込むと、とたんに不衛生さを感じる。この矛盾する見方のある髪の毛とは、民俗ではどのように受け止められていたのだろう。

『日本書紀』（720年）によると、天武天皇紀13年には、40歳以上の女性への結髪の制を緩めたことが記されているが、20年後は再び結髪の令を発していた。ただ、魂呼《たまよ》びをする職掌の神人《じにん》は長髪のままでよいとした。それより古く『古事記』（712年）には、「髪長比売《かみながひめ》」の名がみえるなど、古代では神に仕える女性は長い髪の毛を持っていたのだろうと、柳田國男は推測していた。いずれにしても、長い髪の毛は最も神聖視されていたことがうかがえるものだ。

髪の毛と直接関係を持つ髪形は、生活と共に変遷をみてきた。人の成長や、社会的地位を表すものの一つとされ、当然に男女差もあった。例えば、明治時代初めの丁髷《ちょんまげ》の廃止などは、時代と髪形の関係をよく表していよう。七五三祝いでの男女三歳の髪置き（結髪）や、男鹿南秋地方では昭和40年代くらいまでキッチョウ（キッチュウ）髪といって、葬式で身内の女性が特別に結う髪形があった。

特別なハレの日には、髪の毛を結って特別な装いをした。これは髪の毛が単なる身体の一部ではなく、それ以上に信仰的に捉えられていたためではなかったろうか。

『和漢三才図会』（1712年／寺島良安）には、髪の毛を何本か果樹に掛けておくと鳥が来てもその実を食べない、と記され、人の髪の毛は鳥除《よ》けの呪《まじな》いとなっていたらしい。

矢島（由利本荘市）では小正月の塞ノ神焼きに、女の髪じり（髪の毛）を1年間取っておいたものを焼くとされた。だから、普

地髪が短くて結い上げられない場合などに使う添え髪「髢（かもじ）」。室町時代ごろからの名で、当時の下げ髪は衣服の丈より長くなければならなかった

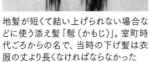

段は髪の毛を竈《かまど》や囲炉裏《いろり》にくべることが禁じられていた。

各地では生後21日目には赤子の産毛剃《うぶげそ》りをおこなっていた。チンケといって、この時後頭部や耳脇の一部だけ髪の毛を残す風習がある。白沢（大館市）では頭の天辺《てっぺん》の毛、3本だけ残した。赤子が過《あやま》って怪我《けが》をしたり火傷《やけど》をしそうになると、神様がその毛をつかんで助けてくれるのだという。

民俗学者中山太郎は毛髪の信仰について、毛髪が自然に伸長すること、黒い髪が年齢により白くなること、屍体《したい》は腐っても毛だけは長く残ることなどを挙げ、毛髪には霊魂が宿る（『日本巫女史』1969年復刻）、とみていた。だから、食物に髪の毛が交じると、その人の霊魂がそこに移ることを忌み嫌ったのだろう。

要は、女性の髪の毛にはとてつもない力があるとみられたのであり、髪の毛は霊魂の籠《こ》もる「神気《かむけ》」といえるのだ。

箒の呪力——悪霊祓い、富貴を招く

箒《ほうき》を逆さに立てて、団扇《うちわ》であおぐと長居の客が帰る（仙北地方）、という不思議な風習があった。一見、俗信と言われても仕方のないことと思われるが、これが案外、効力があると受け止められてきたのも事実である。こうした民俗には、「たかが箒」とばかりにいえない、何らかの呪力があったに違いないのだ。

「箒」と一口でいっても、使う場所によって種類が異なっていた。藁《わら》だけで作られた、なで箒（藁箒）は主として納屋とか屋内の土間を掃くときに使った。柴箒は掃木《ほうきぎ》や柴木などで作られた、いわゆる外箒である。これに竹箒もあり、もっぱら道路や落ち葉などを掃く、家の外回りの掃除具とした。座敷箒は、その名の通り座敷で用いる、家の中専用の箒である。他にもみられるが、いずれも形状は一様ではない。だが、ほとんどが自然物で作られてきた。

単に箒といっても実は、生活にとって重要な精神を醸成してきたといえる。箒の機能が「掃き出す」「掃き集める」であり、その背景には「清める」という精神的な思想が伴っているからだ。ともかく、掃除により生活環境を衛生的、快適にすることを経験的に身に付けたのであり、相

箒のいろいろ（北秋田市川井）。自然物で作られているため、最後は自然に帰されることが多い

当古くからの習慣になっていることは間違いない。

北秋田地方でも、箒を逆さに立て、手拭いで頬被《かむ》りさせておくと長居の客が帰る、という。箒の「掃き出す」という機能を呪術的に用いたものかもしれない。頬被りの箒は、まるで人形《ひとがた》のようであるから、祓《はら》いの要素も感じられる。

正月儀礼にも箒が登場する。塞ノ神（由利本荘市）では元日の朝、予《あらかじ》め暮れのうちに箒草で作っておいた玉箒《たまぼうき》というもので、主人が一子相伝の言葉を唱えながら、外から内に向かって掃いていく行事がある。これを「掃き初め」という。玉は美称であるから、尊い箒だと考えられたのだろう。それで、福徳を「掃き集める」特別な力があるとみなされたのである。

土川（大仙市）では、箒神《ほうきがみ》が来られないと子供が生まれないといわれ、妊婦の枕元に箒を立てておき、出産するとすぐに箒を外に出した。また、睦合（横手市）では産婦のお腹《なか》を箒でなでると安産するというから、箒は出産にも不思議な力を発揮すると考えられてきたのだろう。

門屋（仙北市）には葬式で出棺の後を、必ず両親のそろった人が箒を左手で持って、後ろ向きになり外に掃き出す作法があるという。箒によって亡き人の魂を送り出すのであろうか。

ともかく箒は、実用機能以外に不思議な力があると思われる。時には箒神と崇《あが》められ、時には悪霊を祓い、時には富貴を招き寄せる、という呪力が備わると考えられたのであった。

「稲刈帳」を読む――豊穣の祈りも込める

農家では「稲刈帳」という、出来秋に当たってその年の収穫を記した帳面を持っていた。どの農家にもあったと言えるものではないが、残されているものでは、家の代々にわたって書き綴《つづ》られていることが多い。

美入野（横手市）にある旧家の『稲刈覚帳』は、「嘉永三（1850）年九月」と表紙に墨書されたものだ。これには、毎年、どの田圃《たんぼ》からどれだけの収穫があったか、実に淡々と記されていた。

嘉永六年丑《うし》八月二十七日
与助田　四百拾束
七郎へ田　七百拾束

文太田　百六拾
岩太田　百拾束
弐百刈り　弐百拾六束
山伝田　五百七拾
三百五拾刈り　参百四拾
四百刈り　四百五拾五束
三百刈り　弐百六拾八束
百刈り　百二拾七束
半橋沿　八拾六束
惣〆　三千四百五十六束

「稲刈帳」は決まった形式のものではなく、本郷（大館市）では、田ごとの図面を書き、それぞれの田からどの程度刈り獲《と》ることができたか、を記したものという。

『稲刈覚帳』での、何「刈り」とあるのは、田の地名であり、そこから獲れる平年作も意味していた。内越（由利本荘市）では、1反歩はおよそ100刈りとされていたから、恐らく、何枚かの田圃を合わせて言ったと思われる。それで、この年は三百五拾刈りの田

稲刈りの田圃。現在は整理されて田圃も大きくなったが、それまでは地形に合わせた小さな田圃が多かった＝横手市大森町

圃では340束と、わずかに少ないところもあれば、百刈りの田圃からは、127束獲れている。これからみれば、田圃によって収穫量に差異があるが、まずまずの年であったと思われる。

箱井（男鹿市）には三十刈の小字地名が残るように、古くは小さな田圃がいくつも重なっていた棚田が多かった。それで、上郷（にかほ市）では、百枚田の話がある。昔、刈り獲った田を数えてみると、確かに100枚あった田圃が、99枚しかない。何度数えても1枚足りないのだ。すると、今、自分が座っている莚《むしろ》の下に1枚あった、というのだ。いかに小さい田圃であったかを笑い話として伝えていた。「稲刈帳」からは、そんな裏話まで見え隠れしていよう。

この「稲刈帳」には、人名が付けられた田圃がみえる。「与助」田、「文太」田、などと記されたものだ。初めに開田をした人とか、耕作者の名前か、などとも考えられるが、恐らく、田にも個性があることを意味したのだろう。

人名で呼ばれる田には、それなりの人格を有するかのように、田の繁栄（豊穣）と健康（優良土壌）の祈りが込められたのではなかったか。その意味で、「稲刈帳」は単なる収穫記録ではなく、稲作の履歴書に値するもので、年々の豊穰《ほうじょう》の祈りが深く込められたものであったに違いない。

力試しの石――持ち上げて「一人前」に

かつて、村には「一人前」という基準があった。成人した一人の男や女が備えているはずの心身、技能、力量といったものだ。村社会では、共同労働を営む上で一定以上の労働力が要求されることから、一人前の基準は重要であった。職人たちも、人並みの能力や技術が基準であったことから、これらを一人役、一手役、ワッパカ仕事などといってきた。

農村では、一人前の男が物を背負う力の換算は四斗俵1俵（約60キロ）とした。中には2俵も担ぐ者もいて、一人前以上の大力を持つ者は人々から尊崇を受けてきた。

滝俣（由利本荘市）では、若者たちが1俵の米俵を頭上に上げられるかどうかを競ったという。また、鎮守社の祭礼でおこなわれた角力《すもう》でも、力強い者は一目も二目も置かれてきた。

そのために、力を競うものの一つとして各地に力試しの石があった。力石ともいって、およそ20貫（1貫は3・75キロ）から、場合によっては50貫の石があった所もある。琴川（男鹿市）では、一番石が36貫、二番石は28貫、三番石は22貫あって、「一番石の下には、娑婆《しゃば》（世間）の風、入れたごど無《ね》もんだ」といい、誰も持ち上げられなかった。橋本（男鹿市）の力試しの石は25貫あるといわれたが、勝手に余所《よそ》の集落へと借り出されていくことがしばしばあったとされ、人気のある特別な石だったらしい。

谷地新田（横手市）では、夏の夜とか農休日の午後に、若者たちが鎮守の境内に集まり、神仏の石碑を持ち出し、それで力試しの競い合いをした。大谷地（三種町）の石は、墓地の前に置かれた細長いもので、ツルツルして掴《つか》みづらく30貫もあった。それを葬式手伝いのダミ若勢《わかぜ》らが競ったというのだ。

岩川（三種町）では「アネコ石」と呼ばれるものが峠境にあって、行き来する人々の間で力試しがおこなわれてきたという。ところが、この石は男振りのいい若者には易々《やすやす》と持てるが、醜男《ぶおとこ》や老人は動かすことさえできないといわれ、それで若いアネコ（生娘）のような石だ、とされたのだ。力試しだけではなく、石を抱き上げたり、拝んだりすると良縁を得るともいわれる。

こうした力試しは、単なる競技ではなく、一人前の基準

飯ノ森（男鹿市）にある力試しの石。20貫以上あるとされ、ツルツルして持ち上げられる若者がいなかったという

岩子（八峰町）の力試しの石。集落の中央に置かれ、若者が力試しをしたという

を超えようとした日頃の鍛錬であったかもしれない。だが、その背景には「力」に潜んでいる、畏怖されるべき信仰に支えられた習俗があったとみるべきだろう。岩川のアネコ石や大谷地の力試しの石などは、それを端的に物語るといえるのである。

指切りげんまん――呪術的な契約の作法

約束は、守らなければならない、ということは昔も今も変わらない。しかし、実情は、約束は守られずに破綻が起こることもしばしばあるようだ。だから、どのようにして約束を守らせるのか、多くの知恵を働かせてきた。

例えば民俗ではこうだ。「指切りげんまん」がある。約束を守るという誓いのしるしとして、約束相手と自分の小指を曲げて引っかけ合わせ、唱え言をするという方法が生み出された。民俗一般では、「指切りげんまん嘘《うそ》ついたら針千本飲ます」と唱え、最後は「指切った」と言い、指を切り離すように解くようだ。

それでも、指切りは子供遊びのように考えられがちであった。口約束のように、あまり気にも留めずに、例え約束事が反古《ほご》になったからといって、本当に針千本を飲まされたら、たまったものではないからだ。

では、指切りには本来どんな意味があったのだろう。

「指切り」は、「契り」が始めだという説がある。古くは指もまた手と称したらしく、手切りが訛《なま》って「ちぎり（契り）」で、結局、契約を意味したというのだ。

そうすると、思い当たることがいくつか出てくる。平安時代ごろからあった、約束事を記した「起請文」には名前を書いて血判をする。この時の血判とは、男は左手、女は右手の薬指を切った血で指判を捺《お》すと決まっていた。

中田薫は明治時代末に「手打ち」「手形」などの手のつく言葉を検討して、手や指は制約や契約にとても重要な関係を持ち、人の「信」を表していたという（『法制史論集』）。指も手の内で、いずれも同じであったと考えられてきたのだ。

名無し指（薬指）もまた、婚約や結婚のしるしにはめるリングの指としている。この指の名はやたらと口にすると不吉だという伝承が多いことから、「名無し」といったと思われる。修験道などでは印を結ぶといって、指を絡めたり、組んだりす

母子による指切り。小指という一番小さい指で交わす約束事であるが、小さいなりに切ない思いが込められているのかもしれない

る作法があり、宗教的に用いられていた。

親指をはじめ指から生まれる神や子供の話が伝わる。親指太郎、豆太郎などの昔話は、指のように小さい子供が幸福をもたらすという筋だ。『古事記』では神産巣日神《かみむすびのかみ》の指の間から生まれるようにこぼれ落ちたという、小さな神の少名毘古那神《すくなびこなのかみ》がいて、やがて豊穣《ほうじょう》をもたらす神と信じられてきた。小さな指に対して特別な信仰を持ってきた証しであった。

つまり指切りとは、はかない約束事を意味したのではなかった。手や指が呪術的に使われる信仰に支えられた契りの民俗であったと思われる。

そうすると、「針千本飲ます」では目に見えない神がその場に立ち会っており、そのことによって、約束を破ると罰を下す意味を持っていると解釈できる。

焼き石——懐中に入れ体温める

古くから、石を焼いて熱したり温めたりして、さまざまに利用してきた民俗がある。

例えば、秋から冬にかけて好んで食される石焼き芋がある。芋のホクホクとした食感と香ばしい香りは、熱した石の中に埋めて、間接的に焼き上げられるからだといわれる。今の典型的な焼き石利用法といってよいかもしれない。

焼き芋の石は何でもよいわけではなく、中には熱すると弾けて砕けるものがあり、適さないという。玉石といわれる戸室石（石川県産）、那智黒砂利（和歌山県産）など黒っぽい小石が多く使われる。

石を焼いて生活に利用する方法を編み出したのは、縄文時代ではないかと想像される。地面で火をたくと周りの石が熱せられ、その石に保温性があることを発見し、それを利用することを考えつくのは容易《たやす》いことだったろう。

温石《おんじゃく》というものがある。石を焼きボロ布でくるみ体を温めるもので、懐炉に似たものだ。懐石料理の「懐石」も、茶席での料理を頂く前に温石を懐に入れて温めることからきているという説がある。

寺島良安は『和漢三才図会』（1712年）で、出羽国土産《みやげ》に「温石」を挙げていた。実際、上郷（にかほ市）ではこれをオンジャク石と呼んで、懐炉と同じように老人や子供に使ってきた。どんな石でも

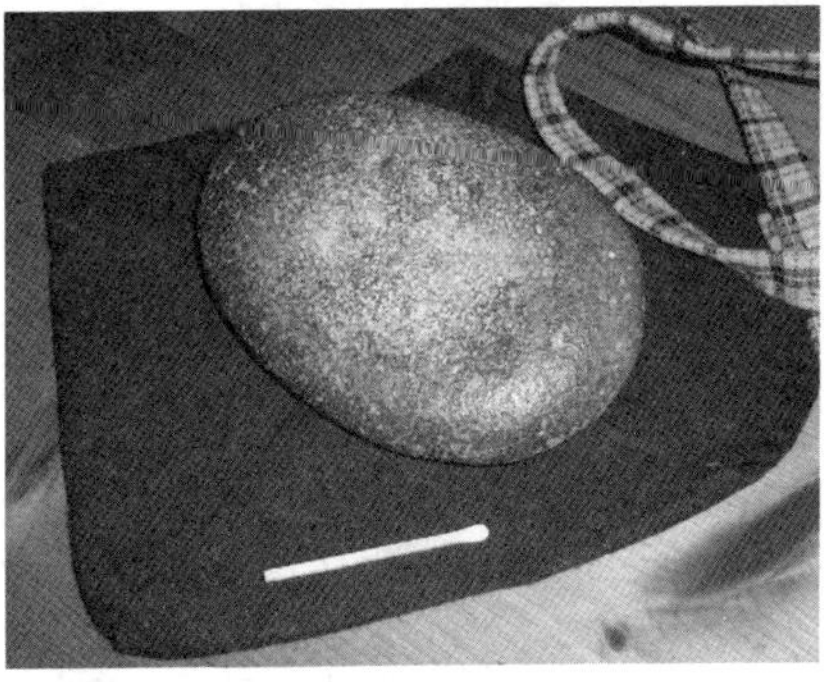

温石。布に包んで懐中に入れて持ち歩いたもの。子供の腹痛みなどにも温めると効果があるといって用いられた＝にかほ市横岡

いいわけではない。囲炉裏《いろり》の火床《ほど》脇に埋めておき熱くなったものを使うため、決して弾けたり割れたりしない石だという。この石は河原から拾ったというが、火山噴火と関連深い鳥海山から出た石と思われる。

温石は平安時代末期の柳之御所遺跡（岩手県）からも発見されるほど古いが、どうもその起源は漢方医学の治療法の一つ温罨法《おんあんぽう》に通じているらしい。今の岩盤浴の原理になっているといわれるものだ。

石を熱して調理に用いる方法もあった。男鹿（男鹿市）の郷土料理とされる「石焼き」だ。木製の桶に味噌《みそ》仕立てのだし汁と魚介類や野菜を入れ、そこによく焼いた石を入れて一気に加熱して煮る。焼き石は「生き石」とか「金石」といい、８００度以上に熱しても割れないという。

かつて、紀州（和歌山県）などの蜂屋も男鹿の「石焼き」と同じ方法で、河原を選んで焼き石で調理した。また、焼き石は即製の露天風呂で湯沸かしのために用いた。

要は、石を熱したり温めたりして用いる民俗では、どんな石でもよいわけではなかったのだ。心臓の大きさに近い握拳大ぐらいの丸石や玉石が選ばれてきた。それに「生き石」などと呼ばれるように、割れたり弾けたりせず、初めから魂が籠《こ》もっていたとみていたのかもしれない。

箸のこと――意外な儀礼にも登場

食器としての箸の使用は相当古いように思える。何しろ日本最古の書、『古事記』の神話に登場するからだ。崇神《すじん》天皇の條《じょう》には、倭迹々日百襲姫《やまとととひももそひめ》が三輪（奈良県）の大物主神の妻となったが、神の正体が蛇と知り驚いて尻を落とし、箸で陰部を突いて死んでしまった、という。ここから、姫の墓を箸墓《はしはか》と呼ぶようになったというのだ。

箸の特徴は、家庭で食器として使用されるとき、ほとんどが個人専用と定められていることである。もう一つは、箸は汁物を食べるときにも使用することという。これらは日本以外では見られない使い方である。それだけに箸には細かな作法が伴い、使い方がやかましくいわれている。だから、箸には何らかの精神が込められている、とみてきたのかもしれない。

箸を粗末にするとバチ（罰）が当たるとか、平鹿（横手市）では、古くなった箸を捨てるときには必ず折って捨てろ、といわれた。折らない箸を狐《きつね》がくわえて持っていくと、箸を使っていた人の気が狂う、といわれるからだった。天王（潟上市）などでは、食事中に箸が折れると身辺に不吉なことが起こる、とされるように、毎日使う箸でもかなりの禁忌が伴っていた。

箸は日常で使われる以外に、意外な儀礼にも登場する。不吉な話だが、葬式時の一杯飯（枕飯とも）には、たいてい一本箸を立てるものだ。普代村（岩手県）では埋葬後の土盛りの墓に、まるで針山のようにたくさんの箸を突き立てていたというから、もしかして『古事記』による「箸墓」が、民俗的に伝承されたのかもしれない。それこそ、墓に箸を立てることを、一杯飯と同じように見立ててきたのだ、とすれば如何《いかが》か。

普段の食事作法では、盛ったご飯に箸を突き立てることを忌み嫌う。それが一般に解釈されることは、不吉さを連想させ、死に引き込まれるかもしれないと考えたからだ。だが、それだけだろうか。

一本箸を立てる習俗には、正月の御霊飯《みたまめし》というのがあった。小砂川では御霊様というが、暮れにカツノ木（ヌルデ）で箸を数十膳作り、12個の握った飯を箕《み》に供えて、そのご飯に1本ずつ箸を刺したものだ。御霊様は先祖の

儀礼に多く用いられる柳の祝い箸。両端が使えるようになっているのは、一方は人が、もう一方は神様がお使いになるというためである

ことを意味した魂祭りである。ここではカツノキの箸は年取りの晩の食事にも使われた後、元朝にその箸を若木として囲炉裏《いろり》で燃やす、祝い木ともなるものだ。そして、余分に作っておいた箸は大事にとっておき、五月《さつき》の水口祭で束ねて供物と一緒に上げられる。

このように箸をみると、普段使いであっても、儀礼の箸であっても、箸そのものに、何らかの魂が宿るという感情が生まれるのは、何ら不思議ではないだろう。むしろ、箸は霊の依代《よりしろ》にも成り得るものであったと考えられるのだ。

クシャミ――悪口付けて邪悪払う

風邪の症状の一つにクシャミがある。風邪は、風邪に罹《かか》る、風邪になる、とはあまりいわずに、風邪を「ひく」という。この「ひく」という言葉を使うのは、風邪はどうも身辺の外にあるモノのようで、それを体に引き込んでしまうかららしい。つまり、病の「風邪」の字義のように、邪悪なモノ（霊）が風に浮遊して、それが身体に入り込むことにより、病気になると考えられたのではないか。

クシャミは実際、自分の知らない間に埃《ほこり》といったような異物が鼻などに入ることにより、激しい呼気とともに体外に排出しようとして起こる現象だとされる。何らかの異物が風によって運ばれて入ることもあるわけだ。

だが、クシャミは何も風邪の症状ばかりに限らず、何かのきっかけでクシャミをすることがある。不思議なことに、誰かがうわさ話をしていると思われる時にもクシャミをするのだ、といわれている。民俗ではクシャミの回数により説かれる。「一に誉《ほ》められ、二に誹《そし》られ（憎まれ）、三に惚《ほ》れられ、四に風邪をひく」という。クシャミのきっかけが人のうわさであるというのは、言い得て妙である。

一般にいう「風のうわさ」という言葉もあるから、うわさ話は風によって自在に運ばれると考えられ、その人に取り憑《つ》き、それが現れたのがクシャミだ、ということかもしれない。

鎌倉時代末期の随筆『徒然草』（吉田兼好）に、「鼻ひたる（クシャミのこと）」時は「くさめ、くさめ」と唱えないと、死んでしまうと世間ではいっている、とある。

クシャミをすると必ずその後に何か言葉を付けていた。例えば、秋田では「エィ、このヤロー」とか、「コンチクショウ」と唱えている。クシャミをした後に、とっさに出る言葉があったのだ。

クシャミをした後に付ける言葉は全国各地でみられるが、ほとんどが悪口である

クシャミ後の言葉は全国各地でみられる。チクショウ（新潟県）、コラーッ（和歌山県）、チクショウ、思う度に会えるかい（埼玉県）、オンドレ（山口県）、クソ外道（広島県）など、ほとんどが罵詈《ばり》雑言といってよい悪口である。

柳田國男は既に答えを出していた。クサメというのは「糞《くそ》はめ」で、「糞喰《く》らえ」と同じこと、隠れた悪意に対する反発で、最大級の悪罵《あくば》だという。鼻や口から息を激しく吐き出すクシャミを気に掛けた、クシャミと同時に魂も押し出されるという心配からであった。だから、罵《ののし》り言葉を発すのは魂を狙う邪悪なモノを追い払うためだろう（「クシャミのこと」１９４９年）、といっている。

クシャミは邪悪な風邪の元となる霊《モノ》が取り憑いたために起こると考えると、うわさのクシャミも分かってきはしまいか。

一つ残し――安泰祈る信仰の表れ

更けゆく秋の風景に、残された柿の実一つに、冬の間近を感じずにはいられない。柿の収穫にあたり、一つだけ残す風習を、「木守り」の柿といってきた。何故《なぜ》「木守り」というのか。一つだけ残す風習は、この柿の実を鳥たちに食べてもらうことにより、実りの恩恵を生きとし生けるものに分け与える、共食の気持ちの表れといえるかもしれない。それに、この一つ残しの柿が、木そのものを守り、来年の実りをもたらすと考えられたからであった。

この風習は柿に限らず、秋の収穫物にしても、一つだけ残すことがあった。湯ノ沢（秋田市）などでは、百合の根を掘ったあと、根の一欠片《かけら》をその掘った跡に埋めておくと、次の年その欠片から芽が出るというのであった。実際に芽が出るか、分からないが、地面の虫などにも収穫の一部を残しておくのだ、といえば、木守りの柿と同じ意味であったことがうかがえる。

「秋田の一つ残し」という言葉がある。サワチ（皿鉢）に盛られた料理の、最後に一つだけ誰も手を付けずに残ったことをいう言葉だ。お菓子なども大皿に大量に盛って、みんなで食べていると、食べる量が次第に落ちてきて、ついには必ず一つだけ残ることがままある。それは最後の一つに手を付けることが、卑しい行為だと思われ、遠慮があ

宴席でよく見られる「秋田の一つ残し」。全国各地でも見られ、ほとんどで旧国名を冠した呼び名が使われている

るからだ、と解釈されてきた。

青森県では一つ残しを「津軽衆」というらしい。それに一つ残しを食べる時は「ツガルショ」といって食べる。一つ残しの物を食べる人のことは「津軽の英雄」などといった。つまり、特定地域の気質をいったのか、または一つ残しを食べるには相当の勇気がいるとみたのかもしれない。

一つ残しは秋田だけではない。熊本県の「肥後のいっちょ残し」、佐賀県では「佐賀もんのいっちょ残し」、新潟県の「越後の一つ残し」などといわれる。ここで気になるのは、ほとんどが旧国名を冠して使われていることだ。こうした言い回しが、文化圏を意識していると思われてならないが、そうすれば近世以来の慣習だったかもしれない。

上郷（にかほ市）では、五月《さつき》の祝いに配ったぼた餅や赤飯などは、重箱などの器を空にして返すことはなく、器の隅に必ず一つか、少し、入っていたものを残して返す風習があった。大川（五城目町）では、ご祝儀の饅頭《まんじゅう》などを届けてもらったときに、入れ物に必ず一つ残して返した、という。そういえば、小砂川（にかほ市）などでも、ご飯のおかわりの際も、茶碗《ちゃわん》に一口分だけ残して、おかわりをもらうといった。

だとすれば、こうした一つ残しは、目に見えない神仏や先祖に捧《ささ》げ、安泰を祈る信仰の表れであったに違いない。

死後の離婚――実家の両親が娘供養

人生儀礼の中で最も華やかな慶《よろこ》びの一つに婚姻（結婚）が挙げられよう。しかし、現代事情はそう単純ではなさそうだ。秋田県の婚姻率は非常に低いといわれて久しい。それに、婚姻関係を結んだといっても、かつてのように家同士の結びつきといった民俗的な関係も、ほとんどみられなくなっているからだ。

まして、離婚も多いと聞く。婚姻がなければ離婚はあり得ないのだが、離婚が死後にもおこなわれるという特異な習俗がみられる。

「死後離婚」というものだ。ある人の妻となった娘を民俗術語では出嫁女《でよめじょ》といっている。出嫁女が婚家で亡くなったとき、実父母、または実家などの強い意志により、その婚姻を取り消すという習俗である。ここでは、生きている男性と、死者である嫁との離婚が成立するのだ。

そうした死後の離婚は、現行の法律では認められないはずだが、明治13（1880）年民事事例集『全国民事慣例類集』（生田精編／司法省）によると、確かにあったことが分かる。

「婦死去シ相談ノ上ソノ死体ヲ里方へ引取リ葬式ヲ営ム事アルトキハ大抵持参ノ物品ハ

里方へ返スヲ例トス」と、陸前国遠田郡（宮城県）の事例がみられた。まだ他にも記されているから、一つの民俗慣行だったといえよう。

荷八田（能代市）では、「死人の里帰り」だといい、子供のいない出嫁女が死ぬと実家で引き取ることがあったという。死んだ出嫁女は実家で葬式をすることが多く、その際婚家に持参した箪笥《たんす》なども実家に戻してもらうという。墓は当然実家で建てる。そうして離婚となることにより、両家の親戚関係も解消されてしまうのだ。死人の里帰りは、向能代（能代市）で平成6（1994）年にもおこなわれた、という。

死後離婚は他にもあって、畠（男鹿市）では「もらいげし（貰い返し）」といい、田草川（秋田市）では「死にいとま（暇）」といってきたから、広い地域の民俗に残されきた習俗といえるだろう。

この習俗の特色は、出嫁女だけに限られ、初産に伴って死んだとか、子供がなかったり、嫁いで数年内であるということ。それに実家の両

昭和20年代の嫁入りの際に着たとされる黒留め袖。ここにも実家の家紋が見られる

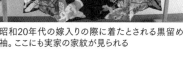

親が健在で、若い実娘の不憫《ふびん》さを秘めた心がそうさせるのだ、といわれる。それに、婚姻当事者のゆく末をひそかに案ずることも、死後離婚を成立させる理由の一つなのだ。

嫁入りの際に持参する着物のうち、喪服には実家の家紋を入れる出嫁女が、ほぼ全県にみられる。とすれば、生家（実家）との関連や、女性に対する死後の祭りのあり方を考えることにより、死後離婚の本当の意味が理解できるかもしれない。

ゴクヨウ祭――穀霊慰め、収穫に感謝

あまりいい意味では使われていないが、「穀潰《ごくつぶ》し」という言葉がある。食べるだけで何の役にも立たない者のことをいうとされる。この時の「穀」というのはもちろん、稲であり米を指すのだろう。

穀物は稲（米）を代表して、およそ人が食べて生きる主要な作物であることはいうまでもない。その穀物を大切に育て、大事に収穫をしてきたのも事実だ。

特に、稲は難儀をして約半年をかけて収穫を得る。だから、秋の収穫には一粒たりとも粗末にしないで、精いっぱい大切にする。刈り取りの時に稲穂が田圃《たんぼ》にこぼれ落ちること

がある。ひと昔前はこれも拾い集めた。落ち穂拾いというものである。

また、ご飯を食べるときにも、お米を粗末にすることを忌み、一粒でもこぼしたご飯を拾って食べないと、「目がつぶれる」などといわれた。

稲が生活と切っても切れない関係にあることから、稲は「いのちね（命根）」「いきね（生き根）」が縮まった言葉だという説もある（『語源由来辞典』）。いかに、生命と結びつけられてきたかが知られる。

ところで、県南の仙北地方では「ゴクヨウ祭」という村祭りがおこなわれている。ゴクヨウというのは穀供養のことだとされるが、実際は「供養」というより、稲の霊を慰め収穫に感謝し、来る年の豊穣《ほうじょう》を祈る祭りであった。

村杉（大仙市）では、村内で年番を決めて祭りの準備がなされ、毎年11月9日（今は最も近い日曜日）に宿（集会所）に集まり、神事がおこなわれる。ここでは「真清田《ますみだ》大神」と書かれた掛け軸が祭られる。真清田大神というのは尾張国（愛知県）一ノ宮、真清田神社のことで、

ゴクヨウ祭の標板を立てる人たち。村の入り口でもあるが、この先は田圃が広がっている＝大仙市村杉

稲の神（穀霊神）と崇《あが》められてきたものであった。

神事が終わると今度は、予《あらかじ》め調えてあった竹に注連縄《しめなわ》を張ったものと、「奉斎産土《ほうさいうぶすな》保食《うけもち》大神《おおかみ》五穀《ごこく》豊熟《ほうじゅく》報賽《ほうさい》称辞《たたえごと》畢《おえ》奉《まつる》之攸《のところ》」と墨書された標板を持って、村の入り口でもある辻に立てる。この時、お神酒や供物を供えて皆で拝む。標板の文字に「報賽」とあるように、明らかに穀霊に感謝を捧《ささ》げるものである。

辻に標板を立て、竹に注連縄を張って祭ることは、辻が村の結界であったことを意味し、穀物を阻害するあらゆる悪霊を寄せ付けないためである、と思われる。そうして、収穫後、田にこぼれた一本の稲でも大事にして、その稲に感謝して穀霊を祭るというのが本来の趣旨だろう。

こうしたゴクヨウ祭は本堂城回（美郷町）や角館（仙北市）などの各地でおこなわれてきた。だが、いずれの地でも標板は同じく村境に祭られていたことからも、ゴクヨウ祭が供養以上の祭りであることが分かるだろう。

転ばぬ先の杖――一歩先の世界を突く

杖《つえ》は人が歩くとき、歩行を助けるために使われる。だから歩行が次第に困難になると、杖の助けは大変ありがたいのだという。そうみれば、杖はもっぱら老齢者だけのもののように感じられるだろう。

だが、果たして杖はそれだけであろうか。もっといえば、歩くときに杖の支えは体の平衡を保つのに役立ち、坂道などを登るときの支えになることもある。特に、背で荷物を持つときには、休息で重さを支えるにも大変役立つ。

そうした杖ではあるが、民俗では意外なところに杖が出てくる。驚くことに、実用以外の杖がかなり多くあることが分かる。例えば霊峰と慕われる太平山（秋田市）登山、鳥海山（にかほ市ほか）詣《まい》りなどの山岳登拝の際には、きつい山道だからとして、木の枝を採って金剛杖などと称し登り下りに用いる。だが、登拝を終えても、その杖は捨てずに持ち帰り、大事に保管していることがしばしばみられる。下黒瀬（秋田市）では、登拝の際に用いた自然木の杖は、大切に床の間に飾っていた。

「石橋を叩《たた》いて渡る」という諺《ことわざ》がある。諺では、叩く道具をはっきりいわないまでも、間違いなく杖を意味していた。だとすれば、石橋を叩いて渡るときの杖はどんな意味があるのだろうか。もちろん、頑丈な石橋なはずなのに、叩いて安全を確かめてから渡るのだから、用心の上にも用心を重ねる、という意味だ。

杖はいつも前に突くから、必ず足よりも一つ先に出るものである。一歩先は未知の世界であるから、それを杖で予知するために突くのではなかっただろうか。

そう考えると「転ばぬ先の杖」は、転んで怪我《けが》をすることのないように説いているだけでなく、予知される危険を回避できる霊力が、杖に備わっていることを意味しているように思われてならない。

その昔、蝦夷の総大将といわれた大猛丸《おおたけまる》は、父を保呂羽山（横手市）の夜叉鬼《やしゃき》、母を高尾山（秋田市）の米子として生まれた。勅命によった田村麻呂将軍は、武運よく大猛丸を誅伐《ちゅうばつ》することができた。この時、将軍が首尾よく征服できたのは牛島（秋田市）竹原ノ神のおかげとして、社殿（三皇熊野神社）を建立し、そこに愛丈を立てたという。この杖が根を張り大木となった。それが「杖

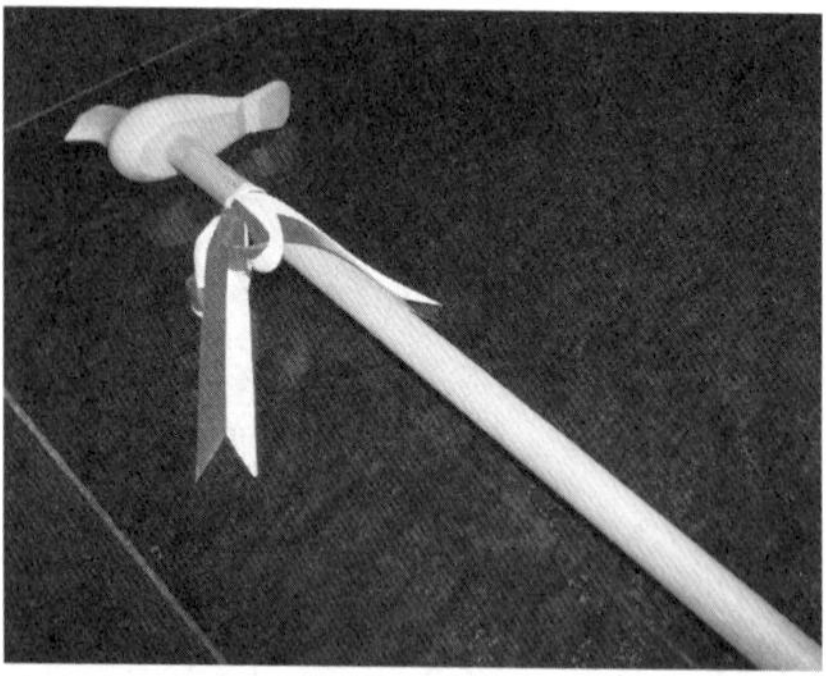

鳩杖（はとづえ）。高齢者に祝いとして贈られる杖であるが、武神である八幡神のお使いとされる鳩にあやかり、功労、老臣に授けられた。鳩杖にも不思議な霊力があると思われたかもしれない

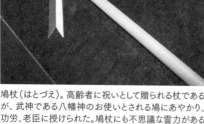

の木」と呼ばれて尊ばれてきたという。

杖から芽や葉が生じたり、根付いたりする話は古くて、『宇治拾遺物語』(中世説話集)にもあるように、始めから杖に備わる不思議な力を崇《あが》めてきたと思われる。

そういえば、六郷(美郷町)では文王《ぶんのう》という仙人のような者がいて、杖で妖術を使ったという伝承がある。

裏祭り――本祭後の神送り神事

年の瀬も近くなると、慌ただしさの中にも、ふと一年を振り返ってみることがある。いいことばかりであればよいが、中には後悔する事柄もあるだろう。

時機を逸して詮《かい》のないこととして「今さら悔やんでも後の祭りだ」と、いうことがある。今となってはもう手遅れだということを「後の祭り」といっている。

だが、本来は『広辞苑』でもいってるように、祭りの済んだ翌日のことを指し、神饌《しんせん》(お供物)を下ろして飲食することをいうとする。加えて、祭りの後の山車のように、見物しようとして時機が遅れたことから、無駄なことを意味するということらしい。

だとすれば、いわば諺《ことわざ》のように使われてきた「後の祭り」は、祭りの済んだ後の山車の意味から、本祭が終了すれば賑《にぎ》やかさを失うように、時期に遅れてどうにもならないことを意味したのだろう。祭りが終わってしまった一抹の寂しさが込められているのかもしれない。

しかし、本当に「後の祭り」という祭りは、実際にないのだろうか。果たして後の祭りは、どうしようもないことを意味するのであったのか。

秋田では「裏祭り」というものがあった。一般的な神社祭礼からいえば、何年かに一度大きな祭りをおこなう時に、それ以外の年の祭礼を裏祭りと呼ぶこともある。一年ごとに表と裏の祭りとして、祭礼の規模に大小を付けたり、特殊な神事のある祭りを一定時期に交互におこなったりする。しばしば、表、裏という祭りの区別をしている。

だが、秋田でいう裏祭りとは、毎年一度の例大祭の後に、必ず特定日を設けて、まさに実際の「後の祭り」をおこなうことにあった。つまり、裏祭りは、本祭（例大祭）に引き続

森子大物忌神社の裏祭りでおこなわれる御差棒の遷座。裏祭りこそ「後の祭り」を意味しているのだろう（2011年4月撮影）

いておこなわれる、一連の祭事であることに間違いないのだ。

森子（由利本荘市）の大物忌神社（国指定史跡）では、例大祭（4月第3日曜日）の次の日が裏祭りで、翌年の祭礼にあたる神宿《しんしゅく》（当番宿）にご神体に代わる御差棒《おさしぼう》というものを、行列で送る神事がある。そして、御差棒を安置した新神宿では厳粛な祭式があり、直会《なおらい》をして終わるのが裏祭りだ。長岡（にかほ市）では、本祭の次の日におこなう祭礼の後片付けも裏祭りだともいうが、後日適当な日に、親類縁者を招いて盛大な祝宴を開くのも裏祭りといった。万願寺（由利本荘市）では、祭りの翌日に、獅子頭を納めた箱を背負って、御幣を持ち悪魔祓《ばら》いといって、氏子中を一軒一軒お祓いして回る行事を裏祭りとしている。

とすれば、裏祭りは神送りの神事そのものであったのだろう。そう考えると「後の祭り」というのも、この裏祭りに相当する、実は歴《れっき》とした祭礼の一つであった。

歳暮——感謝の心込めた儀礼

歳暮というのは、文字通りとすれば、年の暮れを意味する。だが、実際は専らその頃の贈答をする風習をいってきた。その風習では、「お歳暮」というように、丁寧な「御」を付けて言い表してきたように、儀礼的な存在であるに違いなかった。

民俗でいうお歳暮は、一年世話になった本家・親方家・嫁の実家・仲人家などにあいさつにいき、感謝の気持ちを込めて品を贈るという風習であり、一つの年中行事的儀礼と捉えられるものなのだ。

贈答の風習は、一方で虚礼のようにいわれながら、なお根強くおこなわれている。中身は一様ではないが、与えられた物は受けなければならず、受けたことに対して返礼しなければならない。一種の圧力を感ずるものだが、お歳暮に限らず、日常的に繰り返されてきた。だから、儀礼的な要素が高く、ある種の道徳的効果が期待されるものと指摘されている（マルセス・モース『贈与論』）。贈答は礼儀という敬意を示す行為（儀礼）であったのだ。

お歳暮の贈答は今に始まったことではない。人見蕉雨が秋田の年中行事を綴《つづ》った『秋田紀麗《きれい》』（1815年）には、（十二月）二十日「此《こ》の頃より歳暮の賀とて、親はらから（同胞）を祝ひ互《たがい》に往来

お歳暮。熨斗（のし）、水引を使い包まれたものが多い。贈答品は神仏に供えてから頂くことがほとんどで、信仰的意味合いが強い

す」とある。「賀」というように単なる贈答ではなく、慶《よろこ》び祝いの心が込められていると思われるのが、お歳暮であろう。

明治初期の女米木（現秋田市）地方の風俗では、「（12月28日）昨日今日ヨリ歳暮ノ贈答頻《しき》リナリ。寺ヨリハ擦附木《すりつけぎ》（マッチ）ヲ贈ル。医者ヨリハ屠蘇《とそ》ヲ贈ラルルモ例ナリ。其（その）他ハ大抵自家ニテ作ルモノヲ贈リ贈ラル」（『羽陰温故誌』）とあり、民俗での贈答は食べ物が多かった。贈答に食べ物が多いわけは、同じものを分け合って食べることで、人と人、また家や親類などのような共同体意識の結合を強くしようとすることにあった。これが、本来の贈答の意味であったことが分かろう。

また、歳暮も「贈リ贈ラル」という。物を贈られたら必ず返すという風習には、普段でも凶事の場合以外は、おうつり、おため、としのみ、などといって贈り物を入れてきた重箱や風呂敷などに、半紙、マッチなどを入れて返礼をしたように、賜《たまわ》る（賜物《たまもの》）の意識があった。だから贈答品はまず神仏に供えてから戴《いただ》くのは、今も風習に残る。

歳暮の贈答とは限らないが、大抵はその品に「熨斗《のし》」とか「水引」が付けられる。熨斗は熨斗鮑《あわび》を添えた名残という。精進物ではなく、海水に生息する鮑だから、塩で清まった、いわば聖なる物を意味した。水引もまた、贈り物に注連《しめ》縄を付けたのが起源だろうともいわれるから、一般的な品物とは異なる、尊い物ということであろう。

正月の火――五穀豊穣を願い信仰

正月には火と関わる民俗が非常に多いことに気づく。というのも、囲炉裏《いろり》や竈《かまど》のあった生活では、元日の朝に若木焚《わかぎだ》きという行事がみられたからだ。年の暮れに新年のアキの方(恵方)から採ってきた雑木の枝(生木)で、家主が初めて火をおこし、囲炉裏で若木を焚くのである。

元朝、この火にあたると若返るといった。また、若木焚きの火で雑煮餅を作ったり、汲《く》んでおいた若水を沸かし、お茶を飲むと長命になるといわれてきた。小砂川(にかほ市)ではカツノ木(ヌルデ)を採ってきておき、これを若木といって、元日早朝に焚くとされる。

今でも神社の祭り事では新しい火が起こされる所がある。伊勢神宮(三重県)では1500年も前から一日も欠かさず、日別《ひごと》朝夕大御饌祭《おおみけさい》がおこなわれているが、その神事に当たり、その都度、新たな鑽《き》り火によって神饌《しんせん》(お供物)が調理され供えられている。

出雲(島根県)の国造《くにのみやつこ》家では古来、新国造の就任に当たって、必ず火継《ひつぎ》神事がおこなわれる。神宝の火燧臼《ひうちうす》と火燧杵《きね》を用いて神火を鑽り出し、この浄火をもって斎食《さいしょく》を炊《かし》ぎ、神々に献じ、新国造自らも食し、初めてその職を襲《つ》ぐのである。こうして、新たな火によって霊魂《たましい》を継承していくというのは、民俗における正月の若木焚きに似ていまいか。

かつて囲炉裏の火は絶やすことなく継いでいた。夜に火を止めるとして火床に灰《あく》を掛けておくが、火種はしばらく生きているものだ。朝に灰をよせて火種を出し、再び火をおこすのである。火が新たにおこる、再び生き返るなど、火の再生する力に畏怖《いふ》感がもたらされてもいた。

船川（男鹿市）には「大歳の火」という昔話が伝わる。火を絶やしてはならない大晦日《おおみそか》の晩に、嫁が囲炉裏の火種を消してしまった。表に出たところへ提灯《ちょうちん》を持った男が来て、提灯から火を分けてもらう代わりに、棺桶《かんおけ》を預かる。棺桶を薪木《まきぎ》の陰に隠しておくが、不吉なものを預かった嫁は顔色が悪くなり、主人に見咎《みとが》められる。嫁は火を消してしまい、男から火と棺桶をもらったことを打ち明ける。そこで棺桶を見てみると、死人ではなく全部お金になっていた、というのである。正月に新たな火を継ぐことによって、富貴（黄金）を得る話だが、火はとても大切であり、神聖であり信仰的だ、ということが暗に語られていたのだろう。

金峰神社の七日堂祭。餅の上で牛玉宝印（ごおうほういん、御札）が神火によって焼かれ、この火で作柄を占う。これも正月の特別な火の一つといえよう＝にかほ市象潟町小滝

それは、仁井田（秋田市）や角館（仙北市）などでおこなわれる小正月の火振りかまくらにもみられる信仰なのだ。一種の予祝行事だが、新たな正月の火によって悪霊や害虫を祓《はら》い、五穀豊穣《ほうじょう》をもたらすものとして信仰されてきたからに他ならないだろう。

道唄――声高らかに悪霊祓う

赤沼（秋田市）鎮座の太平山三吉神社では毎年、初縁日とされる正月17日に梵天《ぼんでん》祭がおこなわれる。昔は、新しい年に成年（二十歳）となった若者が、親類縁者や集落の人びとの力も借りて、一基の梵天を奉納することが習わしであった。梵天は一種の巨大な御幣のようなもので、正月初めに作り上げられると、17日まで土間に据えられた臼にくくり付けられ、その臼を祭壇として毎日供物を供え、祭られる。当日は大勢の人びとに抱えられ、若者が梵天を頭上に翳《かざ》し神社に奉納するのであった。

梵天を奉納する時、その道々では、祭りの御神輿《みこし》を迎えるように家の前に出て、人びとは拝んで見送るものであった。その際の道行きで歌われたのが、「三吉節」といわれる梵天唄である。

梵天奉納の祭礼は県内各地にみられるが、いずれの地にも道唄（道行き唄）でもある梵天唄が伝わっている。大沢（横手市）の旭岡山神社梵天祭の道唄は、「荷方節」を取り入れたといわれる梵天唄らしい。保呂羽山波宇志別《はうしわけ》神社（横手市）の梵天唄は「八沢木節」であったという。

そもそも、道唄にはどんな意味があるのだろう。

かつて、民家で結婚式をしていたころ、結婚の際に嫁は生家から婚家まで、大抵は歩いたものである。この道中では必ず道唄が披露された。「嫁入唄」ともいわれるものだが、「長持唄」や「箪笥《たんす》担ぎ唄」などがあった。太平（秋田市）などのように、分かれ道や村境などでは、仲人、婿方、嫁方と順次にそうした道唄を連ねてゆく作法も厳格に伴っていた。

「馬方節」も道唄の一種といえよう。荷駄を引く馬子、馬方役が歌う馬子唄もある。これがまた特殊な場面に登場している。一日市神社（八郎潟町）でおこなわれている「願人踊《がんにんおどり》」に、「願人の馬方

太平山三吉神社（秋田市）の梵天祭。梵天を翳しながら「三吉節」の道唄を勇壮に歌い上げるのも祭りの作法となっている

節」がある。石川（八峰町）の駒踊りでは「駒引き唄」がみられて、この道唄に導かれ駒踊りが披露されるのだ。

このように道唄にはさまざまあるが、いずれも神事祭礼や祝福儀礼、民俗芸能に関連している信仰的な意味合いが強いものといえまいか。

山畑（にかほ市）の稲荷神社祭礼ではシャギリというのがある。神輿渡御につけられた山車に、囃子《はやし》と踊り子を乗せて引き回す神賑《しんしん》行事の一つだが、シャギリはもともと、修験者（山伏）が山で修行をする際に、山中の魔物に襲われないように法螺《ほら》貝や手拍子鉦《かね》などを鳴らして、道行きを祓《はら》うことだったという。それで、悪霊を遮る（しゃ切る）ということで、賑《にぎ》やかに囃すものだといわれる。

だとすれば、道唄は、シャギリに代わって民間に取り入れられた、悪霊祓い作法の一つではないか。声高らかに歌うことにより悪霊を祓い、福をもたらそうとしたのではあるまいか。

訪れる神――異様な音で悪霊退治

飯島長野（秋田市）で毎年立春の前にナマハゲ行事をおこなう。かつてあったものが途絶えたことにより、近年は「男鹿のナマハゲ」（国重要無形民俗文化財）を取り入れ復活したもので、もっぱら子供の躾《しつけ》に一役買っているという。「男鹿のナマハゲ」は歌志内《うたしない》（北海道）まで伝わって、今では子供の教育に期待された行事として近年でも続けられているらしい。

だが、本来のナマハゲはそうした躾、教育の面だけでおこなわれてきた習俗ではないだろう。その証拠に「男鹿のナマハゲ」の文化財指定の説明では、「年の折り目に神が来臨し、人びとに祝福を与える」という趣旨の行事で、「我が国古来の民間信仰の形態を示す典型例の一つ」とされる、極めて重要な民俗というわけである。だとすれば、ナマハゲは神で、正月に訪れ、年の予祝をしてくれるもので、決して子供たちに訓戒《くんかい》を与えるだけが目的ではない、といえる。

ナマハゲに似た民俗は各地に伝承されている。やはり年の節目（小正月）に異様な姿をして訪れるものが多い。顔に真っ黒な墨を塗り、ケラを着て、手拭いで頬被《かむ》りをした外旭川（秋田市）のハゲダガ、ハグドなどもそうであった。そこでは「ハゲダガ、ハゲダガ」

「ハグド、ハグド」などと鋭い言葉を発しながら訪れたという。

そうした習俗で注目されるのが、けたたましく大声を張り上げたり、激しく戸を叩《たた》いたりしながらやって来ることである。浅内（能代市）ナゴメハギでは拍子木や鉦《かね》を叩いたりする。下浜（秋田市）ヤマハゲは竹の笛を吹いて、下黒瀬（同市）ではカラピピ（笛）を甲《かん》高く鳴らし、寺沢（同市）悪魔払いのヤマハゲは、馬橇《ばそり》の引き金をジャラジャラと鳴らして来るのだ。赤石（にかほ市）アマハギは太鼓と鉦を打ち鳴らすなど、大抵は何らかの音を立てたり、ただ気ではない大声を張り上げる。近世後期、男鹿のナマハゲもまた、小箱を携えて、コロコロと音を立てて訪れていたことは、菅江真澄の旅日記にも記録されていた。

かつて、土崎（秋田市）周辺の村々ではハゲダガとか、ナモミハギ、ナムミョウハゲなどといわれた習俗があった。例えば金足（同市）では、仮面をかぶったり、あるいは顔にヘソビ（鍋の煤《すす》）を塗ったりして蓑《みの》を着て、算盤《そろばん》とか馬の鈴を持って異様な音を発して訪れる者がいた。

実は、神が異界から顕《あらわ》れるとき、音を伴って顕れると

飯島長野のナマハゲ。復活してからナマハゲと呼ぶが、かつては異様な音のする牛の角笛（つのぶえ）を高く吹き鳴らしながら訪れたという（2008年1月撮影）

考えられてきた。生活上でも、何らかの便りを「音信」というから、「訪《おとず》れ」は「音連《おとづ》れ」であったのだ。だから、何らかの音を伴って訪れることは、神霊の顕れ方の一つで、同時に強烈な、異様な音は悪霊を祓《はら》う意味もあったのだろう。そうした神の来訪により、結局は豊作・豊漁をもたらすと考えられたのである。

猿神の信仰――五穀豊穣など へ期待

十二支のさるは「申」と表記されるが、通常は動物の「猿」が当てられる。本来は申と猿は関係ないらしいが、民俗では同じく捉えられてきた。

江戸時代後期に谷川士清《ことすが》が著した国語辞典『倭訓栞《わくんしおり》』には、猿は「獣中に智のまさりたる義なるべし」とあり、猿の知恵を高く評価していた。一方、猿は人間より毛が3本足りないとされ、「猿知恵」は浅はかな知恵をいい、「猿芝居」は浅はかな企《たくら》みと例えられた。そうした諺《ことわざ》にもあるように、猿は人の生活と関係が深く、古くから人びとの注意を集め、さまざまな伝承を生んできた。

山本や平鹿地方では猿のことを、「山のあんこ」と呼び、北秋田、由利、仙北地方では

「山の兄」と呼んでいた。いずれも擬人化して言ったと思われる。また、山で狩猟を主にしてきた阿仁（北秋田市）マタギらは、マシとか、シネとか呼んでいた。マシは『万葉集』にもみえる古語であった。

男鹿地方の漁師たちは決して「猿」という言葉を使わなかった。山でも海でも「猿」が「去る」に通じて縁起が悪いとされて、一様に忌《いみ》言葉に置き換えていた。だが、本来は縁起が悪いというより、直接「猿」といえば、畏れ多くて、何かの祟《たた》りが罹《かか》ると思われたのだろう。

ところで、猿はその生態と習性から山ノ神と同じように崇《あが》められてきた。塩越（にかほ市）の某家が所蔵する「四季耕作図」屏風《びょうぶ》には、田植えの側《そば》で猿使いにより御幣を持って演じる猿の姿が描かれている。春に、山ノ神である猿が里に下りて田ノ神となる姿を、そのまま描いたのであろう。猿は神として稲作の豊穣《ほうじょう》をもたらす、と信じられてきたことが分かる。

「山王さん」と親しまれる御指南町（能代市）日吉神社は旧暦4月、中の申の日（2番目の申の日）が祭礼で、申祭《さるまつり》ともいわれた。日吉山王信仰では猿を崇め、神使としてきたからで、猿を申に

馬屋神として祀られる猿。かつて馬屋の入り口に猿の頭（かしら）を祀り、馬の守護と五穀豊穣を祈った＝秋田市添川、1982年筆者撮影

準《なずら》えたのであった。宵宮祭には初嫁が参詣し、奉謝《ほうしゃ》と幸福祈願をするという、別名「嫁見祭り」がある。宵祭に初嫁が参詣するのは、子孫繁栄を意味すると同時に、稲の繁栄、つまり、稲作の豊穣が期待される猿神への信仰があったからだと思われる。

かつて、秋田県内には馬屋祭があった。農家で馬を飼っていた頃、馬屋の前で猿太夫《さるたゆう》（馬屋祭太夫）が祈禱《きとう》をして廻《まわ》ったのである。押切（横手市）にいた太夫の祭文には、「馬が天下《あまくだ》った時、神馬《しんめ》の入った袋が破れず苦しんだが、猿が神馬を助け出した。それ以来、馬と猿が仲良くなった」ということが唱えられていた。これが、猿神を馬屋ノ神として祀《まつ》る所以《ゆえん》を語るものである。

雪と生活――降り方、質で名称区別

冬に降雪がすこぶる多い秋田に暮らす人々にとって、雪との生活は、どう雪を克服するかに比重を置いてきたと思われる。そんな辛《つら》さを吹っ切るかのような「冬祭り」が、各地で繰り広げられている。雪に直接関わる民俗祭礼が今に伝承されてきたのは、克雪への気持ちの表れであろう。

一口に「雪」といっても、降り方や雪の質にも違いがあり、それを適切に区別してきた。津軽（青森県）では「七つの雪が降る」と最初にいったのは太宰治であった。太宰は小説『津軽』（１９４４年）の中で、こな雪・つぶ雪・わた雪・みづ雪・かた雪・ざらめ雪・こおり雪、があるとした。だが、このうち、かた雪、ざらめ雪、こおり雪は降る雪ではないものだ。

秋田では、綿状にフワフワとした雪を「わだゆぎ」という。重そうにボタボタ降る雪は「ぼだゆぎ（ぼたん雪）」と呼び、これを由利本荘地方では「ぬれゆき」といっていた。院内（にかほ市）では、綿雪が積もって深雪になることを「ほでわら」という。北秋田や河辺郡地方では「ほどゆき」ともいい、これを『秋田のことば』（２０００年、秋田県教育委員会編）では、囲炉裏《いろり》（火処《ほど》）の灰《あく》のようにサラサラした新雪に捉えたのだろう、と述べている。

粉状に降ってくる雪を「こなゆき」という所は多いが、大正寺（秋田市）辺りでは「しんぶき」といった。何で

降雪後の雪景色。綿雪が木に降り掛かり、銀色の世界を醸している。厳しい寒さがしのばれる景色だ＝秋田市の一ツ森公園を望む

もザラメのような雪に新しい雪が付いて風と一緒に舞い降る雪のことらしい。

「あられ」「あらね」などと呼ぶ雪は粒状で半分凍った雪で、荒々しい様を表現したのだろうか。「みぞれ」は雨と雪が同時に降る状態（和達清夫『最新気象の事典』1993年）だというが、「あまゆき」「ぬれゆき」と混同されて解釈されていた。「あまゆき」「ぬれゆき」は、極度に湿った、雨とも雪ともつかない状態で降るものをいうので、雨と雪が同時に降ることとは少し異なるだろう。

興味深いのは、下駄《げた》などの履物に付いた雪の呼び名である。大雑把《おおざっぱ》にみてみると、こぶ・こんぼ（北秋田・鹿角地方）、ごっぱ・ごっぷ・ごっぽ（秋田・河辺地方）、ぼっこ・ぼろっこ（由利・仙北・平鹿・雄勝地方）、がっか・がっかまか（山本・南秋地方）、ごっこ（秋田）、などの他に、ごっぷ・でんごろ・ばっこ・べぁっこ・だっぽ、などとも呼ばれ、20以上の名称があった。下駄などに付く雪は歩行を妨げたり、うっかりすると転んで怪我《けが》をしかねない。不快に違いないが、その状態を擬態語でさまざまに表現してきたところに、土地文化の個性がみられよう。

一方で、雪の多寡は稲作にも影響して、「大雪にケカチ（飢饉）なし」といって、水不足を解消するという雪にも、心を寄せてきたのだった。

銭のチカラ――災禍や悪霊祓う呪力

お金を富としてみるようになったのは、相当古い時代からである。貨幣は経済生活を送る上で特に大事なものであるから、人々は粗末にすることを極度に避けてきた。だが、貨幣であっても小銭などと呼ばれる硬貨は、神社参拝の折に賽銭《さいせん》として打ち撒《ま》くことがある。不思議なことに、撒くというより投げ込むように賽銭箱に入れている。古くは散米《さんまい》といって賽銭箱にお米を入れていた。この米はまさに打ち撒くように箱に入れていたため、賽銭箱ではなく散米箱といった。お米がお金に代わると、散米の名残として銭を打ち撒く散銭《さんせん》になったらしいのだ。

お米もお金も大切なものであるが、これを打ち撒く散銭の風習、銭にまつわる民俗には、どのような意味があったのだろうか。

北楢岡（大仙市）では、33歳になった女性は厄年祝いとして、2月1日の朝早くから産土《うぶすな》の神社に詣で、境内で銭を撒いた。これを拾おうと子供たちは神社で待ち「三十三のアネコ（姉様）、銭こ撒け、金撒け」と囃《はや》していた。厄年の女性たちは帰り道でも撒いた。撒く銭の多い少ないで、その家の富が知られるともされたのである。

例え小銭であっても、大切なお金を投げるという作法とは何であろうか。厄祓《ばら》いに限っていえば、お金に災厄や悪霊を付けて投げ散らしてしまう。あるいは祓いの意味で散銭をする、ということだろう。

家普請の棟上げの時、家主夫婦の年の数だけ小餅と銭を用意して、これを撒く。餅と銭を拾った者は「金持ち（金と餅）」になるといい、縁起がいいとされた。また、上北手（秋田市）では、餅の中には穴開き銭を入れて撒いた。この銭は囲炉裏《いろり》の自在鉤《かぎ》に結び付けると火難除《よ》けとなるといった。

銭は撒くばかりではなく、他の民俗でも登場する。地鎮祭の際には鎮物《しずめもの》として銭などが土地に埋められる。古代の秋田城跡（秋田市）から出土した銭貨も鎮物とされている。

山田（大館市）には、老人が88歳を超えて亡くなると、ダミ（輿）に88個のマブリを付ける習俗がある。マブリは紅白の布それぞれを三角にして銭を入れて縫ったものだ。野辺送りの際には村の人々がダミからマブリを奪い取り、子供の背守りにした。火傷《やけど》や怪我《けが》から子供を護《まも》る、長生きの御守りとなったのである。

家内安全や無病息災を願って小銭を撒く湯沢市・森嶽神社の「じぇんこまき」（2015年5月）

こうしてみると、銭には不思議な呪力が隠されていたと思われる。恐らく、銭には富としての絶大なる力が籠《こ》もるため、神に捧《ささ》げて祈り、一方で銭の持つ呪力によって災禍や悪霊を祓う。やがて、それ以上の富をもたらすもの、と考えられたのではないだろうか。

虫を食う話――自然との密着物語る

昆虫を食べる風習は世界各国にみられるため、何も不思議ではないが、日本人の食生活にはあまり馴染《なじ》んでいるとはいえない。

虫にはさまざまいて、カブトムシ、ゴミムシ、チョウ、ガ、ハエ、カ、アブ、ハチ、アリ、セミ、カメムシ、バッタ、コオロギ、トンボなど、その数はざっと88万7千種といわれる（三橋淳総編『昆虫学大事典』）。いかに身の回りは虫だらけなのか分かる。

虫の姿形、人に害することを嫌悪する人々が多いのは事実だが、これだけ虫がいれば食べられないはずはなく、むしろ積極的に食用とされた虫もいるのである。

驚くことに、あの嫌な臭いを放つアネコ虫（カメムシ）が、アフリカのジンバブエやインドシナ半島のラオスで、採集して食べられているという（野中健一『虫食む人々の暮らし』）。

日本では、岐阜県・山梨県などでスズメバチの幼虫などを「蜂の子」といって食べることが知られている。古い時代からタンパク源を補うように常食されてきたのだ、という。長野県では、清流にすむザザ虫（カワゲラやトビケラなどの幼虫）を捕獲し、佃煮《つくだに》や揚げ物などにして食してきた。

宮城県では、孫太郎虫（ヘビトンボの幼虫）が有名で、昭和10年ごろまで「奥州斎川名産孫太郎」の触れ声で行商され、子供の疳《かん》に効く民間薬になっていた。江戸時代、土地の人はこれを炙《あぶ》って酒肴《さかな》にしたともいう。

イナゴ（蝗）は全国的に食される昆虫の代表的なもので、秋田ではこの佃煮を「ハッタギの佃煮」と呼び、秋口の稲に付くハッタギを虫駆除の意味も兼ね、大量に捕獲して食べたものだ。

民間薬によく使われたのがウジ虫である。南秋田郡地方では、口内炎には便所のウジ虫を焼いてつけると治るとされたり、舌しとげ（ぎ）にもウジ虫の抜け殻を粉にして口に入れると良いとされた。

ハッタギの佃煮。しょうゆや砂糖などで味付けして煮たもので、各家庭でも作って食べた。バッタも食べられるという

川袋（にかほ市）ではかつて、薪（雑木）の割木を盛んに生産し酒田（山形県）に販路を得ていたが、割木にする時、たまに白い芋虫に似た幼虫が出てくる。虫の名は不明だが、この虫を串に刺して炙り、おやつ代わりに食べたという。津和野（島根県）でも似たことがあり、クリの木を割って出てくる黄身がかった幼虫を捕りだし、竹串に刺して、やはり炙って食べたという。虫の名は分からないが、いずれにしても虫を食う風習はまだまだあるに違いない。

虫食の習俗は、主食のように虫を食べて腹を満たすのではないが、いかに自然と生活が密着してきたかを物語るといえる。長い間の生活で、人々は薬になるような有用な虫も存在することを見いだしてきたのだった。

ヤツメのこと――漁の結果で豊年占う

今から70年以上前のこと、ヤツメは秋田に相当いたらしい。武藤鐵城の『秋田郡邑魚譚』（アチックミューゼアム／1940年）によれば、「八ツ目は桧木内川を遡《さかのぼ》ってきて、或《あ》るものは院内川の如《ごと》き支流へも入ってゆく。そしてホリを掘り産卵する。そこへ行ってみると、沢山の八ッ目が、うじょうじょしている」と、下川原（仙北市）の川漁師の話を記していた。

しかし、かつてたくさんいたという雄物川や米代川、子吉川でも、そんな状況は今では全く見られないらしい。もはや漁獲量は少なく、魚体も小さいという。

ヤツメは初春の寒い時に川で捕れる。北海道や秋田県、山形県、新潟県など、日本海に注ぐ河川が産地として知られてきた。ヤツメはヤツメウナギの略称だというが、鰻《うなぎ》とは全く別物で、あの独特な吸盤状の口が特色である。何かに吸い付くと容易には離れないこともあり、気味悪がられたりする。

秋田では、ヤツメをぶつ切りにして、醤油《しょうゆ》や味噌《みそ》の濃いめの出汁《だし》で煮込む貝《か》焼《や》きが冬の味覚になっている。独特の風味や食感から、好き嫌いは分かれるようだが、貝焼き以外にもいくつかの料理方法があり、春先ならではの味わいだ。

豊岩（秋田市）では雄物川で捕れた

秋田領内風俗を書き上げた『秋田風俗問状答』（文化年間）の付図に「ヤツメ」の図がみえる（秋田県公文書館蔵）

ヤツメを、家の前の小川に、大きな木箱に入れて生かしておき、時期の進物用に使われることもあった。下黒瀬（秋田市）では正月におこなう春祈祷《きとう》神事の直会《なおらい》には、必ず、といってていいほどヤツメの吸い物が付いた。寒《かん》ヤツメといって、寒中（正月）に捕れたヤツメを好んでいた。

角館（仙北市）では、ヤツメが豊漁の年は世中《よなか》が良いという伝承がある。つまり豊年満作だという。ヤツメは1匹で数千個の卵を産むとされることから、まさにウジャウジャいる年は、それにあやかって稲の実が千粒も万粒も稔ることを考えたのだろう。

今では、ヤツメの肝油は薬用にされる。夜盲症や疲れ目に効くという。民間療法でも、母乳が出ないときにヤツメを食べるとよい（秋田市）、ヤツメを食べると目の病気をしない、目の悪い人はヤツメを食べると良くなる（由利本荘市・能代市・男鹿市・秋田市）、夜尿症にはヤツメを食べると治る（能代市）、などの伝承があった。

寺島良安『和漢三才図会』（近世中期の百科事典）には、ヤツメは「頭に七つの斑點《はんてん》があり、北斗の象をなす」「夜は首を仰け北に向かって禮拝《れいはい》する」とあり、尋常の魚ではなく、むしろ信仰的に受け取られていた。

寒ヤツメをはじめとする冬場に食べられるヤツメは、栄養価や薬効などをもって健康保持を図り、来る春耕に力を注ぐ一助として捉えられてきたのではないだろうか。

帯紐――妊娠祝い、安産祈願に

中途半端で何の役にも立たないことの譬《たと》え言葉に、「帯に短し、襷《たすき》に長し」がある。帯にするには短く、襷には長すぎるということで、この諺《ことわざ》はとても言い得て妙である。しかし、今では帯も襷も日常生活から消えてしまった感がある。

帯も襷も紐《ひも》が起源とされる。紐はとても便利な用具であり、生活に欠かせないものとして、用途に応じてさまざまに利用されてきた。物理的な利便性だけではなく、人と人の心を結ぶというときには「紐帯《ちゅうたい》」というから、いかに帯紐が大切であったか分かるだろう。

民俗では、そうした心意伝承を表したと思われる表現として、上郷（にかほ市）の「エッケの尻と縄（紐）の端は、捨てるもんでは、ネ（ない）」と言った言葉が浮かんでくる。どんなにエッケ（親類）との付き合いが遠くなっても、また縄が短くて使い物にならなくても、それらを繋《つな》げておけば必ず何時《いっ》かは役に立つのだ、ということらしい。

ところで、帯というのは着物の着装を結び調えるための、幅が狭く丈の長い一筋の服物をいう。村上信彦『服装の歴史』（1979年／講談社）によれば、服装の起源は腰紐一本であり、腰に物を帯びるためであった、としている。石器時代の日本でも紐状の帯が認められ、古墳時代になると刺繍《ししゅう》まで施した幅のある細帯が登場する。

帯というのは、腰に結ぶことで万物を生み出す霊が宿るとした紐が本来の起源らしい。その証拠はいくつも挙げられる。例えば昔、正月14日、常陸《ひたち》国（茨城県）鹿島神宮の祭礼でおこなわれた結婚を占う神事に常陸帯があった。帯占《おびうら》といって、意中の人の名を帯に書いて神前に供え、神主がそれを結び合わせて占うものだ。

帯は和服だけに用いたものでない。妊娠、5カ月目の戌《いぬ》日を選んで帯祝いをするが、この時の腹帯は五月《さつき》帯ともいった。釈迦内（大館市）では、嫁の実家から一丈二尺の長さにした紅白の木綿が、酒樽と肴《さかな》とともに贈られる。白い帯に「寿」と墨書して、神棚の前に祝膳と一緒に供えて拝み、産婆に締めてもらった、という。牛島（秋田市）では夫の六尺褌《ふんどし》で腹帯をすれば安

ボッタを体に結わえる女性。ボッタは子供を背負う帯紐のことで背負（ぼう）の転訛と思われる＝にかほ市象潟町長岡

ボッタにした兵児帯（へこおび）＝にかほ市象潟町長岡

産になるといわれた。腹帯を五月帯といったのは、五月の稲苗と嬰児《みどりご》を重ね合わせ、いずれもの成長や子孫繁栄を祈ったためであろう。

大湯（鹿角市）などではタナ帯というのがあった。子供を背負うための帯紐のことである。タナは「反布《たんぬの》」の転訛《てんか》ではなかろうか。

金沢（横手市）などでは、女33歳の厄年には、祝いとして鱗《うろこ》模様の付いた帯が贈られるという。帯のように細く長く生きられるようにという願いからであった。

采女神——髪結業の起源に関係

職人、諸職というと農業以外の職業を指すことが多い。職人は、誰もが成し得ない特殊な技術を職業として高め、職人技といわれるような見事な手仕事を成し遂げる人々のことである。

その手仕事の価値は、近世では士農工商という身分の中で「工」として認められ、職人に一目置くことが伝統となっていったのであろう。時代によっては、大陸より帰化した陶芸工や鉄器鍛冶は士分として優遇されたらしい。

室町時代の『七十一番職人歌合』（1500年頃）は、職人たちの姿を描き特色をよく表しているが、災いをなす怨霊《おんりょう》や悪霊などを鎮魂する呪術的意図があったという（岩崎佳枝『職人歌合――中世の職人群像』）。職人の尋常な人々とは異なる特殊な技や能力に、悪霊を鎮める力があったと思われたのだろう。

職人が尊ばれる職業とされてきたのは、彼らがそれぞれ職祖神を持ち、代々伝えてきたことも背景にある。例えば、番匠《ばんしょう》といわれた大工職人には聖徳太子を始祖とした伝承があり、近年まで太子神を祭っていた。飛鳥時代に使われ始めたとされる「指矩《さしがね》（曲尺）」を考案したのが聖徳太子だからという。また、鍛冶屋では金屋子神《かなやごのがみ》（金山神）とか天目一箇神《あまのまひとつのかみ》を職祖神、守護神としてきた。

ところで、横手公園（横手市）や前森公園（湯沢市）などに「采女神《うねめのかみ》」「采女之碑」と刻まれた石碑がある。この采女神とは何であろう。実は、この神は床屋（理容業）の職祖神

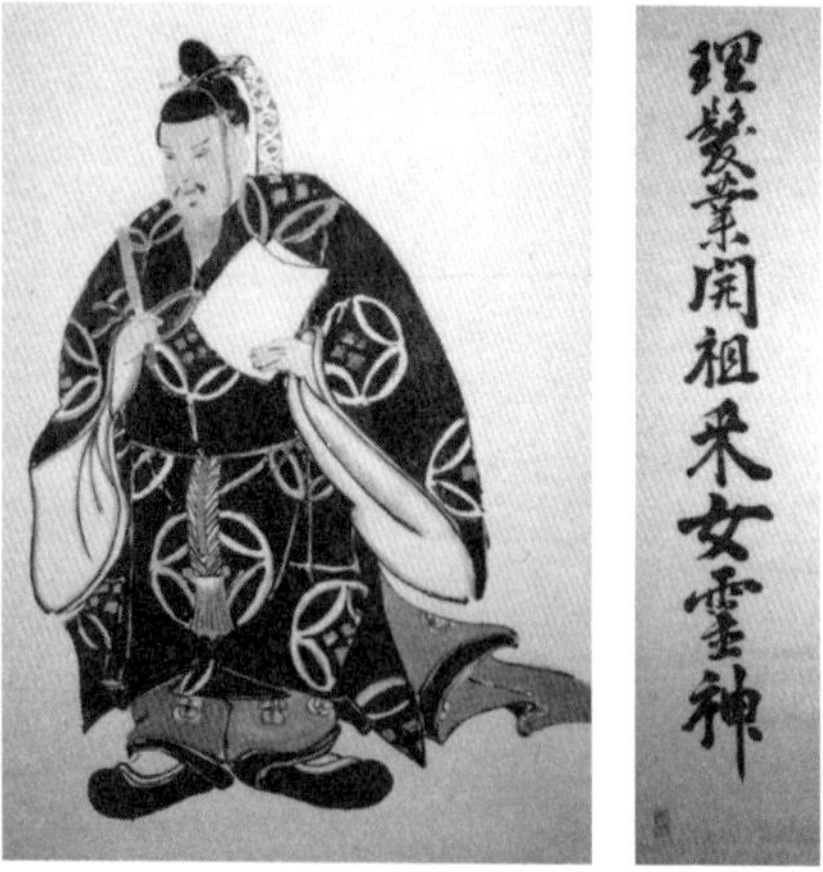

髪結い、床屋の職祖神とされる采女亮像＝横手市寿町、個人蔵（部分）

なのである。

『壱銭職分由緒之事』（１９６４年／吉田虎太郎写本）によれば、「我理髪業開祖采女霊神藤原基詮公と申す」とある。この采女神とされる藤原基詮は采女亮《うねめのすけ》政之（１３３５年没）で、故あって長門（山口県）に隠遁《いんとん》した時、閑暇《かんか》に子供老人に結い髪の施しをしていると、その技が巧妙であったことから、身分ある人、富める人まで髪結いを頼んできた。それが髪結業の始まりだった、という。

さらに、７代孫の藤原七郎は、徳川家康が三方原（静岡県）の戦で敗退の際、天竜川を渡る手助けをしたとされ、江戸城開府とともに江戸市中髪結職の総取締を命ぜられた、というのであった。

以前に、床屋が17日を休業日としたのは、采女亮の命日であったとも、江戸城開府の日だからともいわれている。だから、この日を特別な日として、石碑を祭り、采女神を崇拝したのであった。

職人の発生は自然発生であれ、人為的発生であれ、何らかの起源にまつわるものとして職祖（神）を樹《た》てることにより、職業の存続と権威と社会的認知を深めていったのではないかと考えられる。

「ヒ」という忌――神聖な火、穢れで変化

民俗では、何か不幸事があると、その身内や親類まで「忌《いみ》」が罹《かか》った状態になると考えられてきた。その忌のことを秋田では「ヒ」といっている。だからしばしば、「ヒが悪い」とか「ヒが罹る」などともいう。

「ヒ」には敬して遠ざかるべきものと嫌悪するものの二つの意味がある。もともと神聖な火であったが穢れによって「ヒ」に変化し、火が燃え移るように、関わる人々に移るという考え方がある。

例えば、森岳などで「ヒ、ワリ（悪い）」といえば、死人の出た家では火が穢れているという意味で、悪い火《ヒ》のことを指した。要するに、死の穢れにより火ですら不浄になった状態をいう。

「ヒ」は実際に目には見えないが、人が死んだ家の人々や家全体、それまで使用していた器物までも死という穢れや不浄に罹ったとみなされたのである。こうした穢れは、葬儀後に神職に依頼して「跡祓《あとはら》い」という儀式をおこない、家など全体を清め祓った。

民俗では不浄を三つに分けてきた。一つは「黒不浄」ともいう死穢《しえ》である。死の穢れは『日本書紀』（720年）にも明確に記されている不浄の最たるものであって、これは今で

もかなり浸透している。人の死に際して起こる不浄であるから、死の穢れの一部を解除する方法もなされてきた。

玉米（由利本荘市）ではヒバライといって、葬式の際に出棺した後に男女2人が、藁束《わらたば》で作った箒《ほうき》でマルイ（囲炉裏《いろり》）を掃除して灰を箕《み》に取り、川に流す風習があった。だから「ヒ」は火を意味したことが分かる。

二つ目は「赤不浄」である。これは血穢《けつえ》をいう血の穢れをいった。女性特有の出血である月経と出産時の荒血が不浄とみなされた。死の黒不浄とともに忌むべき大きな穢れとしたのである。

中間口（男鹿市）では、アカビといえばお産の忌のことで、サンビ（産び）ともいいシビ（死び）より重く受け止められている。それで、サンビのある家にいくとヒが混じるといわれ、サンビの家では食事や煙草《たばこ》、喫茶などをしない。山仕事関係者は山ノ神を女性とするためにサンビは強く忌まれた。もちろん家人がアカビとなれば、数日間は山仕事に出ら

祝儀で用いる魚を男鹿ではアカダミの魚という。ダミ（葬式）の言葉をつけたのは赤不浄を黒不浄で相殺する（祓う）狙いがあるのだろうか

れないのである。

三つ目が「白不浄」だ。出産の忌をいうが、秋田では赤不浄に含められている。そのため、赤不浄の範囲は広い。アカダミもその一つである。アカダミは男鹿地方（男鹿市）でいう婚礼や嫁のことを指す。漁師たちは新婚者の乗る船や婚姻の話をしただけでも忌む。婚礼によってサンビと同様の意味を生ずると考えられた一種の祝儀ビ（祝いビ）でもあった。

風呂敷の霊力——包み物の神聖性象徴

南外村（大仙市）には「化物《ばけもの》おどり」という昔話に風呂敷が登場する。その話の内容はこうだ。

「昔、大きな家があったという。だが誰も住む人がいなかった。蜘蛛《くも》の巣がかかり荒れて、毎晩、化物が出た。庭からフルミノ（古蓑）といって踊って歩き、家の隅からはフルシキ（風呂敷）、フルシキ、フルシキ…といって、ぼろぼろの風呂敷が歩いてきて、二人で踊る、というのだ。今度は壊れた太鼓とフルダイコも出てきて一緒になって、賑《にぎ》やかに皆が踊るのだった。水屋から欠けた皿、古杓子《しゃくし》も加わり、それは大変賑やかであった。しかし、それも一番鶏《どり》の鳴く頃（朝）になれば、自分たちの出てきた元の場所に戻っていき、ぶっ壊《こわ》れ屋敷は再び静かになる」（今村義孝・泰子編『秋田のむがしこ』）、という話だ。

古家といい、古蓑といい、古太鼓といい、古杓子も飛び出てくるが、フルシキは風呂敷のフロと古《ふる》を掛けたものであった。この「化物おどり」の昔話は、室町時代に年末の煤《すす》払いの日に捨てられた古い道具たちが付喪神《つくもがみ》となって、人間を襲《おそ》い享楽を尽くすという絵巻に現された話によく似たものである。

風呂敷は、本来どんな形の物でも包める一枚の布で、普段は重宝に使われていた、いってみれば、ありふれた道具の一つである。その一方で、「化物おどり」のように、使い古された道具の霊たちが妖怪となって現れ、人を脅かすという一面をもつ、ということだ。継接《つぎは》ぎだらけの、年数を経たぼろぼろの風呂敷も、普段何げなく使っている風呂敷も、非日常的な次元では霊的な性格を備えている、ということである。

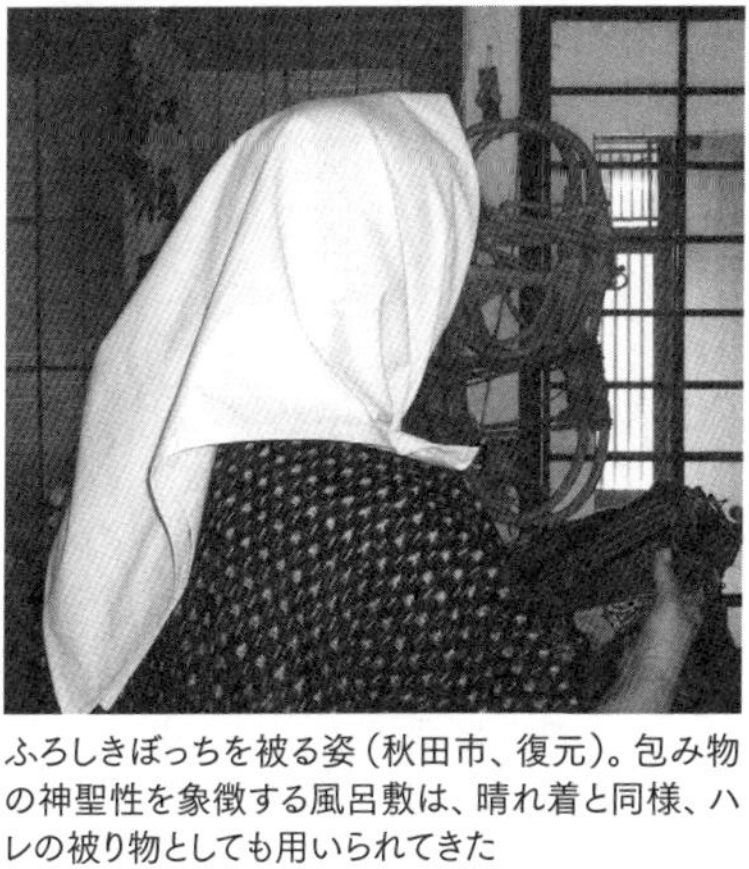

ふろしきぼっちを被る姿（秋田市、復元）。包み物の神聖性を象徴する風呂敷は、晴れ着と同様、ハレの被り物としても用いられてきた

ところで、風呂敷は意外なことに被《かぶ》り物としても用いられてきた。「ふろしきぼっち」というものだ。秋田では女性が外出する際に四角な布を三角に折って被るため「三角《さんかく》」とも呼ばれることがある。もちろん、ボッチは帽子のことを意味しているが、原型は風呂敷そのものである。

柳田国男・三木茂による『雪国の民俗』（1944年／養徳社）には、平鹿、横手（横手市）のふろしきぼっちについて、「広げると風呂敷のように大きいからか、あるいは風呂敷をかぶったことからこの名が出たのであろうか」とある。また、脇本（男鹿市）のふろしきぼっちは、後ろに三角形に垂らしたものであること、ふろしきぼっちは白色が主で、北秋田郡、山本郡、男鹿半島に多く分布していることなどが書かれてある。

ふろしきぼっちは、風呂敷の応用といえる。そのふろしきぼっちが外出に使われたり（儀礼・儀式）、白色が多かったり（清潔・清浄）、被り物（非日常）とされた時、風呂敷の呪力が発揮されて神と交流する。ふろしきぼっちを被る行為は、神聖な霊力を得るための手段だったのであろうと思われるのだ。

終章

一体、民俗は何処にいってしまったのか、何処にゆきつこうとしているのか。

長い間伝承されてきたと思われる民俗でも、消えてしまうのは本当に一瞬である。民俗祭礼でも民俗行事でも、土地に根ざした民俗、風習が廃れるのは、今では、ほんのわずかの時間があればいいのだ。

今となっては民俗を維持するには、相当な人手と、一人一人の労力と、経済的な裏付けも必要とされる、という時代になったからかもしれない。また、社会的な認知も必要となるだろう。つまり、その民俗の意義とは如何なるものか、という共通の認識も必要とされるかもしれない。であるから、水は低きに流れるという、まさに楽な方を選べば、止《や》めるという選択がいい。そして、止めるという方法はいつでも簡単なのだ。

消えてしまった民俗にはそれなりの幾つかの要因があった。急激な社会構造の変化にともない、その民俗に価値を見出し難くなったこともその一つであろう。古老が頑なに伝承してきた民俗も、その人がいなくなると民俗の持つ生きるための知識や知恵なども、一瞬にして霧消してしまう。なぜなら、民俗にはほとんどといってよいほど記録がないからである。だから、その民俗を少しでも記録していく策を講じなければならないと思ってきた。

村や町でも活気がない、といわれる。その一つの因は、そこに生きる人びとにとっての生き甲斐も民俗の心も、経済が優先される現状にあっては、なんら見出すことができないでいると思われる点である。逆に、その民俗を観光に生かし、経済を活性化させようとする試みもある。とすれば、これから民俗は何処にいきつこうとするのであろうか、是非とも行方を見きわめたいものだ。本題を「あきた風土民俗考」としたのは、そんな思いで、秋田の風土に根ざしてきた民俗の心の一部でも綴ってみることにしたのだった。

本稿は平成25年4月7日から、毎週日曜日に小稿を重ねて3年間152回の連載である。先に述べるように、民俗事象を秋田の風俗からとらえてみると一体どんなものだろうか、を念頭にまとめたものである。ひとつの民俗の、心意伝承の記録としてみていただければ望外のよろこびでもある。もし、消えてしまった民俗でも今一度かえりみて必要とするならば、復活させる若干のツールとなるかもしれない。だとすれば民俗学のひとつの役割が果たされたと思われる。

本稿を為すにあたり、一編毎に完結していく手法に多少の戸惑いも感じることもあったが、何よりもこの機会を与えて下さった秋田魁新報社文化部長代理（当時）加藤啓二氏の有形無形の支えによりできたものである。また、最終一年間は同部次長（同）生内克史氏に編集いただいた。そして、これまで県内全域にわたり調査研究に際してお世話になった地域の方々にも深く感謝したい。

まだまだ秋田の民俗で述べたいことが山積している。いずれかの機会があれば再び綴ってみたいとも思いながら、終章の擱筆とするものである。

【齊藤 壽胤（さいとう じゅいん）】
昭和29年、秋田市雄和生まれ。國學院大學文学部神道学科卒業。神道学、民俗学を専攻して平田篤胤佐藤信淵研究所専任研究員、日本海域文化研究所主任研究員などを経る。現在、鶴ヶ崎神社宮司、NPO法人日本民俗経済学会理事、秋田県民俗学会副会長、秋田県民俗芸能協会会長。平成９年ＮＨＫ東北ふるさと賞、平成17年日本民俗経済学会研究賞、平成27年神道文化会学術表彰、平成30年度秋田市文化選奨などを受賞。テレビ、ラジオのレギュラー出演多数。著書に『男鹿五里合の民俗』監修・著（秋田文化出版）、『秋田の民俗つれづれに』（傳承拾遺の會）、『感性の国学者平田篤胤』（彌高叢書第12輯）など。共著に『日本伝説体系・北奥羽編』（みずうみ書房）、『在地伝承の世界』東日本編（おうふう）、『秋田市事典』（国書刊行会）、『年中行事大辞典』（吉川弘文館）など多数。

あきた風土民俗考

著　　者　齊藤 壽胤
発 行 日　2017 年 7 月 7 日　初版
　　　　　2018 年 8 月 3 日　第 2 刷
発　　行　株式会社 秋田魁新報社
　　　　　〒 010-8601 秋田市山王臨海町 1－ 1
　　　　　Tel. 018･888･1859（企画事業部）
　　　　　Fax. 018･863･5353
定　　価　本体 1,300 円＋税
印刷・製本　秋田活版印刷株式会社

乱丁、落丁はお取り替えします。
ISBN　978-4-87020-392-1　C0239 ¥1300E